India Mythology

ॐ

印度神話

超越想像的三千世界·奇異而美麗的天竺奇境

楊怡爽
著

目錄

神話中的天竺奇境

從古至今，印度次大陸都是一塊孕育神話、產生神話，並且生活在神話之中的土地。神話在印度瑰麗的文化中占據了如此重要的地位，從印度神話中，你能瞭解印度民族的所思所想，他們所厭棄和所鍾愛的，所尊重和所銘記的。

然而，要將印度神話有系統的介紹給人們，並不是一件容易的事情。就像印度文化本身一樣，印度神話繁多宏麗，複雜程度足以令初次涉足者眼花繚亂，甚至頭昏腦漲。這是因為，數千年來，大部分印度神話的傳承不是依靠文字記載，而是依靠口耳相傳。這使得印度神話的主體千百年來不斷發生著變化，就像一株一直成長的大樹，甚至到了今天，它還在不斷地生長著。因此，作為介紹者和記錄者，能做的只是將這棵大樹的輪廓描繪下來，至於它豐饒奇麗的細節，只能由個人的體驗慢慢去發掘和體會。

今天我們所說的印度神話，實際上是印度教的神話，它尊崇梵天（Brahma）、濕婆（Shiva）、毗濕奴（Vishnu）三大神，認為在無數的世界裡存在著各式各樣的生靈。對於有系統的印度神話的形成，學界也頗有爭論，為了方便介紹，我將它分為以下幾個時期：

印度河文明時期—吠陀（Veda）時期—後吠陀時期—大史詩時期—往世書（Purana）時期。

在雅利安人入侵印度之前的前印度神話，目前因為遺跡的湮滅以及文字的破譯困難，只能揣測其形態和內容。但是可以肯定的是，前印度神話有濃厚的自然崇拜色彩，對於後來的印度神話體系有著深刻的影響，最明顯的例子就是作為生殖之神、動物之神和公牛象徵的濕婆，在前印度神話裡已有前身，即那塊著名的印章上的「獸主」。

雅利安文明侵入印度並和當地文化融合的結果，乃是同時具有古代歐亞雅利安人色彩和印度本地色彩的吠陀神話。吠陀是印度文明中最為重要的經典，是記錄了各式詩歌、傳說、哲學的宗教典籍，「吠陀」本集包括《梨俱吠陀》（*Rig Veda*，頌歌之書）、《阿闥婆吠陀》（*Atharva Veda*，咒語之書）、《夜柔吠陀》（*Yajur Veda*，祭儀之書）和《娑摩吠陀》（*Sama Veda*，歌書），同在吠陀體系中的還有四部吠陀的詮釋性著作《梵書》（*Brahmana*）、《奧義書》（*Upanishad*）和《森林書》（*Aranyakas*）。最古老的吠陀和最重要的吠陀是《梨俱吠陀》，內容大多是對神明的頌歌，目前我們所知道的吠陀神話體系基本就建立在《梨俱吠陀》的記載上。《梨俱吠陀》的神話體系，和印歐神話體系有著顯而易見的對照和關聯關係；吠陀中萬神殿的主要眾神，大多可對照找出他們的希臘或者波斯兄弟，最典型的就是雷神和天神。吠陀的詮釋書籍，則建立起了以「梵」（brahman）為中心的哲學體系，並逐步演化成具有典型印度色彩的神話意象。

吠陀中的主要神明大多為自然神明，比如雷神因陀羅（Indra）、黎明女神烏莎斯（Ushas）、火神阿耆尼（Agni）、水神伐樓那（Varuna）等等，也有抽象事物的具體化神格，比如造物者、憤怒等等，但是占據主要地位的還是自然神明。在後來成為世界主宰的三大神，此時要麼尚未成形，要麼地位不高；濕婆的前身還只是一個風暴和豐饒的象徵魯特羅，而毗濕奴只是作為因陀羅的夥伴出現。

印度教神話真正的轉折始於大史詩時期。大史詩指的是《摩訶婆羅多》（*Mahabharata*）和《羅摩衍那》（*Ramayana*）兩部史詩。前者記述了兩個部族之間的戰爭，後者記述了英雄羅摩的事蹟，實際可能反映了印度雅利安人南進的史實。這兩部史詩篇幅浩大、內容豐富，特別是《摩訶婆羅多》，通過插話的形式記述了大量印度神話，成分複雜，但成為眾多神話的來源。在這兩部史詩中，出現了所謂「護世天神」的意象，而濕婆和毗濕奴的地位則急劇上升，遠遠超越了往昔的吠陀眾神，成為至高無上的存在。梵天從《奧義書》開始從抽象的哲學象徵和生主（Prajapati）的意象中具體出自己的神格，至此完全成為創造之神和世界之父。昔日偉大的吠陀眾神，此時已經下降到從屬地位，尤其是因陀羅，雖仍有天帝之名，但再也不是不可戰勝的自然英雄，而且人格也有所轉變。此時，人間的英雄以及其事蹟開始在記述中占主要地位，但是到了後來卻被附庸上眾神的化身之說。

到了往世書時期，印度神話已然成形，三大神特別是濕婆和毗濕奴的地位越發崇高，神話中的宗教意味也越發明顯。往世書形成較晚，此時出現的論述矛盾，大都反映在了哲學思想和教派的分歧上。主要分為十八部「大往世書」和眾多數目有爭議的「小往世書」，著名者有《蓮花往世書》（*Padma Purana*）、《毗濕奴往世書》（*Vishnu Purana*）、《林迦往世書》（*Linga Purana*）等等。內容更加龐雜，但文學的價值則遠不如兩大史詩。至此，遠古的吠陀眾神徹底淪為三大神的附庸，有的神如烏莎斯等則乾脆徹底從神殿中消失，而濕婆教派和毗濕奴教派的對立已然形成，黑天（Krishna）作為毗濕奴化身的新神地位也已經確立。此時在史詩時期出現的新神則地位上升，如戰神和黛維女神（Devi）的諸多化身等。除了眾神事蹟外，一個龐大精妙的世界體系也已經成形，特別是關於創世諸階段的敘述和世界的諸時期及其毀滅的描述。

這些看似複雜的介紹也許已經讓讀者覺得有點吃力，就像是某些遊戲中龐大的世界觀設定和背景一樣，乍看令人難以理解。但印度神話的魅力並不全在這些「很嚇人」的複雜體系，也不在於那些誇張而離奇的描述之中。印度神話神祕華麗的外表下更多體現出來的是濃厚的人情味。它並不像希臘神話那樣執著人和神與命運之間的爭鬥，也不像北歐神話那樣有著莊重嚴肅悲壯的世界觀，印度神話中的人物都生活在一個背景異常豐富多彩的世界裡，無論神、人、仙人或是動物，都不斷受到誘惑、被欲望驅策，可同時又被社會的習俗法則所束縛，而時不時地想擺脫它，由此產生了形形色色的或有趣、或悲傷、或動人的故事。它們渲染出來的是一片獨一無二的異域風情，構建起來的是一個令人流連忘返的、奇異而美麗的天竺奇境；那既是恢弘壯麗的天界仙宮、詭異神奇的地下世界，又是熱熱鬧鬧、熙熙攘攘的塵世人間；既是天神和惡魔之間綿延萬年的壯烈戰爭，又是詼諧可愛的笑話、情侶之間的濃情蜜意。

下面，就讓本書引領正在閱讀的朋友，開始這趟天竺奇境之旅吧！

青泥

第01章

梵天的一日——創造與毀滅

太初之時，唯有「梵」。宇宙是一片冥蒙。它不可見，沒有特徵，超越感官，沒有生，沒有死，沒有存在，也沒有不存在。沒有晝，沒有夜，一切渾然難分。

但在這個混沌的宇宙中，自存自有的至高精神業已存在。它不可知，因此也沒有名字，但是後來人們都把它稱為「梵」。它是這個宇宙的本原，永恆存在而不可見。人們這樣表達對它的崇敬和疑問：

「既無生，亦無死。既無晝，亦無夜。只有它，按自己的方式呼吸，卻並非呼吸空氣。」「誰知道？誰宣示？它生於何處？來自何處？嗣後眾神出世，眾神創造世界，誰又知道那一切由何開始？」「它從何處來？它是否源於自身？」「在那高天之上，俯瞰大地者。」「它知曉一切，還是一無所知？」梵決意使得世界誕生，萬物形成。於是，從「無」中產生了「有」，至高精神首先創造出了水，然後在水中放入一粒種子。

這顆種子變成一個金色的卵，像光芒萬丈的太陽一樣耀眼。至高精神梵於是以創造之神「梵天」的面貌出現在金卵裡。

梵天孤獨地在金卵裡居住著，超過人類想像的漫長年代就這樣在他的思索中度過了。最後，創造神梵天用他思想的力量，將金卵一分為二，上半部變成蒼天，下半部變成大地。為使天地分開，梵天又在它們之間安排了大氣，確定了東南西北的方位，創造了時間和時間的劃分。宇宙就這麼形成了。

接下來，智慧、意識和感覺順次誕生，構成物質的五大元素也產生了。

第一個誕生的元素是空，它的屬性是聲。繼空之後又生出風，風的屬性是觸和聲。繼風之後生出火，火即光，火的屬性又比風多一個色。接著是水，水的屬性是觸、色、聲、味。最後誕生的是地，地的屬性是觸、色、聲、味、香。然後這空、風、火、水、地五大元素再構成萬物，所有的有形物質都由五大元素構成，毀滅時也會重新分解為五大元素。

星宿、行星、江河、海洋、山嶽、平原和起伏的大地都出現了，它們都由五大元素形成。

接著，眾神得以誕生，他們都來自梵天從心中生出的六個兒子。他們居住在天國的宮殿裡，身穿華麗的衣服，頭戴王冠，司掌不同的自然現象和職能，在美麗的天神花園中遊樂。在所有神靈中，創造者梵天、護持之神毗濕奴和毀滅之神濕婆是最古老、最強大、最有力的，他們相繼誕生，稱為三神一體，因為他們都是至高精神「梵」不同的面向。他們地位高於一切神靈，被尊為神中之神。

為了完成祭祀，梵天又從火、風和太陽中抽取了「永恆的知識」吠陀。

人類同樣也從梵天身上誕生。為了繁衍人口，從梵天的雙唇產生了婆羅門（brahmin）——保有知識和掌管祭祀的祭司，從梵天雙手產生了剎帝利（Kshatriya）——持劍保家衛國、爭奪財富和權力的武士和國王，大腿產生了吠舍（Vaishya）——從事生產創造財富的農夫和商人，雙腳產生了首陀羅（Shudra）——命中註定要伺候上述三種人的勞動者。

最早的人類，則是梵天把自己分成男女兩半，結合生下了毗羅吉（Viraja），毗羅吉又生下了摩奴（Manu）。摩奴是所有人類的先祖，世人之王，祖先的主宰。過去和未來，一共有十四位摩奴會出現，象徵不同的人類時期，這位摩奴是第一位。

人誕生之後，苦行、語言、歡樂、激情和憤怒也隨之誕生。為了確定行為的差異，梵天分出了正邪，也就是正法和非正法；萬物都因此具有了對立的屬性，好比歡樂和悲傷，安逸和憂患。

人類從婆羅門那裡學會祭祀，祭祀的貢品成為天神的食物。

梵天

隨後，梵天又創造了植物、動物、禽鳥、昆蟲，以及其他形形色色的生物，也包括各式各樣邪惡的阿修羅（Asura）、羅剎（Rakshasa）、食屍鬼，也創造了善良的眾神。他創造了天女阿布娑羅（Apsara）和天界樂師乾闥婆（Gandharva）這樣的精靈，也創造了眾蛇那迦（Naga）和金翅鳥迦樓羅（Garuda）這樣的神奇動物。

這芸芸眾生居住在梵天創造的大地上，度過或短暫或漫長的一生。隨著時間流逝，他們在輪迴中沉浮，有人超脫，有人沉迷。但所有的事物都不是永恆的，世界按照自己的步調運轉，萬事萬物的誕生滅亡皆有規律。

宇宙的年代以梵天的標準確立。凡人生活中的一千年，只是天神生活中的一個晝夜，由這樣的晝夜所組成的一萬兩千個天神年，才是梵天生活中的一個白天。宇宙就存在於這個白天期間，對於人類來說，這個白天長達四十三億兩千萬年。

梵天的白天，也就是一萬兩千個天神年，我們通常稱之為一「劫」。每一個劫的開始，日、月和五曜以及它們軌道和黃道的升交點都位於白羊宮的位置。一劫又包含一千個摩訶宇伽（Mahayuga），即大世紀，每一個摩訶宇伽持續四百三十二萬年，又包括圓滿時（Krita Yuga）、三分時（Treta Yuga）、二分時（Dvapara Yuga）和爭鬥時四個不同的時代。

最先來到的是圓滿時代，它延續四千個天神年，也就是人間的一百七十二萬八千年，其前後還各有四百個天神年的過渡期。在圓滿時代，沒有天神、阿修羅、夜叉（Yaksha）、羅剎，沒有人需要勞動，食物和其他生活必需品只要一想就會得到。這個時代，沒有疾病的存在，沒有仇恨，沒有戰爭，沒有懶惰，沒有煩惱，人們壽命長達四百歲，正法化身的聖牛四腳著地，穩健地前行。護持之神毗濕奴以白色的形象出現。

第二個時代叫做三分時，它持續一百二十九萬六千年，即三千天神年。其前後也各有三百個天神年的過渡期。在這個時代，正法化身的聖牛少了一足，人們熱衷祭祀，以儀式追求果報，壽命減少到了三百歲，但這個時代的人們依舊以守信為榮，也不背離正法。毗濕奴以紅色的形象展示自己。

第三個時代是二分時，正法又減少了一足，毗濕奴變成了黃色。人們以布施換來果報。唯一的真理——吠陀，在圓滿時代只有一部，在三分時變成兩部，如今成了三部。不同的經典導致多種多樣的儀式，人們還堅持苦行和祭祀，但也被激情所迷惑。因為被愛欲困擾，背離了正法，人間產生了疾病和天災。眾生慢慢走向毀滅，雖然崇高尚在。這個時代持續兩千天神年，也就是人間的八十六萬四千年，前後各有兩百天神年過渡期。

最後一個時代，也就是最壞的時代，稱為爭鬥時，又叫做迦梨時（Kali Yuga），意為黑色的時代。這個時代時期最短，只持續一千天神年，即人間的四十三萬兩千年。這個時代，道德敗壞乃是主要特徵，人們變得貪婪、脆弱、恐懼。爭鬥和疾病遍布大地。隨著正法衰落，聖牛痛苦地只以一隻腳行動，毗濕奴也變成了黑色。據說，現在的世界正處於從西元前三一〇二年二月十七日到十八日半夜間開始的爭鬥時之中。

迦梨時

四個時代循環往復，周而復始，一千次之後，梵天的一日結束了。天上出現七個太陽，放射出無比強烈熾熱的光線，毀滅眾生，也毀滅世上萬物，至高精神以破壞之神濕婆的形態，駕著可怕的濃雲出現，噴出烈焰，使世界解體。這就是傳說中的「劫火」。

一切毀滅之後，梵天的黑夜來臨了。梵天的黑夜也如他的白天一樣長短。梵天進入睡眠，有時候，他的形象被描繪成藏在毗濕奴肚臍中長出的蓮花裡沉睡。當梵天新的白天來臨時，他又創造出新的宇宙。

一劫又分為十四個摩奴時代，也就是說，每七十一個摩訶宇伽為一個摩奴期，每個摩奴期延續三億六百七十二萬人間年，每個摩奴期都有一個人類祖先摩奴出現。到現在為止，宇宙中已經出現過七個摩奴了，因此十四位摩奴也分別被稱為七位往昔者和七位未來者。第一個摩奴是梵天之孫，毗羅吉的兒子。現在我們所處的時代，屬於第七位摩奴毗婆斯婆多（Vaivasvata）的時期，當今的「劫」稱為婆羅訶劫，意思是野豬劫，因為守護神毗濕奴在這一劫裡以野豬作為化身，這一劫是梵天第五十一年的第一日。

但是，梵天自己也是有壽限的，當他活過一百梵天年後（相當於人類的三百一十一兆零四百億年），他自己也會在毀滅的烈焰中消亡。宇宙將保持黑暗和寂靜，直到再過一百梵天年，新的梵天出現。創造與毀滅，周而復始，宇宙的輪迴永遠沒有盡頭。

第 02 章

最初的眾神

梵天和兒子們

宇宙間第一個具有形象而為人們所知的神明，當然就是創造之主梵天。梵天是創造、維持、毀滅三大神之首，宇宙的創造者和所有生靈之父，他被稱為「永恆古老者」。梵天的形象為紅膚、白袍、四面、八臂，手持吠陀、水罐、念珠、權杖、弓箭、蓮花等物，坐於蓮花或者天鵝之上。有時他是一個頭戴皇冠的鬚髮皆白的老年人，有時又是俊美強健的青年，面貌姣好如女子。梵天居住在須彌山之巔，像一千個太陽般光輝奪目。他的妻子則是智慧與文學的女神娑羅室伐底（Sarasvati）。

創世之初，梵天從自己的心意裡生出了六個偉大的仙人（Rishi），他們是梵天的心生子，由於他們是一切生物的祖先，因此又稱為生主（Prajapati）。老大叫摩利支（Marici），出自梵天的心靈；摩利支生了一個兒子，叫做迦葉波（kashyapa），是位有大威力的仙人。這位仙人很喜歡生孩子，繁衍後代的能力很強，是不折不扣的眾生之父。他娶了許多妻子，每一位妻子都是天神、妖魔、人類、禽獸以及遍布三界的其他生物的母親。許多著名的神靈出生在這個家族。

老二阿陀利（Atri）出自梵天的眼睛，他是月神蘇摩（Soma）的父親，而月神蘇摩則是人間月亮王朝的始祖，這是一個誕生了無數偉大英雄的世系，如今的印度民族之祖。

老三鴦耆羅（Angiras）出自梵天的嘴巴，是鴦耆羅仙人家族的鼻祖，這個家族中出現許多聲名顯赫、法力高強的仙人。鴦耆羅的兒子祭主（Brihaspati）成為眾神的祭司。

老四補羅私底耶（Pulastya）出自梵天的右耳，他是所有羅剎、夜叉、猿猴、乾闥婆這些半神和精靈之父。財神俱毗羅（Kubera）也是補羅私底耶的兒子。

老五補羅訶（Pulaha）出自梵天的左耳，他生出了人頭馬身的半神緊那羅（Kinnara）、獅子、老虎和麋鹿。

天鵝上的梵天

老六迦羅圖（Kratu）出自梵天的鼻孔。他生了數以千計的兒子，這些兒子稱為太陽的夥伴，在三界裡廣有聲名。

這六位仙人誕生後，梵天又繼續依靠自己的意志生出兒子來。第七個出生的仙人名為達剎（Daksha），他出自梵天右大拇指。而從梵天左拇指生出了一個女兒，名叫毗里妮（Virini），意即夜晚。她與達剎結為夫妻，生了五十個女兒。其中，十三個女兒嫁給了迦葉波；大女兒底提（Diti）和二女兒檀奴（Danu）是所有阿修羅的母親。三女兒阿底提（Aditi）則是眾神之母。阿修羅與天神這兩支異母兄弟為爭奪宇宙控制權的鬥爭，延續了許多世紀。

達剎的另外二十七個女兒嫁給了月神蘇摩，她們就是天上的二十七個星座；另外十個女兒許配給達摩。毗里妮還生了一些女兒，她們都成了天神或者大仙的妻室，比如薩蒂（Sati）嫁給了毀滅之神濕婆，阿那蘇耶（Anasuya）嫁給大仙人阿陀利，成為月亮的母親。如果說迦葉波是眾生之父，達剎可稱為眾生之岳父。

婆利古（Bhrigu）仙人破開梵天的心臟出生，他也是一位威力強大的仙人，他的後裔婆利古家族是和鴦耆羅家族齊名的偉大仙人世家，婆利古的兒子太白仙人蘇羯羅（Shukra）是阿修羅的祭司，祭主的競爭對手。

然而，有一個奇怪的現象就是，儘管梵天這麼辛辛苦苦地創造了眾生，又讓兒子們繁衍了如此多形形色色的後代，卻得不到人們的崇敬。據說，在今日的印度，只有兩座神廟用於敬拜梵天，其中一座甚至是不久之前才剛剛落成。為什麼創造之神失去了崇拜者？據說，原因在於梵天對於苦行者給予慷慨的饋贈，除了永生他幾乎什麼恩惠都可以給予，但是很多的魔鬼也因此得到其庇護而放縱作惡，著名者有羅剎王羅波那（Ravana）和阿修羅王多羅迦（Taraka）等等。梵天之所以對阿修羅和羅剎等惡魔施予和天神同樣的恩惠，是因為考慮到他們都是自己的子嗣，應當一視同仁。可是，為了剷除這些得到恩惠的惡魔，天神不得不一次又一次走上戰場或下凡化身，人類和生靈也不得不一次又一次遭受災難折磨。在這些戰爭中，迦葉波和阿底提之子毗濕奴和梵天額頭上出生的暴風雨神魯特羅（Rudra，即濕婆）逐漸崛起，成為地位和梵天相當的宇宙大神，他們共同組成了印度神話中最重要的三神一體——創造神梵天、維持神毗濕奴和破壞神濕婆。

然而，被認為是個糊塗老頭的梵天地位因此大大下降，遠不如同為三大神的濕婆和毗濕奴；雖然有眾神之父的崇高地位，但是他擔任的角色，不是某件禍事的肇因（給了某某魔鬼戰無不勝的許諾），就是給眾神出主意的建議者和發生衝突時候的調解者。梵天創造善，也創造了惡；他是神的祖父，也是魔的祖父。正是因為如此，他在今日的印度失去了人們對他的崇拜。

阿底提的兒子們

阿底提諸子是最主要的天神。阿底提（意思是「沒有限制」）是達剎的第三個女兒，大仙人迦葉波的第三位妻子。她的兩位姊姊底提（「有限制的」）和次女檀奴是天神之敵阿修羅的母親。阿底提和迦葉波所生的孩子都是天神。天神的正體往往都會比正常人多出些肢體和器官，比如頭、手和眼，這象徵著他們不同的職能和威力；天神能夠自由變幻身形，當他們變化成人類形體時，往往令人無法分辨，但他們不流汗，不眨眼，沒有汙垢，沒有影子，戴著的花環也不會枯萎，腳也不沾地。

阿底提所生的天神有三組，分別稱為「阿底提耶」（Adityas），意思是阿底提之子，「婆蘇」（Vasus）和「樓陀羅」（Rudras）。

阿底提耶有十二位，聲名顯赫的水神伐樓那和雷神天帝因陀羅都是阿底提耶的一員。而最小的阿底提耶則是力量無以倫比的護持之神毗濕奴。這群威力強大的眾神維繫著三界的存在，維繫運動和不動的一切，他們充滿空間，是一切之主宰，但他們對世人充滿慈惠，是正義的神祇，在吠陀中備受尊崇。

八位婆蘇分別象徵各種自然現象，他們之中的老大叫阿訶（Aha），意即白晝；老二陀魯婆（Dhruva）是北極星之主；老三是蘇摩；老四陀羅（Dhara），是大地的維持者；老五是阿尼羅（Anila），即風神；老六是眾所周知的火神阿耆尼；老七波羅底逾舍（Pratyusha），意即拂曉；老八波羅跋娑（Prabhasa）意即光輝。他們的領袖是火神阿耆尼，他古老、深不可測且威力巨大。

樓陀羅是十一位天神的名字，他們有黑有白，善惡不同。

阿底提耶、婆蘇和樓陀羅這三十一位天神，加上朝霞之神雙馬童（Ashvins，音譯阿濕毗尼）這對孿生兄弟，就是人們經常說起的「三十三天」，又叫做「提婆」（Deva），因陀羅是他們所有人的領袖。這三十三天分布在天界、地界和人界，據說每界各有十一位天神守護。

雷神因陀羅

雷電神因陀羅是眾神之母阿底提的第七子，是阿底提耶中最強大的一位。他是天神之王，在吠陀眾神中是最重要的神，僅《梨俱吠陀》中就有近二百五十首詩是讚揚他的，其中他與旱魔的鬥爭故事在印度廣為流傳。

傳說，這位英武的天神棕色皮膚，力大無比，手持金剛杵作為武器，乘坐戰車行駛在天際，拉車的火紅駿馬毛色如同朝陽。他是雷雨神，也是武力無窮的戰神。他喜歡喝蘇摩酒，在酩酊大醉時誅殺為害眾生的惡魔。因此，他常被視為戰勝敵人、掃除障礙、造福人類的神。傳說人類的水和火都是由他取得的，他還幫助雅利安人的首領戰勝了惡魔部族達娑人。因陀羅自降生起就嗜飲蘇摩酒，並因此獲得了巨大無匹的力量，他的身體驟長，連天、地都因為懼怕這種力量而向不同的方向逃離。從而，天與地分開了，人和神由此得到了居住的空間。據說，這位性格暴烈的戰神甚至剛剛一誕生就去抓兵器，想要殺死自己的父親。

因陀羅生下來不久就為眾神立下一大功績。這還要追溯到天神和弗栗多（Vritra）的爭鬥上。《吠陀》中記載，當時旱魔弗栗多巨龍把印度的七大河流截斷，並且把水流都囚禁在自己的山中，不眠不休地看守著。沒有水，大地乾枯，莊稼枯萎，人們只能祈禱眾神擊敗可怕的魔龍，把世界從乾旱裡拯救出來。

眾神也想打敗這個惡魔，但他們群龍無首，沒有一個英勇的領袖，所以一直不是弗栗多的對手。直到因陀羅的誕生，雙方的力量對比才有所改觀。因陀羅雖然是眾神中最年輕的一位，卻也是最勇敢的一位。眾神請求剛剛出生的因陀羅消滅弗栗多，他答應了，也開出了條件：要承認他為眾神之王，並把眾神一半的力量借給他。眾神同意了這些條件，於是因陀羅獲得了眾神的力量和天帝的稱號。神鷹給因陀羅送來了蘇摩酒，他連喝了三大碗，每喝一碗，他的身軀就變得更強壯，力氣也就更大。之後，因陀羅拿上匠神陀濕多（Tvastar）為他造就的金剛杵，高高興興地出戰了。

神象上的因陀羅

弗栗多盤踞在囚禁河流的山頂上。它沒有手和腳，但它的嘴卻令人恐懼。看到因陀羅朝自己衝來，巨龍張開大嘴，噴出大霧，遮蔽天地，把世界籠罩在一片黑暗之中。但是眾神之王因陀羅一點也不害怕，這位年輕凶猛的神明朝著弗栗多舉起金剛杵，霹靂之矢環繞著威力無窮的武器。因陀羅把金剛杵向弗栗多投擲過去，把這條不可一世的巨龍攔腰截成了兩段。弗栗多的母親看到兒子死了，怒吼著朝因陀羅衝過來，英雄神毫不猶豫地殺掉了女魔，母龍挨著自己兒子的屍體死去。巨龍一死，洪水頓時奔湧而出，湍流沖走了巨龍，沖過田野，沖向了海裡。河水滋潤著乾涸的大地，讓枯死的植物再度萌發生機，人們的饑渴也得到了緩解。所有人都高聲歡呼，讚頌新的眾神之王因陀羅。

因陀羅還以自己的勇氣和力量制伏了許多危險可惡的敵人。他摧毀了惡魔商波羅（Sambara）的城堡，擊敗了旱魔蘇室那，打敗了變成野豬、從大神那裡偷走祭品的惡魔埃摩沙。

奪回被盜的乳牛也是因陀羅的偉業之一。有一個妖魔部族，名為波尼，住在天神和阿修羅世界之外。他們從天神那裡把乳牛偷走後藏在山洞裡。天帝派自己長著四隻眼睛的神犬薩羅摩（Sarama）去找乳牛。神犬聽到牛叫聲，發現被盜的乳牛在山岩之中，因陀羅便讓波尼交出乳牛。波尼妖魔們拒絕交出，因陀羅和祭主就在鴦耆羅等七大仙人的帶領下來到群山之中。祭主發出怒吼，劈開了山洞，找到了被盜的乳牛，驅散了波尼部落。

就這樣，因陀羅「萬神之王」的地位得以徹底鞏固。

因陀羅的妻子是美麗的舍質（Shachi）。舍質出身於天神之敵——阿修羅的家族中，她的父親補盧曼（Puloman）是一位很有權勢的大阿修羅。為了逃避殘忍的父親，舍質離家出走，後來就嫁給了曾經解救自己的因陀羅。補盧曼知道女兒被因陀羅帶走，大為光火，想要詛咒因陀羅，被及時出現的因陀羅一杵擊殺。

因陀羅還打死了阿修羅中最強大的那牟質（Namuci）。那牟質是檀奴之子，被稱為不可戰勝者，能夠隱身在陽光之中。他和因陀羅曾經大戰過幾百回合，誰都不能打倒對方。在仙人和天神的勸說下，那牟質與因陀羅放下武器，握手言和，做了朋友。他們發誓，不管是白天還是黑夜，不管是用乾武器還是用濕武器，彼此誰也不攻擊誰。

因陀羅和那牟質做了很長時間的朋友。有一次，那牟質請因陀羅喝蘇摩酒時給酒裡摻了麻醉劑「修羅」，因陀羅喝下去之後，喪失了力氣，威力大減。苦惱的因陀羅求助於雙馬童。這是太陽神生下的一對雙胞胎，他們倆是朝霞和晚霞之神，也是天神的醫生。因陀羅問他們：「那牟質使我失去了力氣，背叛了我。但我發過誓，對他不能動武，不能用乾武器和濕武器，也不能在白天和黑夜攻擊他。」雙馬童對天帝說：「那就在黃昏時分打擊他。」

於是，因陀羅來到黃昏的海岸邊，時間正好既非白天也非黑夜。他站在齊腰深的水中用金剛杵猛擊海水，飛濺起來的泡沫──既非乾武器也非濕武器，殺死了那牟質。雙馬童用那牟質的血漿製成了解藥，使因陀羅恢復了原來的力氣。

然而，這位英勇的戰鬥天神，隨著時間流逝，變得越來越驕橫，做了很多錯事。有一次他喝蘇摩酒喝得大醉，竟然打碎了女神烏莎斯的車輛，嚇得女神慌忙逃走，躲了起來，藏得誰也找不到，後來祭主和鴦耆羅家族的仙人費了好大力氣才把她給找回來。他垂涎仙人喬達摩（Gautama）的妻子阿訶厘耶（Ahalya）的美貌，便讓月神幫忙，半夜時分化為公雞高聲啼鳴。喬達摩仙人聽到雞叫，以為天亮，急急忙忙出去做晨禱，因陀羅乘虛而入，摸進仙人的家裡強行霸占了阿訶厘耶。喬達摩發現此事之後，勃然大怒，詛咒因陀羅身上被打上一千個女性私處的記號。這一千個記號後來變成了一千隻眼睛，因陀羅也從此被稱為千眼大神，但他的恥辱是再也洗不掉了。

隨著三大神相繼出現，因陀羅的地位也每況愈下。他雖然依舊作戰勇敢，被視為英勇武士的象徵和保護神，但再也不能所向無敵。得到梵天保佑的阿修羅和羅剎，往往能夠擊敗因陀羅，而他不得不尋求護持神毗濕奴和破壞神濕婆的幫助。他被金翅鳥迦樓羅打敗過，也時常遭到仙人詛咒的傷害。而且，他再也不是不可替代的了，天帝因陀羅從一個唯我獨尊的神，成了一個可以被代替的職位。大地上的國王和修行者，通過舉行各種祭祀和修持苦行，也能獲得他的地位，成為天帝。因陀羅不是凡人，他依然有欲望，所以也會感到害怕；當他覺得自己地位遭受威脅時，便一次又一次玩弄手腕，破壞人間國王的祭祀，派出天女勾引苦行者中斷苦行。這位昔日豪邁勇武的天帝，從此形象也變得不再那麼光彩了。

水神伐樓那

伐樓那是阿底提耶中的一員，是宇宙的化身，他是吠陀眾神中僅次於因陀羅的大神。他居住在天國中有千柱千門的金殿中，支配天地日月的運行，使得江河暢流，也維護道德秩序，懲治罪犯；他掌握著宇宙間所有的水，置身於所有的海洋和河流中，因此他也被稱作海洋之主。伐樓那也是最早的「法官」，他是秩序和正法的守護神。他手持繩索，這些神奇的繩索會自動纏上罪人的身體，而且無法割斷、無法掙脫。

伐樓那是一位公正又嚴厲的神祇。傳說中曾經有一位甘蔗族的訶哩濕旃陀羅國王（Harishchandra），這個國王有一百個妻子，但沒有兒子。他求子心切，便祈求伐樓那大神賜他一個兒子，並保證他將拿這兒子去祭祀大神。於是伐樓那賜給他一個兒子，取名盧醯多（Rohita）。伐樓那對國王說：「你已經得到兒子了，用他向我獻祭吧！」可是這個時候國王卻捨不得兒子了。他對伐樓那說：「等他滿了十日再說吧。」等盧醯多滿了十日，國王繼續拖延時間，要伐樓那等到盧醯多長出牙齒；等盧醯多換了牙，國王又要伐樓那等到兒子能使用武器。就這麼一拖再拖，盧醯多長大成人。訶哩濕旃陀羅國王再也找不到藉口了，只好同意立刻用兒子獻祭。沒想到此時兒子有了自己的主意，他一聽父親要把自己放到祭壇上，大叫一聲：「不行！」拿起弓就逃走了，在森林裡躲了一年。這使伐樓那非常生氣，他讓國王得了膨脹病。訶哩濕旃陀羅腹大如鼓，非常痛苦。

伐樓那

盧醯多聽說此事，打算回家探望，半途遇到了化作婆羅門的天帝因陀羅，出於好心，因陀羅一再勸阻他回家，於是盧醯多流浪了整整六年。到了第六年，王子遇到一個貧窮的婆羅門仙人，仙人一家正因為饑餓徘徊在死亡邊緣。盧醯多用一百頭牛買下了這個婆羅門仙人的二兒子犬陽，然後他帶著犬陽回到家裡。經父親同意後，讓犬陽替自己做祭神的供品，請了著名的大仙人眾友（Vishwamitra）作為主祭。

在捆殺犬陽時，犬陽大聲念誦了《梨俱吠陀》中的諸神頌詩，從生主和阿耆尼一直念到獻給黎明女神烏莎斯的頌詩，他就這樣不斷念著頌詩，身上的繩索逐漸減少，訶哩濕旃陀羅國王的腹部也不斷縮小。當犬陽念完最後一段詩句，他身上的繩索自動鬆開，國王的膨脹症狀也消失了。伐樓那對虔誠博學的犬陽感到滿意，最終寬恕了他。祭祀完成，犬陽的父親跪在眾友仙人面前說：「請把兒子還給我吧！」眾友仙人回答：「不，伐樓那大神已經把他賜給我了。」於是，犬陽從此成為眾友仙人的義子，又名「神賜者」。

匠神陀濕多

陀濕多也是一位阿底提耶，他是因陀羅的兄長，阿底提耶諸神中的能工巧匠。他手藝精湛，為因陀羅製造了威力無窮的武器金剛杵和戰車，為眾神製造了各種兵器，也製造了一個神奇的碗，用來盛蘇摩酒。他的兒子是偉大的苦行者萬相（Trisiras），後來被因陀羅殺死；他的女兒則嫁給了太陽神蘇利耶（Surya）。

阿耆尼

火神阿耆尼

火神阿耆尼是婆蘇諸神的領袖。他從兩塊木片中為人取火，是家庭和家族利益的保護者；他是世人和神之間的仲介，因為負責把祭品通過火焰輸送到天神和祖先那裡。他有許多不同的異體，比如「天上火」（太陽）、「水中火」（雷電）、「力之子」（摩擦得到的火）等等。而阿耆尼本身則象徵著祭祀之火。

阿耆尼是古老而又強大的神祇。遠古時代，他和因陀羅、蘇利耶分享大地、空間和天空。他對人友善，使人們信守諾言、忠於職守，使夫妻和睦，賜給人們財富，破除黑暗，給敵人嚴懲。他身著黑衣，四臂，三首七舌，以山羊為坐騎，以煙為旗幟。他的面孔、鬍鬚、四肢，都像火焰般光輝燦爛。

阿耆尼來到世上時，天神正打算舉行祭典。他們希望神通最大的阿耆尼成為他們的祭司，成為祭品的攜帶者。可是火神感到恐懼，說：「我拿著祭品，當祭祀之火熄滅時，我的性命也就完了。」說完他就逃之夭夭，藏到水裡去了。火神隱匿不見時，地上沒有驅趕夜間黑暗之火，一到夜晚，妖魔就橫行霸道肆無忌憚。於是，以水神伐樓那為首的天神四處尋找失蹤的火神。

阿耆尼躲在水裡，水中不斷擴散熱氣，水體變得熾熱，魚類無法忍受，便偷偷把火神阿耆尼藏身的地方告訴了天神。阿耆尼大發雷霆。他詛咒魚類，魚類就成了人們餐桌上的合法食物。伐樓那也向火神呼籲：「回去吧！倖免於洪水的摩奴，為了在大地上延續人類，也該完成祭祀。除了你之外，誰還能將祭品帶給天神呢？」阿耆尼反駁道：「大地上的祭火已經熄滅，因為害怕死亡，我才跑出來。我像水牛害怕獵人一樣逃走。要是你們能使我永生，我就回去！」天神說：「阿耆尼啊，你將是我們長生不老的祭司，這是梵天的恩賜。在祭禮中，你不會有任何損傷，祭品也將有你的一份。」

聽了這些話，火神回來了，他與自己的兄弟蘇摩一起成了祭祀的主宰。

月神蘇摩、太陽神蘇利耶、風神伐由

蘇摩也屬於婆蘇，他是酒神，又是蘇摩聖酒的人格化形象。蘇摩酒可以令人長生不老，醫治百病。天帝因陀羅正是因為暢飲蘇摩酒，獲得了神聖的力量。後來，蘇摩又成了月神，月亮盈滿時，據說其中就充滿了蘇摩酒。他生於高空之中，被眾神發現，神鷹就把他帶給了因陀羅。

蘇摩的競爭者是太陽神毗婆藪（Vivasvat），又稱蘇利耶，他在歌者的讚美中生於東方，司掌光明，驅除黑暗、疾病和仇敵。他是天神的眼睛，無所不見，洞察善惡。

同樣著名的自然神還有伐由（Vayu），在婆蘇中他叫做阿尼羅，他是風之神，也是流動的大氣之神。他生有一千隻眼睛，動作快捷無比，性格暴躁，力大無窮。他坐在神鹿上，統攝大地的西北方。在天帝因陀羅和敵人作戰的時候，伐由經常充當急先鋒，為天神偵察敵情或是打頭陣。雖然脾氣不太溫和，但風神慷慨好施，賜給人們財富和後裔，因而得到了人們的崇拜。

伐由

護持之神毗濕奴

還有一位神靈不能不提，那就是阿底提最小的兒子、因陀羅的弟弟毗濕奴。這位阿底提耶的幼子生下來就聰明睿智，力量無窮，能夠三步跨越天空和大地。他陪伴著哥哥，曾經幫助兄長們找到被偷走的乳牛，人們說他是太陽軌跡的象徵。後來，這位年輕又古老的天神地位上升，甚至遠遠超越了因陀羅、伐樓那和其他阿底提之子，成為威震寰宇的宇宙大神——印度神話中創造、維持、破壞三大神之一，也是他們之中力量最強大的神祇之首護持之神毗濕奴。

其他諸神

除了阿底提生的那些英武的兒子外，還有一些出自其他地方的神明，他們同樣強大而受人尊崇。

朝霞、晚霞之神雙馬童

雙馬童是太陽神蘇利耶和妻子娑羅尼尤（Saranyu）的兒子，是一對俊美無比的雙胞胎，分別叫那娑底耶（Nasatya）和達濕羅（Dasra）。這兩位少年神永保青春，但也十分古老。他們有著蜜色的皮膚，戴著蓮花做成的花環，精於舞蹈。他們成了朝霞、晚霞和星光之神。當黑夜即將消失，黎明即將來臨時，他倆最先出現在清晨的天空上，穿著雲錦做成的衣裳，乘著飛馬牽引的金車，跟隨太陽神蘇利耶巡行天空。他們又是醫神，能夠使得盲人復明，死者復生。他們不喜歡待在天界，而喜歡在人間自由自在地漫遊，救助危難中的人們。在吠陀中，有五十四首頌歌獻給他們。

曉紅之女神烏莎斯

曉紅之女神烏莎斯是最古老、最美麗的女神，在吠陀歌集中，那些最美的詩歌都是獻給她的。她是太陽神的姊妹和妻子，袒露胸部，以光芒作為衣裳，居住在雲霄之上的山巔宮殿中，每天早上，她喚醒雙馬童，自己則乘坐金色的馬車，出現在東方的天門。烏莎斯這名字的意思就是朝霞。她開啟天門，令光明降臨大地，驅散惡魔和黑暗。她喚醒人們勞作，喚醒百鳥，鳥兒們就歡唱起來歡迎烏莎斯的到來。她為人們帶來財富和榮譽，使萬物生機勃勃。她和黑夜的女神拉德莉（Ratri）是親愛的姊妹。

可是，如此美麗的女神，後來卻在傳說中消失了蹤影，她光彩的形象，在吠陀傳說之後，慢慢湮滅了行跡。

風雨神摩錄多

摩錄多（Marutas）是風雨神，有四十九位之多。他們一同出生，沒有長幼之分，是因陀羅的伴侶和助手。傳說，迦葉波的長妻、阿修羅之母底提看到因陀羅如此強而有力，屢屢打擊阿修羅，殺死了許多阿修羅王，心中非常哀怨。她來到丈夫面前，請求迦葉波仙人賜給自己一個和因陀羅同樣強大，乃至更加強大的兒子。迦葉波說：「得到這樣的孩子，你必須保持一百年的潔淨生活。稍有紕漏，你這個孩子就會失去。」底提遵照丈夫的囑咐，懷孕後時刻保持自己的虔誠和潔淨。因陀羅聽說了這件事情，便躲在底提身周，時刻等待機會除掉未來的對手。底提懷孕整整百年之後，有一天，她白日操勞過於疲累，沒有洗腳便上床睡覺了。天帝看到有機可乘，便來到底提身前，宣布：「你不再潔淨了！」降下霹靂，把底提腹中的孩子劈成了四十九片。

這胎兒生而具有神性，被天帝劈成碎片也沒有死，反而四十九塊一起哇哇大哭起來。聽到嬰兒淒慘的哭號聲，雪山神女帕爾瓦蒂（Parvati）動了惻隱之心，請求丈夫毀滅之神濕婆說：「把這四十九個肉團團變成人形，讓它們不要再哭泣了吧！」濕婆於是施展神力，把這四十九個肉塊造成了四十九個同樣模樣的男孩。他們都身穿金色盔甲，模樣英俊漂亮，胸口佩戴金色的閃電飾物，像火焰一樣光彩熠熠。他們以閃電和霹靂作為武器，乘坐山羊拉的戰車，在天宇中呼嘯而過。他們發出的雷鳴和狂風能震撼山川大地。他們跟隨在天帝左右，降下暴雨，驅除強敵，與惡魔作戰。

暴戾之神魯特羅

魯特羅是梵天額頭上生出的孩子，他凶猛異常，被稱作是天國裡的赤野豬，他既是摧毀世界的暴戾之神、暴風雨神，又是治療百病的神醫，後來成為毀滅之神濕婆。

死者之王閻摩

死神閻摩是太陽神毗婆藪（蘇利耶）的後代。他其實不是神，而是第一個死去的人類。毗婆藪的三個大孩子——閻摩（Yama）、閻密（Yami）和摩奴都曾經是凡人。因為他們出生的時候，毗婆藪還是凡人，只是在他們出世之後，父親才成了太陽神。

閻摩與其妹妹閻密一起生活，他們兄妹是第一對人類配偶。閻密懷著情意去找哥哥，想要成為他的妻子，閻摩一開始不同意，後來被妹妹說動，兩人就結合了。閻摩死去時，閻密極為悲傷。天神安慰她，她卻對天神哭著說：「就在今天，他剛剛死去……」那時候尚無白天和黑夜之分。天神說：「這樣下去閻密是不會忘記閻摩的！讓我們來創造出夜晚吧！」天神真的創造出了夜晚。夜晚一過，清晨到來。閻密忘卻了閻摩。後來，她成為人間亞穆納河的女神。

死者之王閻摩

閻摩是第一個死去的凡人，他開闢了通往地府的道路。從那時直至今天，他都是死人王國的主宰，以及正義之道的維護者。他並不屬於天神家族，因此人們對他呼告時，不稱他為神，而稱他為祖先之王，或死者之王。他司掌南方，因此南方也被視為人類祖先居住和死者靈魂去往的方向。

閻摩居住在地下的止息城中。他的外形令人恐懼，他騎著水牛，紅衣、綠臉，一手拿著權杖，一手拿著拘人魂魄的繩索。大地上死者的靈魂沿著他開闢的道路來到閻摩地府，閻摩的臣僚——長著烏鴉臉的死亡精靈緊迦羅就根據此人生平向閻摩報告他的功過。根據這些報告，閻摩對死者做出裁斷，判決他應當升入天國還是墮入地獄。作為審判者，閻摩十分公正、嚴厲，被看作是正法化身，所以，他又被稱為「法王」。

護世天王

三十三天中有幾位大神威力強大，他們被視作各個方位的守護神。有一次，因陀羅犯了錯誤，不得不離開自己的寶座，躲藏到蓮藕之中，由一個凡人國王友鄰王（Nahusha）代行天帝職權。友鄰王因為倒行逆施下臺之後，天神苦苦尋覓，把因陀羅找了回來，為了表達感激，天帝分封八方，這才有了護世天王們。

因陀羅自己是東方的守護神。財神俱毗羅則守護北方。死神閻摩和水神伐樓那分別守護南方和西方。西南方的守護神是火神阿耆尼，東北方則是酒神蘇摩。守護東南方的天王是太陽神蘇利耶，西北方的守護者是風神伐由。每位天王各有一頭神象，稱為「底耆」，它們幫助主人穩守各方。護世天王的概念到了佛教神話中，就成了更為人熟知的四大天王。

第 03 章

三千世界

「世界」在梵語裡稱為「羅迦」（Loka），意思是「地域、疆界」，在梵天創造天地和眾生之後，諸多的「世界」就劃分出來，作為不同族群的居所。

整個宇宙大略可以分為三界，即天界、人間界和地下世界。天界是天神、星辰、仙人和有德靈魂的居所，諸多的人類、動物和精靈居住在人界，地下世界則屬於天神的敵人——阿修羅和龍族那迦。大地是平坦的，八方守護者的大象支持著它，而這些大象又站立在巨龜身上。每當大象甩動尾巴，或者打個噴嚏什麼的時候，地上就會產生震動。

大地的中央是須彌山，它的根基呈圓形，高達八萬四千由旬（古印度長度單位，指公牛掛軛行走一日之旅程），底部則有一萬六千由旬，由黃金、水晶和白銀構成，是眾神的居所。日月眾星在風的驅動下圍繞須彌山轉動，運行的高度是須彌山高的一半，就是四萬二千由旬。須彌山頂上有許多布滿寶石的山峰。永遠吉祥潔淨的聖河恆河，就從山頂傾瀉而下，發出驚人的轟鳴。

須彌山是宇宙的軸心。圍繞著須彌山，上下左右有著無數的世界，地面以上的世界又分為七個不同的層次。層次越高，境界也就越美好。

世界觀

地上世界七層

第一個層次就是我們居住的大地，名為菩利羅迦（Bhu Loka）。在大地上，須彌山的周圍是四大部洲，也就是四塊大陸。這四個部洲被大海隔開，分別稱為跋德羅濕婆洲、計都魔羅洲、北俱盧洲和我們所居住的贍部洲。

計都魔羅洲位於須彌山的西邊，在那裡，人的膚色金黃，生來就無病無憂，能活到一萬歲。須彌山的北部是北俱盧洲，在那片土地上，樹木常年開花結果；它們不僅僅出產美味的水果，也流淌乳汁，樹上甚至能結出衣服來。北俱盧洲的居民全都是天神轉生，所有的婦女都生下孿生兒。他們全都容貌美麗，能活到一萬一千歲。跋德羅濕婆洲位於須彌山的東邊，東方是吉祥的方向。天神的根基都在這裡，太陽每天從東方升起，天帝也在此灌頂為王。這裡居民大都膚色白淨，男人威武有力，婦女美麗可愛，猶如白蓮。他們以加波羅樹的汁液為食，能活到一萬歲。

須彌山的北部，是世界上最古老的海洋——乳海。這片海洋離須彌山三萬兩千由旬，海邊聳立著一座有三個山峰的角山，海邊還有個叫做白島的島嶼，島上住的都是大神毗濕奴的信徒，他們膚色如月光，容貌俊美，不吃食物，一心一意朝東北方向祈禱著。據說，毗濕奴本人也居住在那裡。

除了乳海之外，還有酥油海、凝乳海、酒海和法海，它們環繞著大地。據說，在這些大海中還有其他一些大陸，上面有神奇的生物、山脈、河流和人類居所。再往外，就是支持大地的神象了。

在大地之上，第二個層次的世界是仙人和半神居住的空間，稱為菩婆利羅迦（Bhuva Loka），也就是大氣的世界。凡人的眼睛看不到的得道仙人和形體透明的半神，他們居住在空氣裡，自由地御風而行。

因陀羅和所有的天神居住在第三天上，這個層次的世界叫做室婆羅迦（Suva Loka），也就是人們通常所說的天國。它位於太陽和北極星之間，這裡有世上最美的花園難陀那聖林（Nandana Vana），天神和他們的樂師、天女常在這裡遊戲；花園裡長著一棵如意樹，能夠開出散發奇異迷人馨香的花朵。天帝的都城則在天國中央，名為「阿摩羅婆提」（Amaravati），意思是永壽城。

這座都城是由天神工匠陀濕多所造，神奇壯麗，超出一切凡人的想像，它大門朝北，由神象守護。城中有許多精美的宮殿，它們構造奇巧，由寶石裝飾。這裡到處都是奇花異草，沒有憂傷，也沒有煩惱。天帝的大殿位於城市中央，長一百五十由旬，寬一百由旬，高五由旬。它是因陀羅親自建造的，能夠在天空中自由移動。所有的天神、半神和仙人，時常聚集在這所殿堂裡朝見天帝。有德的凡人和戰死的勇士，死後就能來到這裡，和天帝坐在一起，享受富足安樂的生活，觀賞天女的歌舞。

接下來的三個層次，都是梵天的兒子——最具有威力的古老仙人居住的地方。他們乘坐雲車，能夠在各個世界裡自由往來。

而梵天本人則居於須彌山之巔的梵界。梵天本人端坐在他的梵天會堂裡。這座神奇無比的殿堂無法以語言來形容其外觀，因為它的大小、形狀和裝飾隨時隨地都在改變，並沒有任何的屋基和樑柱支撐這座大殿，它究竟有多大，誰也說不清楚。然而，這座殿堂時刻都燦爛奪目，光輝超過日月星辰。大仙和星辰在這座大殿中侍奉梵天，他們能夠一剎那間來往於自己的世界和梵天大殿之間。

因陀羅的天堂

據說，每當梵天的一日結束，也就是一劫終結的時候，前三個世界都會被劫火吞沒。第四層世界雖然不會遭到劫火席捲，但也會因為下面三個世界傳來的熱度變得不可居住。而當梵天活過了一百梵天年之後，後三個世界，包括梵界也會毀滅。

地下世界波陀羅

地上的世界分為七層，地下的世界也分為七層。地下的世界統稱為「波陀羅」（Patala）。它高七萬由旬，每一層世界高一萬由旬。在地下世界也有自己的日月，而且冬暖夏涼，生活條件並不比天神的國度差。

人們如果想要進入地下世界，首先需要經過水神伐樓那的領地。他的國土富饒吉祥，水神本人則居住在一座全部用黃金建造的宮殿裡。在這所宮殿裡，保存著天神和天神的敵人——戰敗的阿修羅的武器。這些武器永遠不會損壞。宮殿中央是水神用白玉做成的大會堂，被各種美麗植物所包圍，所有的河流和水體，在這裡都以人類的形體現身，向水神致敬。

大部分的地下世界都給群蛇和被天神擊敗逃亡的惡魔阿修羅占據了。但是，這些世界裡布滿了各色宮殿，它們用金銀築造，裝飾著青色的琉璃、紅色的珊瑚、白色的水晶和閃亮的鑽石，極其富麗堂皇，像燃燒的星辰般奪目燦爛，奇異的樓閣巍峨高聳，鱗次櫛比，令人目不暇接。裡面擺放著各種奢華的鑲嵌寶石的床榻，精心打造的餐具，線條優美的座椅。天神的勢力無法延伸到這裡，阿修羅便把這些漂亮的城堡當作根據地，當他們不和天神作戰時，就安居在地下世界裡過著富足生活。

群蛇居住的一層世界也叫做波陀羅。水從上面的世界流下來，源源不斷地流入這個世界，「波陀羅」由此也有「落下」的意思。被水流捲走的動物和其他物體最後都會掉落在此，被燃燒著以水為食的「阿修羅火」吞沒。神象愛羅婆多（Airavata）就從這裡的水中用長長的鼻子吸足水分，噴向天空，從而造成降雨。居住在這個世界的所有生物，在白天被曝晒而死，而到了夜晚，又會在清爽的月光下復活過來。

地底最下面那一層叫做羅娑陀羅（Rasatala）。一切母牛的母親——神奇的如意乳牛須羅毗（Surabhi）就居住在這裡，她和她的兒女們支持著這個世界。

在羅娑陀羅之下三萬由旬，居住著所有蛇中最年長的巨蛇龍王舍沙（Shesha）。舍沙是守護神毗濕奴的床榻，也是大地的支持者。

天國地獄

人們通常說的地獄，或說死者王國，位於南方地下，第一層地下世界「阿陀羅羅迦」（Atala Loka）之上，嚴厲而公正的死神閻摩統治著這裡。地獄一共分為二十八個不同的「那羅迦」（Naraka），罪人死後就會墮入按照其罪行所安排的那羅迦，償還生前所犯罪孽，死後遭受折磨。有的地獄其熱無比，專門為生前不尊敬父母者所設，有的地獄裡充滿了毒蛇猛獸，生前虐待窮人的人就會掉落進去。把閻摩的國度和人世間分割開的是一條可怕的河流毗多羅尼（Vaitarani River），這條河流裡流淌的不是水，而是血和汙垢，死人的骨頭和頭髮漂浮在河面上。它能吞沒所有東西，只有生前施捨過母牛的人，才能拉著牛的尾巴平安渡過。

但是，閻摩的國度裡也不都是可怕的酷刑和刀山火海。他也有自己的大會堂，這座會堂由工匠之神陀濕多建造，長和寬都超過一百由旬，像太陽一樣光輝燦爛。進入會堂的人，永遠不會感到飢渴，也不會感到憂傷。閻摩在這座會堂裡款待那些高尚的靈魂和已經逝世的國王。所有的人類祖先都居住在這個會堂中。

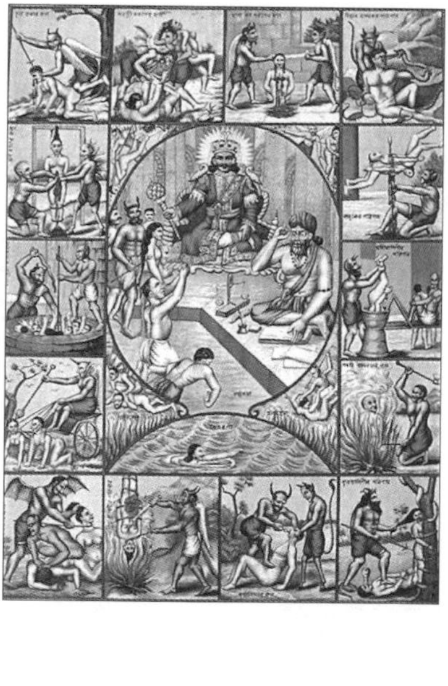

閻摩的世界

第 04 章

甘露爭奪戰

阿修羅

東西方的神話中都有神和惡魔的對立，就像是光明和黑暗的對立一樣。在聖經故事裡，天使和惡魔對立；北歐神話裡，阿薩神族和巨人對立；埃及神話裡，奧西里斯和賽特對立。而在印度神話裡，對立的雙方是天神和阿修羅。阿修羅是三界眾生中力量僅次於天神的重要族群，是天神最大的敵人、惡魔和秩序的破壞者。他們是愛好戰鬥、生性多疑、性格暴躁的魔神，桀驁不馴的黑夜神明，掌握法術之力「摩耶」（Maya），也就是幻象。

然而，就如同有光才有影一樣，所有的惡魔其實總是和天神有著剪不斷理還亂的關係。魔王撒旦墮落之前原本是位威力巨大的天使，北歐神話裡的眾神身上其實都有巨人血統，奧西里斯和賽特原本是兄弟。印度神話同樣如此，愛好戰火、整日爭鬥不休的魔神阿修羅，原本和天神也是親族。天神和阿修羅都是梵天之子、仙人迦葉波的後裔。主要的天神都是迦葉波的妻子阿底提所生，而另外兩個妻子檀奴和底提所生的那些兒子，則分別稱為「檀那婆」（Danavas）和「達伊提耶」（Daitayas），合稱阿修羅。底提是迦葉波的第二個妻子，她生下的第一個孩子是阿修羅之王希羅尼亞克夏（Hiranyaksha），意思是有金色眼睛的人，他比阿底提所有的孩子都早出生，因此阿修羅實際上應當算是天神的兄長。

阿修羅曾是和天神一樣榮耀的三界統治者，與天神分享威力和財富；然而兩個族群最終還是反目成仇了，天界的戰爭就此開始。

阿修羅和天神的分裂始於攪乳海。共同統治世界很久之後，天神和阿修羅都開始變得驕奢傲慢，對自己的異母兄弟也開始越來越看不順眼。

有一次，以脾氣暴躁和法力強大著稱的敝衣仙人（Durvasa）在大地上漫遊，一隻鷹為了表示對他的崇敬，銜了一個花環獻給他。敝衣仙人拿著花環很高興，恰好看到天帝因陀羅騎著象王愛羅婆多走過，便走上前去把花環轉贈給天帝。因陀羅表示了謝意，卻漫不經心地把花環掛到了大象的鼻子上。象王愛羅婆多不明所以，心想：「這是什麼東西？」把花環從鼻子上甩了下來，甩在泥地裡。

這下可闖了大禍，敝衣仙人一看天帝竟然這樣對待自己送給他的禮物，勃然大怒。他詛咒天帝說：「你這個傲慢的傢伙，由於你這樣無禮地對待我給你的花環，你和所有天神都會慢慢失去力量和對三界的統攝權。」

與此同時，阿修羅由於驕傲和奢侈，也開始遭到同樣的不幸。迫於無奈，已經產生隔閡的兄弟們不得不暫時放下分歧，聚集在須彌山上開會，商討應當如何解決目前的困境。護持神毗濕奴站出來建議說：「讓我們一起去攪動乳海吧！乳海的海水是神奇母牛須羅毗的乳汁，攪動乳海一定會讓我們找到能增添力量、長生不老的甘露。」

於是，雙方決定合作攪動乳海，尋找能長生不死的甘露。他們把曼陀羅山當作攪棒，龍王婆蘇吉（Vasuki）作為攪繩，毗濕奴自己化身為巨龜作為曼陀羅山的基礎。做好了攪乳海的一切準備後，眾神和阿修羅又來到海邊請求海洋之王伐樓那的准許，伐樓那當即表示：「為了得到甘露，我願意忍受沉重的碾壓。」

天神和阿修羅把曼陀羅山連根拔起，放在了大海中央。為了穩固攪棒，毗濕奴除了分出一個巨龜化身作為底盤之外，自己也坐在了曼陀羅山的山頂上，壓牢這座山。吵吵嚷嚷的天神和阿修羅站在乳海兩邊，開始準備拉著龍王婆蘇吉身軀，攪動乳海。

就在這當口，毗濕奴耍了一個心眼。他故意向阿修羅建議，由他們拉住婆蘇吉的尾部，而天神去拉婆蘇吉的頭部。多疑的阿修羅認為毗濕奴肯定沒安好心，想要坑害他們，堅持要去拉頭部，而天神就拉住了婆蘇吉的尾巴。他們一起用力，開始奮力用曼陀羅山攪拌乳海，天地間充斥著隆隆巨響。海底的魚類，無論大小，都在巨大的曼陀羅山的碾磨下化為齏粉，融入海水。而曼陀羅山飛快地旋轉著，山上的大樹彼此碰撞，燃起了熊熊大火，之後被連根拔落。大火猶如電光照亮了曼陀羅山，也照亮了暗藍色的天空。曼陀羅山上的動物葬身火海的不計其數，因陀羅趕忙降下暴雨，才撲滅火焰。山上大樹神木的灰燼，以及許多仙草的汁液，都順著雨水流淌進入大海。

眾神和阿修羅攪乳海

這時，龍王婆蘇吉不堪拉扯，抬起巨大的頭顱，不斷張開大嘴，噴出毒焰和火氣，差點把所有阿修羅都熏死過去。而拉著尾巴的天神則免受其害，還能享受風神送來的陣陣涼爽輕風。阿修羅生性多疑，結果恰好中了毗濕奴的招。

攪乳海持續了整整一百年。大海中產生了水乳，又從水乳中產生了清奶油。天神和阿修羅都已經勞動得精疲力竭，看不到甘露出現都有些絕望，全靠毗濕奴賜給的力量在堅持。就在此時，努力終於收到了成效。從已經被攪成奶油的大海中，升起了一輪明亮的、皎潔的天體，閃爍著涼爽的銀色柔和光線，緩和了大家的疲累。

乳海的寶物

隨後，從清奶油中走出了美麗聖潔、身著乳白衣、象徵財富和幸運的吉祥天女拉克什米（Lakshmi）。她拿著花環，含羞打量了一眾天神和阿修羅，最後把花環掛在了毗濕奴身上，選擇他做自己的丈夫。

然後，和奶油一樣潔白的神馬高耳（Uchchaihshravas）從大海中奔馳而出；再然後，一塊神奇的、光耀三界的寶石浮現在大海上，自動成為毗濕奴胸口的裝飾；還有一對美麗的耳環，天神把它們送給了自己的母親阿底提。之後出現的還有如意神牛須羅毗和天界的如意樹等等十四種寶物。第一個天女蘭葩（Rambha）也出現在大海中，她是如此光豔照人，天神和阿修羅都看得目瞪口呆，爭執半天無法決定讓她做誰的妻子，最後決定讓天女成為所有天界居民共同的妻子，也就是天界的舞女。

寶物一件件浮出了海面，此時卻突然出現了一團毒藥，它是婆蘇吉口中的毒物在大海中所化，足以使世界化為灰燼。眾神看到這團毒藥，嚇得膽破，阿修羅也驚恐萬狀地四散奔逃。此時破壞之神濕婆挺身而出，他一步上前，將毒藥放入自己口中。他的妻子驚恐地一把掐住他的喉嚨，企圖阻止毒液下落。與此同時，毗濕奴也伸手堵住了濕婆的嘴，以避免毒藥外泄。結果，毒藥留在喉間，將濕婆的脖子燒成了青色，從此這位神祇就被稱為「青頸」。為了減輕灼燒之苦，濕婆得到了月亮作為清涼之物，此後，新月便裝飾在他的頭上。

濕婆飲毒

經歷了毒藥驚魂，甘露終於浮出了水面。相貌英俊的醫神檀文陀梨從大海上冉冉升起，手中捧著一個白色的缽子，甘露就盛在裡面。看見這個奇跡，所有阿修羅都跳起來，大喊：「那是我的！」見此情形，毗濕奴立即施展幻力，變化成一個絕世美女摩醯尼（Mohini），娉娉婷婷走到阿修羅面前，開口說：「諸位大能的英雄，你們已經很疲累了，且暫時放鬆放鬆吧！」之後便開始為他們跳起舞來。看到摩醯尼的美色和舞姿，阿修羅都心醉神馳，失魂落魄，一個個糊塗油蒙心，把自己那份甘露交給了摩醯尼保管。

毗濕奴見阿修羅放鬆了警惕，便拿著甘露溜回了天神一邊。天神急不可耐地在毗濕奴面前分食了甘露，場面一片混亂。有一個名叫羅睺（Rahu）的阿修羅，變化成天神的樣子，趁著混亂，混在天神之中，也分得了一份甘露。他正忙著啜飲，旁邊目光敏銳的日神和月神把他看穿了，大喊起來：「這裡有一個阿修羅！」毗濕奴一聽，立即召喚來自己威力無窮的神輪妙見，把羅睺的腦袋割了下來。但是，當時羅睺已經咽了一口甘露，因此不但沒有死，反而成了兩個只有半身的怪物，一個叫羅睺，一個叫計都（Ketu）。它們深恨日神和月神揭露了自己，從此飛翔在天空上，變成了兩顆凶星，找到機會就要吞吃日月。不過，因為只有上半身，所以他們吞下的日月總是很快從嘴裡進去，喉嚨裡出來，這就是日食和月食的起因。

摩醯尼

阿修羅看到羅睺被砍成兩截，這才醒過神來，他們立即披上甲冑，抓起不同的兵器，怒吼著朝欺騙自己的天神衝過去。在乳白海浪拍打的海岸上，阿修羅和天神的第一場大戰就此爆發了。這場大戰比一切恐怖的事物都令人膽寒。巨大又鋒利的標槍成千上萬地投擲出去；各種各樣的法寶在天空中飛來飛去，彼此碰撞。廝殺聲和驚呼聲響徹宇宙。有的阿修羅被毗濕奴的飛輪砍死，口吐鮮血倒在地上；有的阿修羅被濕婆的三叉戟斬下頭顱，滾落在地；有的阿修羅被天帝的雷杵擊倒，躺在戰場上冒著青焰。遍地都是身著黃金鎧甲、全身沾滿淋漓鮮血、像一座大山般倒在地上的阿修羅屍體。天神和阿修羅的戰鬥從夜晚持續到清晨，旭日冒紅之際，依舊有千千萬萬的天神和阿修羅揮舞著刀劍互相砍殺，戰鬥的吶喊聲直沖雲霄。毗濕奴祭起了神輪，這亮光閃閃的神輪升到半空，發出太陽般的耀眼光芒，迅速有力地一次又一次向下橫掃敵人，飛旋著在戰場上痛飲鮮血。成千上萬的阿修羅就這樣斷送了性命。

阿修羅無法敵過這等威力，且戰且退，卻依舊沒有放棄，他們搬起一座又一座大山，然後飛上天空，把這些大山朝天神頭上扔去。大山不斷落下，眾生死難慘重，整個大地都成了阿修羅和天神爭雄的沙場。

最後，阿修羅終於被逼得走投無路了，毗濕奴拿起自己的神弓，摧毀了阿修羅手中的武器，阻斷了阿修羅回到天上的道路，也劈碎了阿修羅手中的大山。神輪依舊在戰場上怒氣沖沖地迴旋，倖存的阿修羅心懷恐懼，狼狽逃竄，有的鑽入大地，有的躲進大海。天神獲得了勝利，歡呼聲響徹三界。

在向曼陀羅山致意後，眾神把它送回了原地，拿了甘露，回到了天界。

阿修羅就這樣被逐出了天界，失去了高貴的地位，永遠被打上了魔鬼和邪惡的烙印。他們不但失去了居住在天界的權利，甚至連外貌都發生了改變。被擊敗和放逐使他們始終對天神懷恨在心，無時無刻不在謀劃著打敗天神，奪回昔日的地位，一找到機會便發動攻打天神的戰爭。

在史詩和往世書中記載，天神和阿修羅之間一共發生過十二次主要的大戰，比如那羅辛哈（Narasimha，人獅）戰爭，毗濕奴以人獅的化身誅滅了驕橫的阿修羅王希羅尼耶格西布（Hiranyakashpu），這名字意思是穿金色衣服的人；「戰車駕馭者之戰」，希羅尼耶格西布世系的偉大阿修羅王伯利（Mahabali）戰勝了所有天神，但卻敗在了化身侏儒的毗濕奴手下；乳海之戰；「奪回塔拉之戰」，月神蘇摩誘拐了眾神的導師祭主的妻子塔拉（Tara），並且投奔到阿修羅一邊，最後通過戰鬥，眾神奪回了塔拉；三連城之戰，濕婆誅殺了三連城裡的阿修羅；水持之戰，大海之子水持（Jalandhara）企圖誘拐濕婆的妻子雪山神女帕爾瓦蒂，從而被憤怒的濕婆殺死；弗栗多戰爭，發生在弗栗多當阿修羅王的時代。這些戰爭動輒持續千年，牽扯到三界眾生的戰爭幾乎構成了天界編年史的全部內容，歷時久遠、場面激烈的戰爭催生了各色各樣的滑稽劇、悲慘的愛情故事、道德寓言和壯烈的傳奇。阿修羅裡的霸主和英雄曾一度層出不窮，有的阿修羅憑藉自己的苦行和努力獲得凌駕天神之上的強大實力，幾度把驕傲的天神逼到走投無路，以至於三大神不得不出面干涉；他們不止一次幾乎成功奪回霸權，然而命運註定他們最後總是失敗。

阿修羅通常居住在海底和地下，修建巨大、輝煌、以寶石代替日月光輝的城堡，作為與天神爭奪天地霸權的據點。他們和天神一樣，住在富麗堂皇的宮殿裡，享受歌舞陪伴，擁有魔力和財富，生活水準不亞於天神。他們的工匠摩耶修羅（Mayasura），是迦葉波和檀奴之子，手藝令天神的大匠陀濕多也自歎弗如。他們的宮殿、城堡和飛車與天神相比，有過之而無不及。阿修羅並不是不知曉正法，也不是沒有智慧，但他們無法克制自己的憤怒，也無法征服自己的驕傲，最後終於成為世界之敵。因為他們太好戰，太貪婪，得到的東西總是會失去，無論是財富、地位還是榮耀。

阿修羅除了和天神作戰，也時常侵擾人間。他們看不起人類，並不把人類看作和自己相當的敵人，但因為天神的食物來自人間的祭祀，阿修羅則要靠自己取得，他們出於嫉妒，總是一而再、再而三地企圖破壞人間的祭祀，擾亂人民生活，殺死通曉祭祀的婆羅門。因此，天神為了保障自己的生活，也理所當然地和阿修羅作戰，保衛人間祭祀和正常的社會秩序。每當他們做得太過分，大神毗濕奴便會以化身的方式，自天國降下到凡間，誅滅阿修羅，拯救眾生。

金翅鳥迦樓羅

天神打敗了阿修羅奪得甘露之後，過了很長一段時間的安生日子，但這種平靜生活，最終被一位橫空出世的大人物打破了，這個人物就是金翅鳥王迦樓羅，一切禽類之王，和因陀羅一樣偉大的天空主宰。

迦樓羅的父親是迦葉波。生主達刹仙人有兩個女兒，美貌的迦德盧（Kadru）和嬌媚的毗娜達（Vinata）姊妹，嫁給了迦葉波。這兩位夫人膝下無子。某一天，迦葉波讓毗娜達和迦德盧許下心願。迦德盧說：「我要有一千個兒子，而且每個兒了有著同等神光。」毗娜達則說：「我只要兩個孩子，但是每一個都要比迦德盧的兒子強大，而且勇敢非凡。」

迦葉波完全接受了迦德盧的要求，卻對毗娜達說：「我只能給你一個半。」不久之後，迦德盧就生了一千個蛋，毗娜達隨即也生了兩個蛋，這些蛋都被放置於盛水的器皿中。過了整整五百年，迦德盧所生的群蛇「那迦」出生了。為首的是托著大地的千首龍王舍沙，他也是大神毗濕奴的臥榻和伴侶，接著是統治所有那迦的婆蘇吉和多剎迦（Takshaka）等等。可是，毗娜達的兩個卵卻沒有任何動靜。毗娜達著急了，她偷偷敲開自己的一個蛋，看見蛋裡自己的兒子上半部已經發育成熟，下半身還沒有成型。怒不可遏的頭生子詛咒母親：「因為你的心急，我變成這個樣子，你會為此成為奴隸五百年，只有等我的兄弟出生以後，你才能擺脫奴隸的命運。但如果你依然再度提前敲破蛋殼的話，他就會變得和我一樣殘廢，那這詛咒將永遠不可能解開。」說完以後，他便飛上天宇，化作了曙光。也有人說，他變成了太陽神的御者，擋在他面前，緩和蘇利耶過於強烈的光芒。

不久之後，毗娜達和迦德盧無意中看見了攪乳海製造甘露蘇摩酒時的附生物——神馬高耳疾馳而過。這時迦德盧突然問毗娜達：「你說神馬高耳是什麼顏色的呢？」

毗娜達說高耳一身全白，但迦德盧卻說它的尾巴有著黑色的雜毛。姊妹倆爭執不下，最後提出了代價驚人的賭約——她們相約明日再去確認高耳的毛色，看錯的人要當對方的奴隸。

迦德盧為了打賭勝利，耍了一個花招，她命令其子那迦們變成黑色的雜毛附在高耳的尾巴上。有些兒子拒絕了母親的要求，狠心的迦德盧竟詛咒了這些不聽話的孩子，詛咒他們將來會被火活活燒死。

第二天，迦德盧和毗娜達急急忙忙來到海邊觀察神馬，她們看到神馬尾巴上果然有許多黑毛。滿面愁容的毗娜達只有認輸，做了姊姊的奴隸，整整五百年。

五百年後，迦樓羅出生了。他沒有母親的看護，獨自破卵而出，如同一團熊熊燃燒的大火，瞬間迎風長大起來，驚動了世間萬物，所有生靈都把他誤認為是火神阿耆尼。他們來到阿耆尼面前，請求他不要燃起巨大的火焰四處蔓延。阿耆尼回答說：「你們弄錯了，那不是我，是金翅鳥迦樓羅，他的神光和我一樣輝煌。」

金翅鳥飛過大海去找母親，在那個地方，毗娜達還在痛苦不堪地做著迦德盧的奴隸。有一天，迦德盧當著迦樓羅的面，大聲地對他的母親毗娜達下達命令說：「把我送到海洋中的快樂島上去！」毗娜達不敢違抗，她背起眾蛇之母向蛇島飛去，同時吩咐她的兒子背著迦德盧的兒子們跟隨在後。迦樓羅背著一千條蛇，卻沒有老老實實地向蛇島飛去，那迦一族和迦德盧的頤指氣使令這個年輕鳥王心中產生憤怒。他一言不發，飛近太陽，眾蛇被酷熱烤得失去知覺。迦德盧看到這個情景，連忙唱起給因陀羅的頌歌，因陀羅聽到，便降下大雨，挽救了眾蛇。

那迦在快樂島上過了一陣快活日子，然後又覺得待膩了。他們把上次差點被燒烤的教訓忘得精光，再次命令異母弟弟帶他們去別的景色漂亮的海島遊玩。這回迦樓羅不幹了，他問母親：「我們能在天上飛行，為什麼必須聽從在地上爬動的那迦的吩咐？」

毗娜達不得不向兒子坦白自己輸了賭約，屈身為奴的事實。聽說前因後果後，迦樓羅非常難過。他跟那迦談判，問用什麼東西可以換得母子二人的自由。那迦說：「你要真有本事，就把甘露從天帝因陀羅的天宮裡取出來給我們，然後你們就自由了。」

迦樓羅聽了，毫不猶豫地說：「我這就取甘露去。不過，在這之前，我得要先吃點東西。」毗娜達說：「海灣那邊住著許多土著，你就吃那些尼沙陀人好了，不過，無論如何不要吃婆羅門，因為他會在你的喉嚨中發熱。」說完，她祝福了兒子。爾後，迦樓羅展開雙翼，沖天而起。他就像思想一樣迅捷，很快來到了海灣深處，他依照母親的吩咐，吃了許多尼沙陀人，卻還是沒有覺得飽足。這時他正好遇到父親迦葉波，就詢問父親自己還可以吃些什麼增加力量備戰。迦葉波說：「有一頭大象和一隻巨龜，在湖泊裡整日打架。這二者原本是兩位婆羅門仙人兄弟，但因為分配財產而手足鬩牆，相互詛咒淪為禽獸，依舊爭鬥不休。你可以吃掉他們。」

迦樓羅立即飛往湖泊，一爪抓起大象，一爪抓起巨龜，飛過整個聖地，在雲天上尋找可

手捧甘露的金翅鳥迦樓羅

以歇腳進食的樹枝。最後他終於找到一棵足夠粗大的盧醯那樹枝，可是剛一落腳，樹枝就被壓彎，隨即折斷。迦樓羅發現樹枝上還倒掛著許多矮仙。這些矮仙是梵天的兒子，有六萬之多，他們雖然法力高深，但個頭卻只有拇指大小。迦樓羅害怕傷害他們，就用嘴接住樹枝，把矮仙們放到了岡仁波齊山的山坡上，然後飛到一個布滿冰雪的山谷裡吃掉了大象和烏龜。爾後，吃飽喝足的金翅鳥王，就像一團巨大的燃燒火焰沖天而起，從雪山之巔扶搖直上，直奔因陀羅的天庭。此刻，眾神之中出現了種種異樣的徵兆，因陀羅的金剛杵冒出火焰，天人們的武器自動跑到一起互相撞擊；颶風怒吼，流星不斷隕落，猙獰的雨雲傾下滂沱血雨，所有天神的花環都枯萎了，神光都消失了。這種景象連與阿修羅大戰的時候都沒有發生過。

因陀羅驚懼不已，急忙詢問祭主：「這究竟是怎麼回事？」

祭主告訴他：「那是迦葉波之子迦樓羅前來奪取甘露了。」

因陀羅立即命令守護甘露的諸神嚴陣以待，因為祭主告訴他，迦樓羅的力量舉世無雙。眾神身披黃金鎧甲，手持種種兵器聚集在一起，因陀羅也手持金剛杵，率領著戒備森嚴的眾神。但當他們看到金翅鳥像飛翔的光焰向自己呼嘯沖來時，全都驚呆了，不知所措：他們不敢相信，這個世界上怎麼可能有生物如此巨大、如此壯美。

迦樓羅和匠神陀濕多首先相遇，戰鬥短暫地持續了一會兒，陀濕多就被迦樓羅打倒了，金翅鳥王搧起狂風，製造了一場大型沙塵暴，攪得三界一片混沌，眾神都被埋在塵土下面，狼狽不堪，看不見迦樓羅的蹤影。迦樓羅趁機撕碎了許多天神，天上傾灑下血水無數。

因陀羅又大聲命令風神伐由去戰迦樓羅，風神吹走沙塵，眾神又開始向金翅鳥進攻，但他對如雨般襲來的矛和箭視若無物，毫不慌張，但聽一聲長鳴在天空中迴蕩，金翅鳥用雙翼和胸脯擊潰了眾神。眾神潰不成軍，在他的追擊下四處奔逃。

因陀羅惶然不已，不明白自己怎麼會招致如此可悲的失敗。這個時候他突然想到一段往事：很久之前，有一次，在迦葉波舉行祭祀時，因陀羅被指派去背負祭火的柴薪，他背了與自己力量相稱、山一樣高的柴火大步往祭壇走，半路遇上了那群法力高深、體格迷你的矮仙。這些矮仙只扛得動一支細小的葉柄，累得上氣不接下氣，癱軟在牛蹄印的積水裡。因陀羅哈哈一笑，輕蔑地一步跨過他們，揚長而去。矮仙又傷感又氣憤，於是他們開始大祭祀，祈求誕生另外一位眾神之首，他將會有如意之勇，能如意而行，迅捷如思想，有因陀羅百倍之能，給天帝帶來恐懼。因陀羅聽說後，前往父親處求助，迦葉波說：「一切鳥禽之長、世界景仰的英雄將會因此誕生，但天帝啊，你不要擔憂，將會有一個行天者做你的夥伴和兄弟。他不會和你為敵。」因陀羅一聽放了心，回頭就把這事情忘得精光。可是預言最後實現了，有因陀羅百倍之能的英雄還是誕生了——那就是今天的蒼穹之王迦樓羅。

打敗眾神後，金翅鳥去取甘露。甘露周圍環繞著熊熊大火，迦樓羅立即變化出許多張嘴，飛到大地上喝乾了許多的江河，又飛回來用嘴裡的水撲滅了大火。隨後，他又把自己變得十分細小，像一粒黃金，從一個縫隙裡飛過了守在甘露上旋轉的火焰剃刀輪盤。輪下還有兩條龍，他們雙目會噴射火焰，而且永遠不眨眼睛，迦樓羅揚起塵土，趁兩條龍眼睛找不著方向時，一下子躍上牠們，把牠們撕得粉碎。通過重重艱難險阻後，迦樓羅終於成功奪到了甘露。他沒有喝，而是帶著它一路飛行，趕著回去救母親。

在歸途中，迦樓羅遇見了毗濕奴。由於他並未自己飲用甘露，毗濕奴對他很滿意，於是要施他恩典。迦樓羅大聲回答：「我要高踞於你之上！即便沒有甘露，我也要不衰老不死亡。」毗濕奴很喜歡金翅鳥沒有掩飾的高傲，微笑著同意了。迦樓羅又驕傲地說：「我也要向閣下施一恩典，請世尊挑選個心願吧！」

吉祥天女和毘濕奴在金翅鳥上

毗濕奴大笑著說：「金翅鳥啊！你雙翼如火，迅疾如思想，你做我的坐騎吧！我也將把你作為我的旗徽，高懸在我之上。這樣，你我的心願都得到滿足了。」

就在這時，重新拾起勇氣的因陀羅出現了，他追上迦樓羅，怒吼著用金剛杵往金翅鳥身上猛擊。可是雖然聲勢浩大，打下來的卻只有迦樓羅的一根羽毛。迦樓羅微笑著對天帝說：「我向你的金剛杵和獻出他的頭骨做成這根金剛杵的仙人致敬。但是，你的金剛杵傷害不了我。」在場的眾生都驚詫不已，又見那根羽毛無比絢麗，他們異口同聲地說道：「他就叫做美翼（Suparna）吧。」因陀羅看到此情此景，也不得不承認對方是個無比偉大的生靈，對金翅鳥產生了無比的敬意。他對迦樓羅說：「我願意和你結下永恆的友誼，鳥中之王！」

迦樓羅慨然允諾，接受了天帝的友情。因陀羅問：「我希望知道你的力量。」金翅鳥則笑著回答：「你既然是我朋友，我就告訴你。這遼闊的大地，一切生物，以及海洋、山巒、草地、森林，我可以全部托起來攜走而不感到疲憊。」

因陀羅說：「你要甘露已經沒有什麼用處了，請把它還給我們吧。」迦樓羅想了一想，說：「出於某種原因，我不得不帶走它，但是我不會自己飲用，也不會使之落入他人之手。只是要將其放在一個地方，我一放下，你就可以取走它。」因陀羅很滿意，於是要施給迦樓羅一個恩典。迦樓羅想起那迦對自己母子二人的羞辱，要求的恩典是使所有的那迦成為他的食物。因陀羅答應了。

迦樓羅回到母親身邊，將甘露放在俱舍草上，告訴那迦說：「我已經把甘露帶回來了，你們沐浴祈禱之後方可享用。」那迦很高興，立刻釋放了迦樓羅母子，然後興高采烈地跑去沐浴祈禱。因陀羅趁機從天而降，取走了甘露，返回天庭。

那迦沐浴歸來，發現甘露不見了，只好舔那些放過甘露的青草，鋒利的草葉邊緣把那迦的舌頭都割成了兩條。從此，那迦都有了分岔的舌頭，牠們舔食到的甘露殘餘讓牠們有了蛻皮的能力，但並沒有獲得永生。而俱舍草因為曾放置過甘露，變得潔淨，此後常被用於各種宗教活動。

迦樓羅就這樣為母親和自己贏取了自由。此後，他成為毗濕奴的朋友和坐騎，閒暇時則陪伴母親在密林裡悠遊度日。他的後裔，也就是金翅鳥一族，統稱為蘇波哩那。他們全部都和迦樓羅一樣以蛇為食。儘管金翅鳥是性情高貴的一族，但是，由於他們屠戮親族（說到底，那迦原來和金翅鳥還是同父異母的兄弟），始終遭到譴責，無法獲得至高的梵性。

第 05 章

毗濕奴

毗濕奴是三大神之一，他是保護之神，又叫護持神，在三大神中，他實際的力量和地位都是最高的。毗濕奴是光明、仁慈和善良的化身。佛教中把他稱為「遍入天」，因為毗濕奴這個名字包含有「無所不在遍及一切」的意思。他被視作存在的絕對、本源和本體，甚至整個世界，不過以毗濕奴的形態顯現而已。

和梵天、濕婆一樣，毗濕奴是自我存在的，但他降生為眾神之母阿底提最小的兒子。最早，毗濕奴只是因陀羅的一位小夥伴，一個年輕的太陽神，《吠陀》中也記載了他三步跨過天地的偉績，這象徵著太陽每天在天空中運行的軌跡。他曾經幫助自己的哥哥因陀羅打敗魔龍弗栗多，因而被稱為「優賓陀羅」，意思就是「小因陀羅」。但是後來，毗濕奴不斷立下豐功偉績，最終超越了因陀羅的地位，成為了宇宙之神。

毘濕奴和妻子吉祥女神在一起

毗濕奴的外表像個美麗的青年王子，他皮膚呈藍黑色，面如滿月，目如蓮花，通常都身著黃色綢衣，頭戴高高的皇冠，脖子上掛著永不凋謝的花環，胸前飾有寶石。他額頭上有一個類似字母「V」的神聖標記，身有四臂，分別持神盤、神螺、蓮花和槌。他的主要武器是神盤，或者說神輪，外形像一隻盤子，和濕婆的三叉戟一樣都是用太陽的碎片所造，是威力無窮的法寶，在打擊到敵人之前永遠也不會停下來，名為「妙見」。偉大的聖河恆河也出自他的足下。他的坐騎和好友是天空的王者金翅鳥迦樓羅，同時千頭龍王舍沙是其忠實伴侶。他居住的天界叫做「濕陀那」，是一個只有有德者居住的、用黃金和寶石裝飾的天界，高於梵天的天界，位於須彌山的巔峰。

毗濕奴的妻子是吉祥天女拉克什米。這位美麗的女神從乳海中誕生的時候，毗濕奴立即就愛上了她，拉克什米也只看中他。他們結婚之後，成為和諧、溫柔的模範夫妻。

毗濕奴的性格非常溫和。梵天很高傲，濕婆很孤僻，但毗濕奴卻是因為謙遜和智慧而被稱為偉大的神。有一次，仙人婆利古被眾神委託判定誰是三大神中最偉大者。這位裁判跑到梵天那裡，發現梵天在仙人的包圍中趾高氣揚不可一世，甚至根本不屑於見婆利古一面。而當他找到濕婆時，放浪不羈的毀滅之神正忙著和妻子遊山玩水，花前月下，完全無暇理會婆利古的到來。婆利古最後來到毗濕奴那裡，卻發現他正在呼呼大睡，在前兩位大神那裡受夠了氣的仙人再也忍無可忍，怒氣沖沖地一腳踢在毗濕奴胸口上。毗濕奴被驚醒了，可是他不但沒有生氣，反而還帶著困惑的笑意，摸著婆利古的腳問他有沒有踢痛腳趾。這樣的溫柔大大感動了婆利古，於是他就此宣稱，有著寬容心地、懂得禮賢下士的毗濕奴是三大神中最偉大

毘濕奴和仙人在一起

的神祇。

毗濕奴是眾神忠實的夥伴和保護者。在梵天對魔鬼的惡行視而不見、濕婆和妖魔的關係不清不楚的時候，只有毗濕奴永遠站在眾神一邊。每每眾神遇到危難，毗濕奴總是他們最強有力的支援者；他曾經潛入因陀羅的武器中，幫助他們消滅龍魔弗栗多；在眾神攪拌乳海得到永生的甘露後，毗濕奴曾經變成一個美女摩醯尼從阿修羅那裡騙走了甘露，並且用神輪妙見將企圖偷食甘露的羅睺劈成兩半。

毘濕奴的魚化身

十大化身

毗濕奴的豐功偉績大都是通過他的化身來完成的，他比較著名的化身有十個（稱為Dashavatara），包括人獅（那羅辛哈）、侏儒、魚等，佛陀也是他的化身之一（第九化身）。但毗濕奴最著名的化身是羅摩（Rama）、黑天（Krishna）和持斧羅摩（Parashurama），他們的事蹟通過印度兩大史詩得到廣泛的傳播，尤其是羅摩和黑天，經常被當成單獨的至高人格神崇拜。

毗濕奴的第一個化身是頭上長著角的魚（Matsya，摩蹉）。當世界即將被洪水淹沒的時候，毗濕奴決定考驗太陽神的兒子、人類的始祖摩奴。他變成一條小魚，遊到摩奴洗手的河邊，懇求他把自己從河中凶狠的大魚嘴邊拯救出來。善良的摩奴答應了小魚的要求，把牠養在罐子裡，像對待自己兒女那樣善待牠。漸漸的，小魚長大了，罐子再也不能容納，摩奴又把牠放到水塘裡；曾經的小魚如今以驚人的速度長大，連池塘都無法盛下，於是摩奴又費了很大的力氣，把牠放到恆河中。當聖河也無法容下仍然不停長大、體格驚人的帶角魚時，摩奴又把牠帶到了大海中。這個時候，毗濕奴認為考驗已經足夠，於是微笑著對摩奴說：「你是一位善人。這個世界不久之後要被洪水淹沒，為了報答你的養育之恩，我要把你從大水中拯救出來。你去造一艘大船，攜帶所有生命的種子。洪水到來之時，你把纜繩掛在我的角上，我會引領你去安全的地方。」摩奴依言而行，不久，洪水果然降臨，摩奴在波濤中跟隨大魚，最後毗濕奴把船拖到了喜馬拉雅山的雪峰上，在那裡，摩奴等待著洪水慢慢退卻，並準備好再一次把生靈帶到世界上。

毗濕奴的第二個化身是龜（Kurma，鳩哩摩），在眾神和阿修羅攪乳海的時候，他化身巨龜潛入海底，在曼陀羅山下充當了攪拌的基座。

毗濕奴的第三個化身是野豬（Varaha，婆羅訶）。在天神和阿修羅分裂之後，阿修羅視毗濕奴為仇敵。迦葉波和底提的兒子，有著偉大力量的阿修羅王希羅尼亞克夏懷著對眾神的深深仇恨，把大地拖進了不見天日的大海深處。他受過梵天的保佑，不會受世間任何生靈的傷害，但他在向梵天祈禱之時忘記了提野豬。毗濕奴於是便化身為一頭巨大的野豬，它高大如山，渾身漆黑，吼聲如雷，長著閃電般的紅色眼睛和白色獠牙。它潛入海底，和希羅尼亞克夏搏鬥了整整一千年，最後終於把他打敗，殺死在海底。然後，野豬把以女人形象出現的大地掛在自己的獠牙上，舉著她浮出了海面。

第四個化身是人獅（那羅辛哈）。當時統治阿修羅的是希羅尼耶格西布，他也是迦葉波和底提的兒子，希羅尼亞克夏的孿生兄弟。這位阿修羅王以極度的苦行換來了梵天的恩惠：無論神或人或野獸，白天或黑夜，何種武器，門內門外，都沒有人可以傷害到他。希羅尼耶格西布憑藉這個恩惠，變得不可戰勝，他打敗天神，統攝三界，霸占天帝的宮殿。但是，希羅尼耶格西布的四個兒子中最小的一個，缽羅訶羅陀（Prahlada），卻是一個毗濕奴的虔誠信奉者。

這其中有一段淵源：在希羅尼耶格西布為了獲得力量到山中苦修後，因陀羅帶著天神洗劫了阿修羅的王宮，並打算殺死王后和王后懷著的缽羅訶羅陀；那羅陀仙人（Narada）阻止了因陀羅，並把王后帶到森林中教授她正道；王后沒有學會，但是她肚子裡的缽羅訶羅陀卻把講道聽進了心裡，一出生就變成了虔誠的毗濕奴信徒。

希羅尼耶格西布為此而十分惱火，他想盡了各種辦法，都不能叫自己的兒子放棄對毗濕奴的信仰。無論是好言好語，還是嚴刑拷打，缽羅訶羅陀都依舊堅持崇拜毗濕奴。希羅尼耶格西布甚至起了殺心，讓自己的妹妹、不怕火燒的霍利嘉（Holika）抱著缽羅訶羅陀跳進火堆之中，妄圖除掉小王子。然而事與願違，霍利嘉被燒為灰燼，缽羅訶羅陀卻因為毗濕奴的保護安然無恙。百姓們為了慶祝，便向小王子身上潑灑紅顏色的水——這就是今天灑紅節的起源。

這樣的把戲反反覆覆，希羅尼耶格西布始終不能說服、也不能傷害自己的兒子。終於在一天的黃昏時分，希羅尼耶格西布徹底失去了耐性，狂怒的阿修羅王用劍擊打著屋子裡的柱子，對兒子叫道：「你那無所不在的毗濕奴在哪裡？在這柱子裡面嗎？」這個時候，毗濕奴化成的人獅破柱而出，它非神、非人、非獸，有人類的形體，卻有著獅子的腦袋和利爪，它用利爪（非武器）把桀驁的希羅尼耶格西布撕成了碎片。天神因而重新得到了天界。缽羅訶羅陀繼承了父親的王位，成為一位有德的阿修羅王。

毘濕奴的侏儒化身來到伯利身邊

毗濕奴的第五個化身是侏儒（Vamana，伐摩那），他為了討伐阿修羅王伯利而出生。

缽羅訶羅陀在父親死後繼承了阿修羅的王位，建都地下的波陀羅。缽羅訶羅陀品德高尚，並沒有和天神為敵的企圖。但是天神卻一天比一天害怕，唯恐將來有一天缽羅訶羅陀的德行會自動為他帶來天地的統攝權。於是，因陀羅化裝成為一個修道人，到缽羅訶羅陀那裡去討要他的德果。缽羅訶羅陀雖然知道因陀羅的計謀，但是卻不能拒絕，因為施捨修道人是國王應盡的義務。缽羅訶羅陀失去了德果，因陀羅得以輕易地殺死他，但是有一個結果卻是因陀羅想不到的：為了嘉獎缽羅訶羅陀的高尚，毗濕奴讓他和自己合一，而這正是缽羅訶羅陀長久以來企求的。缽羅訶羅陀的兒子是毗盧遮那（Virochana），而毗盧遮那的兒子，則是有史以來最偉大的阿修羅王伯利。

伯利同時繼承了祖父的高尚品德和曾祖父的霸氣。他是一個傑出的統治者，儘管他是一個阿修羅，卻和祖父一樣是毗濕奴的虔誠崇拜者，缽羅訶羅陀曾為了嘉獎他，送給他一個永遠不會凋零的花環。

伯利長大成人之後，繼承了阿修羅的王位，他建立了一支強大的軍隊，憑藉自己的實力，一步步地征服了地界和人界，威名震動三界。而且對於天神來說最糟糕的事情就是，頭腦聰明、舉止高貴的伯利，和從前那些殘暴貪婪的阿修羅王不同，他深受治下的人民愛戴。征服了人間後，伯利決定向天界進發，取得三界的最終統治權。因陀羅得知這個消息後十分驚恐，向天神的導師祭主詢問對策，但是一向睿智的祭主這次也沒了主意，因為伯利乃是憑著祭祀和自己的力量這樣的正當方式強大起來的，他沒有任何道德和武力上的弱點，天神註定不是他的對手。他勸告因陀羅暫時撤出天界，無奈的天帝只好聽從建議，離開自己的宮廷在宇宙間流亡。

伯利成功地將天神驅出了天界，隨後他開始舉行馬祭。一旦馬祭結束，伯利就能正式擁有合法的皇帝地位了，以天帝為首的眾神失魂落魄，開始向毗濕奴苦苦祈禱，請求他的幫助；甚至連眾神之母阿底提都開始為天神說情，她以毗濕奴的肉身母親的身分，向毗濕奴哭訴他兄長的不幸遭遇。毗濕奴為她所打動，終於同意親自出馬拯救天神。他化身為一個侏儒，自阿底提身上降生。出生後不久，他就以婆羅門打扮、打著小傘到正在舉行馬祭的伯利那裡去。伯利一向對待婆羅門慷慨仁慈，而且這個矮小但散發著光輝的孩子，眉目間有著奇異的神采，吸引了伯利，於是他很親切地問這個孩子想要什麼。

毗濕奴化身的侏儒說：「我請求您，三界的主人，賜給我三步之地用於容身。」

伯利聽了，覺得有些好笑，但仍然溫和地對侏儒說：「這真是孩子話。三步之地能用來做什麼？要求些別的吧，金銀珠寶，牲畜土地，我都能給你。」

但侏儒依舊固執地要求伯利賜給他三步之地就行。這個時候，阿修羅族的導師太白仙人蘇羯羅開始覺得不妙起來，他勸說伯利不要答應這個詭異小孩的要求，隨便用點施捨打發他就好，但慷慨的伯利完全沒有在意。他說：「迄今為止，我從來沒有對向我求助的人說過『不』，如今對著這麼一個手無寸鐵的孩子，我又怎能拒絕他？他如果執意要三步之地，那好吧，我就給他。」

結果，話一出口，毗濕奴馬上顯出了真身。他不再是一個矮小的侏儒小孩，而是一個頭頂日月、腳踏大地的宇宙之神。他一步邁過了天界，另外一步邁過了人界和地界，宇宙已經被他跨完，接著，他微笑著問伯利第三步應該在哪裡。

事情至此，伯利已經看出了毗濕奴想要奪走他力量的真實目的，但最初為這不可思議的變形和奇跡瞠目結舌的他，此時已恢復了理智和氣度。他心平氣和地想，至少自己是敗在一個最偉大的敵人手下。他恭敬地對毗濕奴行禮，然後說道：「我不會出爾反爾，如果我答應給您三步之地，我一定會做到。現在我已經一無所有，沒有一寸土地能給您了，但這沒什麼。我還有我自己，請您把第三步踩在我的頭上吧。」

毗濕奴大笑起來，他果然這樣做了，把最後一步踏在了伯利的頭頂上。這時捆綁著伯利的罪人繩索立即鬆開，伯利的罪孽得到了赦免。毗濕奴對伯利說：「阿修羅王，你是一個非常高貴的人，即使是我也對你的慷慨和氣度表示敬意。我改變主意了，我會把地界留給你。從此之後，阿修羅會住在那裡，你的子孫都將永遠擁有它。我知道地上的人民愛戴你，作為對你的嘉獎，你可以每年到昔日人間的王國去探訪。你將得到我的祝福，永生不死。」

於是，天神再次取回了天界。伯利帶著阿修羅回到了地下世界，他把王位傳給子孫和迦葉波與底提的其他後裔，自己又活了很長很長時間，甚至後來還參加了許多代後的阿修羅王水持和濕婆的戰爭。他每年都會回到人間，看看自己曾經統治過的國土。直到今天，懷念著伯利賢明統治的馬拉巴爾（在印度南方的喀拉拉邦海岸）每年都舉行儀式，歡迎這位阿修羅王的來訪。

毗濕奴的第六位化身是持斧羅摩，性格嚴酷的婆羅門復仇者；第七位化身是羅摩旃德拉（Ramachandra），《羅摩衍那》中打敗魔王羅波那的英雄王子；第八位化身是黑天，人所生的神。這幾位化身的故事我們會在稍後詳述。

毗濕奴的第九位化身是釋迦牟尼。這可能會讓許多人覺得驚訝，因為佛教和印度教是競爭對手，但這正好說明了毗濕奴的包容力。傳說，毗濕奴化身為佛陀，是為了傳播非暴力的信念，根除世人對物質欲望的執著，讓人們停止殺生。

而毗濕奴的最後一位化身，也就是唯一一位尚未出現的化身是白馬（Kalki，迦爾吉）。傳說，在迦梨時末期，世界邪惡橫行，黑暗籠罩大地的時候，會有一位光明的武士出現，騎白馬，手臂高揚，仗明劍，如同末世之夜閃耀光芒的彗星，衝破黑暗，剪除一切邪惡，推動世代。末世降臨之前，白馬迦爾吉，這位毗濕奴的最後化身，要為了黎明而奮戰。

以上就是毗濕奴的十大化身，後來也有他其實曾經二十二次下凡化身拯救世界的傳說。鮮為人知的是，毗濕奴還有一位女性的化身，就是在攪乳海的時候出現過的美女摩醯尼。

十大化身

毗濕奴化身的這位美麗女子具有一種奇異的魔力，能讓見過她的人都立即神魂顛倒，被她迷住，心甘情願為她做一切事情。她名字的意思就是「魅惑之女」，其美貌不是任何女人所能比擬的，因為無論是天女、阿修羅的女子、藥叉女（Yakshi），還是人類，她們都是真實的女性，而摩醯尼卻是毗濕奴的一道幻影。除了曾經誘惑阿修羅之外，摩醯尼還曾經救過冒失的毀滅神濕婆一命。

有一次，一個名叫跋濕摩的邪惡阿修羅向濕婆奉獻，以他的苦行博取了濕婆的歡心，濕婆高興地出現在這個阿修羅面前，問他想要什麼。這個狡猾的阿修羅說：「請給我一個恩賜，只要我把手放到別人額頭上，無論這人是誰，都會立即神形俱滅。」興頭上的濕婆想也沒想就答應了。他允諾的話剛出口，就看見這個阿修羅得意地笑著，把手向自己額頭上伸過來。

醒過神來的濕婆意識到不妙，立刻拔腿就跑，因為即使是他也無法抵禦自己恩賜的威力。那個名叫跋濕摩的阿修羅跟在濕婆後面緊追不捨，伸著手，一心一意要毀滅粗心大意的毀滅神。就在奔逃過程中，濕婆看到了路過的毗濕奴，於是朝他大喊起來：「不管怎樣，你得要幫我一把！」

毗濕奴立即就憑藉他的智識明白了發生了什麼。他隨即變成了摩醯尼，擋在阿修羅追趕濕婆的路上。好色的阿修羅看見這樣一位絕色美女，目瞪口呆地停了下來。摩醯尼笑咪咪地問他急匆匆要去做什麼，跋濕摩說：「我要去殺掉毀滅神濕婆，然後取而代之，美人，你是誰？殺掉濕婆後，我要娶你做我的妃子。」

摩醯尼表現得興高采烈，但是她似乎也不相信像跋濕摩這樣一位偉大英雄看得上自己，她認為，跋濕摩殺死濕婆之後，一定會把自己忘掉，去尋找其他美女。跋濕摩急忙向她保證自己絕對不會變心，一定會娶她為妻，於是樂不可支的摩醯尼要他把手放在自己額頭上起誓。已經完全被摩醯尼的美貌沖昏頭腦的跋濕摩忘乎所以，把手舉到了自己額頭上。然而還沒等誓言出口，他就已經變成了一堆灰燼。

濕婆欣喜若狂，跑過來擁抱毗濕奴表示感激，他忘了毗濕奴還保持著女人摩醯尼的形態。這樣緊緊的擁抱令毗濕奴感到尷尬不已，同時卻在兩位神之間產生了奇異的效應，一位新的神明由此從擁抱中誕生了——他一邊身體長得像濕婆，另外一邊則像戴著王冠的毗濕奴。這就是訶里訶羅（Harihara），一位同時具有濕婆和毗濕奴特徵的神。毗濕奴就是如此充滿了智慧和奇異魔力。

毗濕奴的性格深思熟慮，具有遠見。濕婆和梵天經常不分青紅皂白給予他人恩惠，而給予惡魔的恩惠，往往導致受惠人得意忘形、自我毀滅。而毗濕奴則不同，他很少隨意施與恩典，看似吝嗇、不易討好，但實際上，他總是仔細考慮自己給予的恩典可能導致的一切後果，並且最終只會從他的奉獻者所能獲得最大福利的角度出發，做出抉擇。

摩根德耶

人們說，這個宇宙由毗濕奴創造，也由他毀滅。無論梵天還是濕婆，都只不過是最高神格「梵」的一個面向，毗濕奴最能體現這一點。如《毗濕奴往世書》中說：「神是一個，而採取梵天、毗濕奴和濕婆三種形式，各自為了世界的創造、保護和毀滅。」每當末世被洪水淹沒，毗濕奴就是覆蓋它的無限之海「那羅」（Nara），但他也會以躺在千頭蛇王舍沙的身上沉睡（或者說是沉思），在宇宙之海上漂浮著的形象出現，因此又被稱為那羅延（Narayana），意思是「漂浮在那羅之上」，這個時候，他的妻子吉祥天女拉克什米陪伴在他身邊，按摩著他的腳。他會一直沉睡，直到新的創世開始，包著梵天的蓮花從他肚臍中生長出來。因此，他司掌創造，也司掌「反創造」。

也許在所有的故事中，摩根德耶（Markandeya）的故事才最能體現毗濕奴的偉大和神奇。摩根德耶是出身婆利古族（這是一個非常著名的仙人世家）的大仙。他和伯利一樣，得到過特殊的恩賜，得以永遠不死，即使眾生都在末世的洪水和大火中滅亡，他也依舊能夠存活下去。因此，他得以見證多次世界的輪迴、毀滅和再生。

在經過烈焰焚燒，又經過了綿延十二年的大雨之後，充滿邪惡的世界遭到了沒頂之災。所有生靈都已經死亡，天神和阿修羅也已經滅亡，唯獨摩根德耶倖存。他掙扎在無邊無際的汪洋大海之中，感到萬分絕望。自己已墮入茫茫黑暗，四周都是水，沒有太陽，沒有月亮，也沒有陸地。在這可怕的、寂靜的海洋之中，摩根德耶獨自一人活了很多年，他在水中泡著，漫無邊際地遊蕩，沒有見到任何一個生物。他感到又憂傷又孤獨，最後精疲力竭，卻依舊找不到棲息的地方。他向毗濕奴祈禱，要麼拯救自己，要麼乾脆殺掉自己算了。

就這麼想著，摩根德耶突然看到水面上出現了一棵巨大的榕樹。在這棵榕樹上有一片樹葉，樹葉上躺著一個很小的小孩，臉龐猶如滿月，大眼睛好似蓮花般美麗，這孩子身軀發出耀眼的光輝，仙人不得不用手遮住眼，根本不能細看這個神奇的小孩。他暗自吃驚，為什麼眾生都遭到毀滅，這個孩子卻還活了下來？憑藉苦行，摩根德耶瞭解所有的過去、未來和現在，卻不能想明白這個孩子為何在此。

這時，他突然聽到那個孩子微笑著對他說：「摩根德耶，我的孩子，別害怕，我將為你提供棲身之所。」

摩根德耶憤怒地問道：「你這是什麼話？我可是個活了許多萬年的長者，你竟然敢把我叫做你的孩子？」

然而，話還沒完，孩子突然張開口，受到神力所迫，摩根德耶一下子就被他吸了進去，

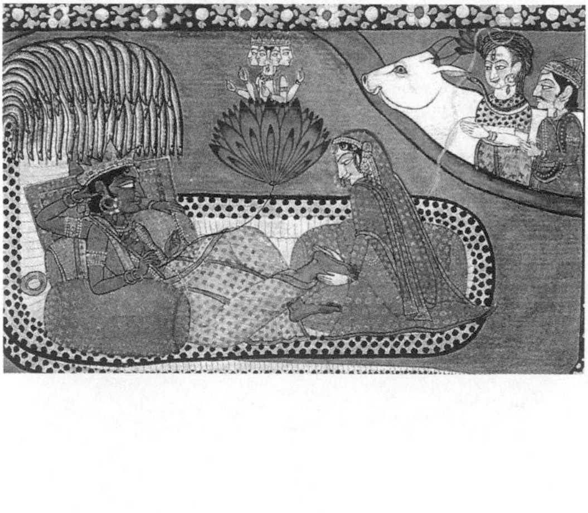

在宇宙之海上漂浮的毘濕努接受濕婆敬拜

進入了孩子的嘴中。

仙人不能相信自己的眼睛。這是在這孩子的身體裡嗎？他看到了整個充滿陽光和生靈的、運轉不息的已知世界，看到了布滿城市和王國的整個大地。他看到了聖河、大海、樹林、天空、婆羅門、剎帝利和吠舍各安其職。他看到了包含礦藏的群山，看到了野生動物在山嶽和平原上遊蕩。

摩根德耶完全茫然了。他在這個宇宙中行走漫遊，心中充滿疑惑。他在孩子的肚子裡看到了所有的生物和非生物。他用野果果腹，周遊這裡的整個世界，然而他不停地走，不停地走，旅行了一百多年，依舊沒有看到這個體內宇宙的盡頭。

摩根德耶開始感到恐懼，他跪下來向毗濕奴本人祈禱。就在這時，一陣狂風刮過，他發現自己在眨眼之間，已經被吹出了孩子的嘴。孩子依舊坐在榕樹的樹幹上，笑嘻嘻地看著他，問：「尊敬的仙人摩根德耶，你在我身體內休息得好嗎？」

摩根德耶此時才發現，在那個世界裡行走的時候，他彷彿獲得了新生，他的精神智慧得到了進一步的提升。他心中對面前這個孩子無比地敬畏，於是向他行禮，恭敬地問：「威力無邊者啊！請問您究竟是誰？為什麼您要化作兒童模樣，吞下了整個世界？」

孩子微微一笑，回答道：「我是遠古的原人，我是毗濕奴——那羅延，整個宇宙都屬於我。我是永恆不變的源泉。世界由我建造，也由我毀滅。把世界從阿修羅王伯利的統治之下解放出來的阿底提的兒子，只不過是我的化身之一。我曾多次以不同的面目降生人間，大洪水中救摩奴的魚、幫助天神從乳海中取得甘露的龜、從水中挑起大地的野豬、人獅、侏儒、持斧羅摩、戰勝羅波那的羅摩、從惡魔壓迫下拯救大地的黑天、佛陀——所有這些，都是我的化身。我的第十次化身將是白馬，他將在正法毀滅之時來到人間。我是濕婆，我是閻魔，我是梵天，我是因陀羅。我是祭祀，火是我的嘴巴，大地是我的腳，日月是我的眼睛。我是毀滅之光，夜晚天空中的星宿也是我的形態。整個宇宙都是我的表現。我是三神一體，如梵天我創造世界，如毗濕奴我守護世界，如濕婆我毀滅世界。

時代轉動多少千年，作為宇宙靈魂的我，就會睡上多少千年。我一直在這裡，永遠在這裡。我不是兒童，但採取兒童的形態，直到梵天醒來。

你在澤國中遊蕩，感到恐懼和孤獨，我便向你展示整個世界，好讓你心安。你感到驚訝，但不能理解。但這沒有關係。等到梵天醒來，我就從我的身體中，創造出天地日月，所有的生物和非生物。

仙人啊！過去、現在和將來的一切，都由我來安排，你要服從我永恆的規律。所有天神、所有聖風、所有生靈，都在我之中。我是世界的體現者。你從我這裡得到的痛苦，是所有人都不知道的，因為我是不能被表達出來的，仙人啊！你沿著我身體組成的宇宙漫遊吧！」

這樣說完，神奇的孩子就消失了。

許多個世代過去了，摩根德耶依舊活著。在充滿芸芸眾生的、生生不息的已知世界中，摩根德耶留著他獨一無二的記憶。他再也辨不清，這到底是他所待過的現實世界，還是毗濕奴在黑暗的海洋上沉睡時做的一場夢。

或者，只是摩根德耶他自己的幻夢而已。

第 06 章

濕婆

濕婆是三大神中的毀滅者。他住在岡仁波齊山雪峰之上。他是最能體現印度教諸神複雜性和雙面性的神祇。他既善良又可怕，既冷漠又熱情，既是智慧的象徵也是愚昧者的偶像，既是破壞者也是創造者，既是憤怒的復仇者也是慈悲的庇護者，既是理想的、精力旺盛的家庭男子，又是清心寡欲的苦行者。面對惡魔時，他大開殺戒，但他亦是惡魔及幽魂之主。濕婆同時也是時間（Kala，音譯迦羅）本身，因為時間就是世界萬物的征服者。

濕婆出自梵天的額頭。創造神梵天在創造了世界之後，並沒有覺得快樂。他孤身一人在世界之巔——須彌山的頂峰坐著，思考著關於宇宙的各種問題。永恆和瞬間、創造和毀滅、衰亡和興盛，這些問題令梵天感到如此苦惱，如此焦躁和憤怒，以至於他情不自禁鎖緊了眉頭。

於是，就在梵天布滿思緒陰翳的額頭上，誕生了一位新的神祇。這是個肢體強健、動作輕捷的年輕人，一出生就背著黑色的弓箭，梳著披肩的髮辮，膚色白皙。他甫一降生，便大哭大叫，請求梵天為他取個名字。梵天被他吵得沒有辦法，連給他取了七個名字，這個年輕人都不滿意。最後梵天說：「你這麼能嚷嚷，乾脆就叫你『魯特羅』（意思是咆哮者）吧。」

這個新生的神祇和其他峨冠博帶的神靈都不同。他不喜歡宮殿，經常帶著他的弓箭獨自一人在荒野和山嶽之間遊逛。由於他出自梵天的憤怒，他的黑色弓箭天生具有毀滅性的、致人死命的力量，每當他射出一箭，就會傳播瘟疫和恐怖。有一次生主正與黎明女神烏莎斯歡好，正巧被魯特羅撞見。生主非常畏懼魯特羅的黑箭，於是懇求魯特羅不要傷害他們，並且把統攝一切動物的權威交給了魯特羅。因為這個原因，魯特羅從此也被視為生主和烏莎斯的兒子，有「獸主」（Pashupati）之稱。

魯特羅並不是個溫柔可親的神，他發怒的時候十分暴戾，動不動就降下暴雨狂風摧殘世間生靈。大家都畏懼他的威力，唯恐招惹到他。不過，在魯特羅開心的時候，也會為大地帶來豐饒之雨，令萬物昌盛多產。他在山野間遊逛的時候熟悉了各種草木的藥性，因此也會為人和動物治療疾病。漸漸地，人們開始稱呼他為「濕婆」，意即「仁慈」或「吉祥」，也是為了安撫他，祈求他不要隨意發怒，能夠寬容地對待他人。

自從魯特羅成為濕婆後，他的威力更加巨大了。當他展現自己真身的時候，是一位四臂的神祇，披散長髮，以新月裝飾髮髻，以毒蛇作為項鍊，額頭上長著第三隻眼，能噴出摧毀世界的烈焰，這是他最著名的特徵。匠神毗首羯摩（Vishvakarman，即陀濕多）用太陽的碎片為他鑄造了三叉戟作為武器，大白牛難迪（Nandi）是他的坐騎。難迪是豐產的象徵，是乳牛之母須羅毗送給濕婆的禮物。牠隆起的峰肉既厚又寬，幾乎占據了整個肩背，看上去像積雪覆蓋的山峰，又如天空白雲的尖頂。牠經常以守候者的姿態跪坐在濕婆廟前，凝視著自己的主人。

梵天負責創造，毗濕奴負責維持，而濕婆就掌管了世界的毀滅。不過，濕婆的毀滅行為不是使固有的一切簡單消失。他毀滅的目的，在於使已經紊亂的宇宙秩序得以恢復和重建。

他要破壞的，是已經變得充滿無知、貪欲和邪惡的世界，所以，濕婆帶來的毀滅，實際上意味著重振和新生。當一劫之末來到的時候，濕婆放出猶如一千個太陽同時升起的無邊劫火，將存在的一切吞噬。

因此，濕婆將蛇當作聖線來裝飾身體，也正是因為就像蛇從冬眠醒來蛻去皮一樣，毀滅同時象徵著新生事物的到來。相應著破壞和新生的雙重性，濕婆也有兩面性格，一面就和從前的魯特羅一樣，威嚴、暴烈、孤僻，他一旦狂怒起來，整個宇宙都會顫抖，正如佛經中所說「此天嗔時，魔眾皆現，國土荒亂」，是件相當恐怖的事情。不過，在有可怕一面的同時，濕婆也是心地單純的，他容易生氣同時也容易心軟，傳說他永遠受自己的崇拜者所支配，對信奉自己的人總是給予慷慨的饋贈。梵天對求恩惠者要求很嚴格，濕婆則與他不同，對於自己中意的人，哪怕對方不過才苦行了一天，濕婆也會立即出現給予恩寵。他總是很快感到滿足，然而也很快感到不滿；他脾氣高傲，痛恨受到違逆，對於背叛自己的人，他會憤怒地踐踏他們的頭顱。

雖然是破壞之神，但濕婆的象徵卻是寓意豐饒生殖力的林迦（Lingam）。有一次梵天和毗濕奴正在無邊的宇宙間為誰應享有統治權而爭吵，忽然出現一個火柱。梵天立刻化作神鵝，以思想的速度向上飛去，尋找它的頂端；毗濕奴變作身軀巨大如須彌山的公豬潛向下方，尋找它的尾端。一千年後，二者精疲力竭，無功而返。此時濕婆從火林伽中顯現，梵天和毗濕奴不得不承認，濕婆是和他們一樣擁有宇宙統攝權的大神。

梵天創造了魯特羅之後，依舊沒覺得滿足。他放眼望去，世上芸芸眾生都獨來獨往，和他自己一樣寂寞，於是從自己的心中生出了愛神迦摩（Kamadeva）。迦摩是個美麗少年，和自己的哥哥一樣，出生就背著弓箭，只不過他弓箭的弓背是用甘蔗做成的，弓弦則是蜜蜂；他的箭用五朵花鑲綴而成，射出去的時候也不是傳播疾病和瘟疫，而是產生愛欲和渴望。梵天命令他住到世上所有生靈的心靈中，愛情和婚姻由此誕生。

迦摩的誕生使得世界上的男女不再感到孤單，生物也開始自行繁衍，梵天感到很開心。可是與此同時，他看到所有有生命的東西都成雙結對，自己卻依舊形單影隻，不禁覺得更加寂寞了。他在寂寞中陷入沉思，想要挑戰自己的極限創造出世界上最美麗的東西。這個念頭一動，就有一位絕世美人從他身體中誕生，她被稱為娑羅室伐底，是獻給和藹陽光頌詩的化身。

梵天看著自己的造物，也不禁為她的美麗瞠目結舌。就在這個時候，年輕而調皮的迦摩看準機會，朝自己父親心裡射了一箭。這下倒好，梵天立刻深深地愛上了自己的女兒、自己的造物娑羅室伐底。

愛神迦摩

娑羅室伐底雖然剛剛降生，卻明白事理。當她看到梵天充滿愛意的眼神，立刻知曉有什麼不該發生的事情發生了。她想要逃離梵天熾熱的眼神，於是繞過梵天走開；沒想到梵天對她的愛戀已經到了連讓娑羅室伐底離開自己視線都無法忍耐的地步，他竟然立即生出了三張新面孔，每一張朝著不同的方向，以便時時刻刻都能看到娑羅室伐底。娑羅室伐底忍無可忍，朝天空上方飛去，而梵天竟然又生出了一張朝著天空的面孔，緊緊地繼續盯著娑羅室伐底看，他滿是迷戀的眼神投向四面八方，三界眾生都被這視線攪得驚惶不安。

娑羅室伐底一口氣逃到濕婆那裡，向他哭訴自己的奇怪遭遇。濕婆答應幫助娑羅室伐底解決這個難題。他找到梵天，勸說他放棄這種不道德的迷戀，重拾自己創世主的職責。然而，迦摩的箭威力遠比想像中厲害。對於濕婆的勸說，梵天一個字都聽不進去，當濕婆開始斥責他的荒唐行徑時，梵天還怒罵他吃了熊心豹子膽，竟然敢違逆自己這個父親。

濕婆立即勃然大怒。他額上的第三隻眼裡噴出了火焰，燒掉了梵天那最誇張的、朝天長的面孔。這第五張面孔一燒掉，梵天立即恢復了理智。他感到萬分羞愧，同時深深怨恨迦摩和濕婆讓自己丟了面子。他詛咒迦摩總有一天死在濕婆眼中射出的烈焰下，這個詛咒後來果然成真了。由於梵天是世間一切婆羅門的祖先，他宣布濕婆犯下了企圖殺害婆羅門的罪行，按照律法應當永遠苦行流浪以贖清罪行。

濕婆對於沒能控制住自己的脾氣向父親動手，也感到很懊悔。他向梵天祈求來那個被燒掉的頭蓋骨，永遠捧在自己手上以表達贖罪，稱為劫波杯（Kapala）。不過，他並不在意梵天對他的懲罰，因為這正好可以給他一個藉口擺脫繁瑣的儀式和祭祀，自由自在地在三界漫遊。濕婆從此以苦行者的形象流浪在世間，有時候化裝成乞丐，就在供奉自己的神廟前行乞；有時候化裝成地位低賤的獵人，在山林中徜徉。當夜幕降臨，他和追隨他的那些形體駭人、奇形怪狀的魔神和精靈來到火葬場，把骷髏和蛇作為自己的裝飾，將骨灰抹在自己身上，以此來探討生存和死亡的界限，思索輪迴和毀滅的意義。

除了這些有點類似行為藝術的舉動，濕婆也很愛好音樂。他在歡喜和悲傷的時候都愛跳舞，世上各種舞姿，從情人間用於挑逗的輕佻的阿難達舞到獻給神明的莊嚴古典的婆羅多舞，都是源於他的創造，因此濕婆也有舞王之稱。他按照宇宙的韻律舞蹈，這種舞稱為坦達瓦舞，代表濕婆的五項職能：創造、保持、毀滅、隱沒、恩典。據說這便是宇宙運動的原因。而當每個時代結束，舊世界的壽命到了盡頭，宇宙也會在他可怕的坦達瓦舞蹈中轟然坍塌。他的舞蹈是如此具有力量，以至於毗濕奴的夥伴千頭龍王舍沙，曾為了觀看他起舞而離開了毗濕奴，而當濕婆在深夜無人寂靜的墓地起舞時，就連最汙穢的惡靈和僵屍鬼都會為之感動，得到淨化。

濕婆及其隨從

千萬年過去，濕婆依然在自由自在地漫遊著，眾神卻都開始感到不安了。濕婆和梵天、毗濕奴一樣，是這個世界本原的一面，至高無上宇宙靈魂的化身。如今托迦摩之福，另外兩位大神都已經娶妻成家，唯獨濕婆還游離在社會規則之外，而且還變得越來越野性、越來越不可捉摸，這對於按照規則構建天國的眾神來說，就好像放任一架大規模殺傷性武器四處隨意走動一樣危險。於是，他們湊頭商議起來，得在濕婆變得徹底不可控制之前，讓他趕快成家立業。

這時梵天已經娶了智慧女神娑羅室伐底為妻。他依舊因為濕婆當初對他的斥責感到羞辱，很樂意看到濕婆也嘗試一下被愛情搞得七顛八倒的滋味。眾神沒能商量出個結果，梵天就在一邊出主意說：「達剎仙人有一個沒有出嫁的女兒，名字叫薩蒂，年齡也合適，而且她好像很喜歡濕婆，不如先從她那邊下手。」

天神立即派了能說會道的那羅陀仙人去探薩蒂的口風，仙人發現薩蒂果然是合適的人選，聰慧而美貌。在那羅陀的追問下，這個年輕的姑娘羞答答地承認了自己一直暗戀濕婆的事實。那羅陀仙人對她說：「濕婆只欣賞具有智慧和毅力的苦行。如果想要博取他的愛，你

濕婆誅殺水持

就要修煉苦行，一旦他注意到你的努力，問你需要什麼恩賜時，你就要求成為他的妻子，這樣就可以得到他。」

薩蒂立即開始全身心投入苦行，困難程度讓天神都肅然起敬。此時眾神又去找濕婆，勸說他為了維持宇宙的秩序趕緊找個新娘。濕婆一開始不以為然，他從觀察婚姻帶給梵天和毗濕奴的倒楣境地上得到不少樂趣，再說，他也不相信有哪個姑娘能忍受和自己在一起居無定所的流浪生活。他振振有詞地聲明，他的行為方式太特殊，因此任何一個有教養的女人都很難和他相處。另外一方面，作為一切精美工藝和舞蹈的主宰，他雖然也會偶爾樂意同他的妻子討論美學，但如果他要思考問題，就會沉浸於冥想數年之久；當他不冥想的時候，就會帶著一幫模樣好像是地獄裡出來的傢伙滿宇宙地遊蕩，在墓地裡瘋瘋癲癲跳舞。哪個女人能適應他如此令人惱火的矛盾個性呢？哭笑不得的眾神許諾會找到從各方面與他匹配的人，並且讓濕婆發誓他會娶那個完美女人。

於是，眾神勸濕婆去看看薩蒂，說那個女孩就是最適合他的人選，不但對他一往情深，而且正在修煉苦行。濕婆半信半疑地去了，薩蒂聽到動靜，從冥思中睜開眼睛，正好看到跑來一探究竟的濕婆。兩個人都在瞬間被彼此深深吸引。薩蒂看到心上人，因為羞澀一句話也說不出來。那羅陀仙人提醒她趕緊要恩賜，但薩蒂目不轉睛地看著濕婆，說出口的話卻是：

「您喜歡給什麼恩典，就給什麼恩典吧。」

濕婆這個時候已經為薩蒂神魂顛倒，把自己的獨身主義拋到了九霄雲外。他興高采烈地對薩蒂說：「那麼，就請你成為我妻子。」

事情看起來很完美，眾神為這個結果感到萬分高興，但是還有一個人並不樂意看到這樁婚事成真，這個人就是薩蒂的父親達剎。達剎一點也不喜歡濕婆，他是儀式的主宰，而濕婆對儀式的馬虎態度一向令他感到惱火。而且對於以古板莊重著稱的達剎來說，濕婆的舉止和舞姿太過狂野了。

達剎下定決心不讓女兒嫁給濕婆。不久之後，他為薩蒂舉辦了一次聲勢盛大的選婿儀式，長長的邀請名單上有來自三界的所有年輕未婚男子，卻唯獨沒有濕婆。薩蒂在儀式上左顧右盼，沒有看到意中人，知道是父親在搗亂，於是她拿起選擇丈夫用的花環，向濕婆祈禱後把花環向空中扔出。濕婆立即在空中現身，花環不偏不倚落在他脖頸上。

用花環讓女兒選擇丈夫是達剎自己的主意，事已至此，達剎別無他法，只好承認濕婆和薩蒂的婚姻有效。然而，當濕婆去迎娶薩蒂時，他在達剎的門口以他最可怕的外表身披骷髏狂舞，這證實了達剎最壞的憂慮。達剎就像所有地位崇高聲望顯赫的人一樣沒有幽默感，因此他永遠都無法原諒濕婆的這次惡作劇。

濕婆和薩蒂婚後，回到濕婆所鍾愛的北方群山中，在那裡他們過得很幸福，夫妻琴瑟和諧。但稍後的一次天神集會上，達剎走進會堂時，所有人都因為表示敬重而從座位上站了起來。唯獨有兩個人安坐不動：一個是梵天，他身為眾生之父、理所當然不需要起立迎接任何人，另外一個就是達剎那個傲慢的寶貝女婿濕婆。

本來就毫無和睦可言的翁婿關係進一步惡化了。達剎算是徹底對濕婆恨之入骨了。他認為濕婆此舉是在故意給他難堪，於是從此夜不能寐，輾轉反側，一心想要報復濕婆。最後他終於決定，要舉辦一個開天闢地以來最盛大、最莊嚴、最輝煌的祭祀典禮，邀請三界的群神參加，唯獨把濕婆排除在外，以此來達到羞辱女婿的目的。從達剎這個點子上我們可以看出，這位大仙不僅沒有幽默感，而且想像力也比較有限。

當眾神和仙人都去參加達剎的祭典時，薩蒂正在喜馬拉雅山的香醉山上和丈夫一起散步。她看到月神蘇摩盛裝騎著羚羊，和其他許多天神、仙人高高興興朝同一個方向走去，不禁有些好奇，就請自己的女友去打聽一下發生了什麼。蘇摩對薩蒂的女友說：「我們去參加達剎仙人的祭典。怎麼，你不知道？達剎仙人難道沒有邀請自己的女兒和女婿嗎？」

女友跑回來告訴薩蒂關於祭典的事情，薩蒂立刻明白這是父親對丈夫的報復。她越想越難過，對濕婆說：「我父親這樣做實在是太過分了。他連街頭的一尊小家神都邀請了，只統治著一個池塘的龍王也邀請了，怎麼可以不邀請你呢？」

濕婆卻不在意，他是一個苦行者，根本一點都不關心宗教儀式和典禮，再沒有什麼比達剎這種報復方式更讓濕婆覺得可笑了。薩蒂催促他參加，濕婆卻並不想去，他對薩蒂說：「如果他和我之間發生爭吵，我不敢保證能控制自己的脾氣，但我可不想殺掉你的父親。」

但薩蒂還是覺得咽不下這口氣。她說：「你不去就不去，但我是他的女兒，不需要正式邀請也能夠出席。我一定要去祭典，問清楚父親為什麼沒邀請你。」

濕婆勸薩蒂還是別去的好，因為達剎肯定會把對濕婆的怒氣發洩到薩蒂頭上，但薩蒂堅持要去。最後夫妻兩人幾乎為此爭執起來，濕婆不得不讓步。他說：「好吧，你去吧，但是你千萬記得，無論達剎說了多麼難聽的話，你都要忍耐。」

於是，薩蒂稍事打扮，騎著濕婆的白牛難迪前往達剎的祭典會場。濕婆目送妻子離開，轉身回到住所。由於和妻子的爭執，濕婆感到很不愉快，切斷了和妻子的精神聯繫。這註定是個令他後悔莫及的決定。

薩蒂來到會場，她的母親和姊妹熱情地招待了她，但達剎對她的到來卻表現得冷漠粗暴。薩蒂環顧祭祀地，發現果然所有天神都有自己的一席之地，所有的祭品都被分享了，一點兒也沒有留給濕婆。薩蒂感到更加憤怒和傷心，於是她追上父親，責問他怎麼可以這樣對待自己的女兒和女婿。

達剎等待已久的報復機會終於到來了。他當著眾神的面破口大罵，指責濕婆是一個絲毫不懂禮儀、下流無恥的流浪漢，他列舉濕婆的種種不是，說他是個殺梵者、醉鬼、出沒在墓地的瘋子。達剎的話如此難聽，薩蒂再也無法忍受了。她流下了眼淚，說：「我不能再同時作為你的女兒和濕婆的妻子存活了。我怎麼能忍受你對我丈夫的侮辱？可我又怎麼能為此斥責自己的父親？我要放棄我的肉身。下一世我再降生為人的時候，希望能有一個可以尊重我丈夫的父親。」說完，她在大家都還沒有反應過來時縱身一躍，跳入了祭火。

薩蒂死了。好管閒事的那羅陀仙人立刻趕往濕婆所在的北方群山，告知他這一噩耗。濕婆完全為這個消息所震驚，但聽完事情經過，他就陷入了史無前例的狂怒，他從頭上拔下一束髮辮，猛地抽向山峰，髮辮在巨響中斷裂成兩截，其中誕生了一個可怕的巨人，名叫雄賢（Virabhadra），而濕婆自己則顯出了他最可怕的大魯特羅相，直奔達剎祭典的會場。

此刻地動山搖，天降紅雨，達剎預感不妙，驚慌失措，向在場的毗濕奴請求庇護。毗濕奴很無奈，但最終還是答應達剎保護他。

暴怒的濕婆到達了會場，他衝進還在舉行的祭典中開始大肆破壞，眾神和仙人都驚恐萬狀地四處奔逃，就連祭品都變成了一頭鹿企圖逃走，但被濕婆一箭射中了腦袋。濕婆隨即轉而攻擊眾神，他一腳踢倒了還在吃祭品的普善，打掉了他的牙齒，還拔掉了仙人婆利古的鬍鬚，砍掉了火神阿耆尼的手臂。在這場瘋狂的復仇行動中，因陀羅被踩到腳下，閻摩的權杖被折斷，娑羅室伐底的鼻子也被削去……濕婆也沒有放過達剎，他找到企圖躲藏的達剎，乾淨俐落地砍掉了他的腦袋，扔進了祭火。此刻毗濕奴終於趕來拯救殘局。濕婆朝他擲出自己的三叉戟，正中毗濕奴胸口，在那裡留下了永久的傷痕，而毗濕奴抓起三叉戟，以同樣的力量擲了回去，在濕婆身上燒出三圈火痕。一場驚天動地的大戰在兩個最有威能的大神之間展開，最後毗濕奴念動咒語，綳斷了濕婆的弓弦，才總算制止了濕婆繼續破壞。

雖然停止了復仇，但濕婆的憤怒隨即又轉入失去愛人的強烈痛苦之中。他從餘燼中搶出妻子的屍體，像是完全沒有意識到自己抱著的只是一具焦黑殘骸，反而將其緊緊抱住，連聲呼喚薩蒂：「你往日遠遠看到我，就會微笑著向我致意，用你那可愛的聲音呼喚我的名字，可是今日你為何對我生氣，對我不理不睬？醒來，我的靈魂，為什麼你不醒來，不肯聽我的話語？為什麼你要拋棄我，為什麼你要違背我們婚禮上發的永不分離的誓言？」濕婆的話語聽起來如此絕望斷腸，眾神都被他的行為所震驚，沒人去考慮他這種舉止中潛藏著的瘋狂因素。

發瘋的濕婆在悲痛中離去，在隨後的七年裡，他緊緊抱著薩蒂的屍體不曾放手，在三界裡四處遊蕩。他那強烈的情感不斷增長，到了令宇宙陷入危險的地步；他的哀傷是如此刻骨和持久，以至於所有的生靈都一起感到了痛苦。於是，眾神請求毗濕奴去把失去理性的濕婆找回來。

濕婆懷抱薩蒂屍體

毗濕奴在河岸邊的一棵榕樹下找到了濕婆，他發現濕婆依舊緊抱薩蒂屍骸不放，神情呆然，看樣子完全沒認出毗濕奴，也不知道自己在幹什麼。毗濕奴和眾神對看到的景象深感震驚，毗濕奴體認到，除非屍體從濕婆身邊移開，否則他將無法恢復正常，悲痛也無法減輕。因此毗濕奴用他的神輪將薩蒂的屍體分割為五十塊。這些屍體散落各地，於是每一個地方都成為祭拜女神薩蒂的聖地。

濕婆此刻才恢復了神智，當他明白自己已經失去薩蒂的事實時，不由得淚流滿面。他的眼淚化為一個水色深碧的聖湖，坐落在如今巴基斯坦境內。濕婆將薩蒂留下來的飾物和衣物放上火葬堆燒化，將灰燼抹在自己身上作為對妻子的最後紀念，然後告別了毗濕奴和眾神，繼續向北方——他所熟悉的叢山和森林走去。

他漫無目的地在仙人和苦行僧的樹林中行走著，心中依舊因為思念妻子而感到萬分痛苦。有一天他走到一群仙人聚集的陀盧婆那淨修林外，突然心有所感。就像從前一樣，他走著走著，慢慢踏起了舞步，情不自禁追隨心中的節奏開始舞蹈。此時仙人都不在家，仙人的妻子都跑出來看這個奇異的流浪漢：他身體上覆蓋著灰燼，灰燼下的肌膚卻透出光彩；他的舞蹈放浪又粗野，但她們卻情不自禁為他的舞姿所吸引。仙人的妻子莫名其妙地開始跟著濕婆走，有的人非常驚恐，有的人則上前拉扯濕婆。那些仙人回來後，未能認出來者是誰，不由妒火中燒，於是集合他們的力量，令祭火中跳出一隻猛虎，撲向濕婆。濕婆一手抓住老虎，另一手剝下虎皮，披在身上，於是虎皮便成為濕婆的衣服。跟著，仙人又造出一隻巨鹿，撲向濕婆。濕婆把巨鹿抓住，令牠動彈不得。

那群仙人並不甘心，他們在祭火中製造出一條眼鏡蛇，向濕婆彈起。濕婆是毒蛇之主，並不害怕，他把蛇拿住，往頸上一纏作為項鍊。最後仙人製造出一個象徵無知和愚昧的侏儒惡魔，這時濕婆惱怒起來，他的舞蹈節奏開始改變，從阿難達舞轉向了坦達瓦舞。他把那侏儒踏在腳下，越跳越快，達到出神入化的地步。最後濕婆的舞步令見到這場舞蹈的仙人和其他生物無不歎為觀止。從此，濕婆便肩披虎皮，一手拿著巨鹿，一手拿著惡魔的巨棒，第四隻手則用來拿他的弓。至於在靜坐時，則拿住一個沙漏，象徵著時間。

經歷這場風波後，濕婆回到他在雪山之上的居所，拋棄一切身外之物和世俗情感，為了得到更深奧的知識，思索宇宙間的種種謎題，進入了漫長的冥想和苦修之中。

雪山神女

失去薩蒂之後，濕婆回到喜馬拉雅山去修苦行。他藏身於北方的寒冷群山之間，不問世事，一心一意沉浸在苦行之中。失去薩蒂，他似乎對世界上的一切東西都失去了興趣和欲望。古印度大詩人迦梨陀娑（Kalidasa）這樣描寫苦行中的濕婆：

「那時候，濕婆已經在這世界上一無所執，深深被失去愛妻的憂傷之火煎熬。」

時間不知不覺過了一萬年，此時在天界，天神有了新的麻煩。眾阿修羅之母底提看到自己的孩子被天神欺辱，只能生活在暗無天日的地下世界，感到非常悲傷。她請求丈夫迦葉波賜給自己一個強壯到足以打敗天神的兒子。迦葉波同意了。於是，底提生下了一位威力無比的阿修羅，名為婆耆拉迦（Vajranaga）。但底提沒想到的是，這個外表凶猛的兒子雖然具有能夠輕易打敗因陀羅的能力，卻根本不願意和天神打仗。梵天瞭解他的威力，就來到阿修羅的國土勸說他放棄武力，做一個追求智慧的修行者。婆耆拉迦同意了，梵天把一位美麗的天女嫁給他，讓他帶著妻子隱居到森林中去。

然而，天帝因陀羅卻不相信一個邪惡的阿修羅會放棄和他為敵。有一次，趁著婆奢拉迦出門，因陀羅變成一隻巨大的猴子，闖進婆奢拉迦的家裡，大叫大嚷地搗毀傢俱，而且還把婆奢拉迦懷孕的妻子拖到樹林裡橫加恐嚇。趕回來的婆奢拉迦好不容易在密林裡找到受驚嚇的妻子，狂怒之下，他操起大棒，想要衝上天界去殺死因陀羅。梵天急忙出現，拉住婆奢拉迦說：「作為苦行者，永遠不會背棄誓言使用武力，你忘記了嗎？」

婆奢拉迦在梵天的勸說下放下了大棒，無奈地回到小屋繼續修行。然而，儘管他本人不得不放棄仇恨，他尚在母親腹中的兒子卻沒有。不久之後，婆奢拉迦的孩子呱呱落地，取名多羅迦，是一個比父親更加強壯的阿修羅。

多羅迦打從出生就發誓一定要報復因陀羅對他們一家的迫害。長大成人後，他離開家庭獨自去修苦行。他在荒涼的山坡上架起一堆大火，把自己身上的肉一塊一塊割下來往火裡扔，直到把自己削成一副骨架。他的苦行是如此堅韌和殘酷，震驚了三界眾生，甚至連梵天也受到了極大的震動，他出現在多羅迦面前，問他修行這樣的苦行，想要什麼恩賜作為報答。

多羅迦對梵天說：「我想要幫助阿修羅戰勝天神。為此，我希望得到永恆的生命。」但梵天搖搖頭，告訴多羅迦，世界上沒有人可以永生。這個阿修羅又說：「那麼我希望自己長勝不敗，這個總能做到吧？」梵天說：「這個世界上也沒有永遠的勝利。如果你真那麼想要勝利，我的孩子，你可以自己選擇一種死的方式。」多羅迦說：「那麼，只能由剛出生不到七天的孩子殺死我。」梵天答應了他，於是多羅迦回到族人那裡去，他被加冕為檀那婆和達伊提耶之王。

不久之後，多羅迦就組織了一支強大的軍隊，向天帝宣戰。天神和阿修羅之間就此展開了一場殘酷的戰鬥。成千上萬名士兵戰死，屍橫遍野，血流成河。然而，憑藉著梵天的恩賜，多羅迦戰無不勝，沒有人能夠打倒多羅迦，因陀羅不能，阿耆尼不能，毗濕奴也不能。最終，多羅迦奪得了掌管三界的權力。被俘的天神戴著腳鐐手銬站在多羅迦的宮殿前面，受盡阿修羅的凌辱。幸而大勝歸來的多羅迦心情很好，他認為天神已經不能再對他構成威脅，吩咐僕從釋放了俘虜。

受羞辱的天神來到梵天面前。他們低著頭，對創造之神說：「宇宙之祖啊，你給予那個阿修羅強大的恩賜，如今我們拿他毫無辦法，只能看他在三界中橫行。阿修羅強占了我們的天國，搶走了我們的財寶，在會議上，阿修羅讓我們坐在奴僕的位置上，他們強迫我們勞動，不讓我們休息和娛樂。梵天啊，我們不能繼續忍受這樣的苦楚。請你告訴我們，要怎麼打敗多羅迦那個惡棍？」

梵天說：「多羅迦不會死於你們之手，只有出生不過七天的嬰兒才能使他喪命。」因陀羅和其他天神大吃一驚，急忙追問：「出生七天的嬰兒怎麼可能打敗一個可怕殘忍的阿修羅？要去哪找那麼神奇的孩子？」梵天說：「只有濕婆的孩子才能具有此等威力。你們趕快想辦法去讓濕婆生下後代吧。」這一下，天神更加迷惘了。誰都知道濕婆此時依舊在為亡妻服喪，誰也沒有那個膽子敢去干擾他的苦修。

在濕婆棲息的雪山山腳下，群山之王喜馬拉雅和妻子曼娜幸福而寧靜地生活在一起。他們已經有了一對傑出的兒女：兒子曼納克山（Mainak）和女兒恆河（Ganga）。如今他們又有了第三個孩子：一個新生的漂亮女兒，山王為她取名帕爾瓦蒂，意思就是群山之女或「來自群山」，因此她也被稱為雪山神女。有一次，一位德高望重的仙人來為帕爾瓦蒂看手相，之後對山王預言說：「你的女兒將來會嫁給一個沒有父母、沒有財富、無家可歸的流浪者。」

山王夫婦聽了，感到十分悲傷，但帕爾瓦蒂卻很高興。聰慧的她聽到預言便明白，自己將來會嫁的人就是濕婆——永恆的苦行者。帕爾瓦蒂其實就是薩蒂的轉世，她依然記得自己對濕婆刻骨銘心的愛。自從懂事之後，山王之女心中就產生了對濕婆隱祕的愛情，她熱烈地愛慕和崇拜著孤傲的破壞神，渴望著有朝一日能夠嫁給他。

不久之後，濕婆來到山王宮殿附近的岡仁波齊山上，選擇那裡做自己的苦行之地。帕爾瓦蒂隨父親去朝拜濕婆，並懇請濕婆讓她留在他身邊侍奉他。濕婆一開始完全沒有把這個小女孩放在眼裡，說女人是修行的障礙；帕爾瓦蒂聽了很生氣，就和濕婆辯論起來。濕婆為這個年輕姑娘表現出來的智慧吃驚，他說不過她，只好讓她留下了。

帕爾瓦蒂非常虔誠地禮拜濕婆。她每天來到濕婆面前，貢獻香花，照顧他。然而，儘管她如此盡心盡力，也未激起濕婆心中的愛情。多年過去了，他對於帕爾瓦蒂的美貌和愛慕依舊視而不見，毫不動心。甚至是濕婆也沒有察覺帕爾瓦蒂就是薩蒂的化身，因為上天給了帕爾瓦蒂一身黝黑的肌膚，這膚色像面紗一樣掩蓋了真相。

眾神此時都知道山王之女對濕婆的愛情了。可是眼看著濕婆依舊無動於衷，天神都非常著急。他們想要找個法子，讓濕婆趕快和帕爾瓦蒂結婚，好生下一個對抗阿修羅的後代。因陀羅決定幫助帕爾瓦蒂。他悄悄把愛神迦摩招來，對迦摩說：「你到岡仁波齊山去，悄悄拉弓，向濕婆心上射出愛情之箭，使他心中對帕爾瓦蒂產生無法遏制的激情，讓他們生一個兒子去打敗多羅迦。」

雪山神女

迦摩接受了這個任務，雖然他有點怕濕婆，可是曾經在梵天身上展現過無窮威力的愛情之箭，如果在濕婆身上也起到作用，那一定是件有意思的事情。青春永駐的愛神手挽願望之弓和愛情之箭，帶著隨從春神和美麗的妻子情欲女神羅蒂（Rati），來到了喜馬拉雅山中。

當時，正值春暖花開之際，山上積雪開始融化。但出於對濕婆的敬畏，他身邊環境的季節變化都靜止了，一切都還停留在寒冬之中。濕婆眼觀鼻，鼻觀心，沉溺在冥思之中，就像一面沒有漣漪的湖泊。

迦摩一到，環境立刻發生了變化。山谷茂密的樹林裡，芬芳的鮮花一簇簇開放了，山坡上的溪流開始歡快地奔騰，但濕婆依舊沉浸在冥想之中，完全沒有受到周圍變化的影響。迦摩小心翼翼地接近濕婆打坐的地方，此時，帕爾瓦蒂到來了，她盛裝打扮，捧著鮮花，來到了濕婆面前。濕婆為了接過花環，抬眼看了她一下。就在此刻，愛神看準機會，朝濕婆射了一箭。

濕婆的心瞬間動搖了。就像月亮升起時的大海，他看向帕爾瓦蒂的臉，看到了她蘋婆果般美麗紅豔的嘴唇。

但濕婆的動搖只不過持續了一瞬間，他隨即就重新拾回了對感官的控制，並且憤怒地轉頭尋找那個膽大包天、敢於干擾他苦修的人。他馬上就發現這是躲在一旁的迦摩幹的。暴露了的迦摩還保持著射箭的姿勢，但他討饒的話還沒有出口，濕婆額頭上睜開了第三隻眼睛，烈焰從眼中噴出，把可憐的愛神瞬間燒成了灰燼。迦摩的妻子羅蒂見到這個情景，立即暈了過去，等她醒過來之後，就大聲哀哭起來，責罵眾神讓丈夫來白白送死。

所有人都十分震驚，等大家回過神來，濕婆已經從這地方消失不見，不知道獨自隱匿到哪一個更加隱祕和險峻的苦行之地去了。

羅蒂痛哭不止，此時有人悄聲在她心中說：「不要哭！美麗的女子，你和丈夫的分離只是暫時的。當濕婆和帕爾瓦蒂結合的時候，迦摩就會復活。」羅蒂聞言，終於有所安慰，她擦乾了眼淚，回到家中等待迦摩的復活。

如今痛哭的只有帕爾瓦蒂了。她回到山王的宮殿，每天徹夜難眠，掛念著不知如今身在哪裡的濕婆。自己的殷切侍奉沒能打動濕婆，自己的美貌沒能打動濕婆，那到底有什麼能夠讓濕婆石頭一般堅硬的心變軟呢？

帕爾瓦蒂決定苦行。濕婆是苦行之神。如果美麗容貌和溫柔手段不能博得濕婆的愛情，那麼她就要成為比他更偉大、更堅韌的苦行者，讓濕婆無法忽視。她告別了父母，離開奢華的宮殿，脫去了珍貴的首飾，盤起長髮，把柔軟的衣服換成了樹皮衣。她來到濕婆曾經待過的樹林中，潔淨地面，燃起熊熊大火，克制自己的欲望和思想，站在火圈裡默念濕婆的名字。她棄絕飲食，只吃野果為生。一百年過去了，帕爾瓦蒂站在毫無遮掩的冰冷岩石上，讓大雨澆在自己身上，只吃新鮮樹葉為生。又過了一百年，帕爾瓦蒂爬到最陡峭的山崖上，讓劇烈、鋒利得如同刀刃般的大風吹在自己身軀上。到了最後，她尋找雪山上最寒冷的泉眼，在雪夜裡把自己浸在冷水中，默誦真言。現在她連樹葉都不吃了，僅僅飲風為食。

所有人都來勸說她放棄，但忠於愛情的帕爾瓦蒂依舊矢志不渝。她的母親前來探望她，悲鳴著說「U－MA」，意思是「不要這樣」，於是帕爾瓦蒂從此又有烏瑪（Uma）這名字。就這樣，帕爾瓦蒂苦行了整整一萬年。天地都因為她的苦行開始發熱，而帕爾瓦蒂形銷骨立，單薄如影。

有一天，一個年輕的婆羅門來拜訪帕爾瓦蒂。帕爾瓦蒂殷勤地招待他，讓他坐在俱舍草編織的座位上，請他吃野果。婆羅門好奇地問帕爾瓦蒂為什麼不珍惜自己的青春年華，在這樣的荒野之地折磨自己，修煉這種連大仙人都畏懼的苦行。

「我想成為濕婆的妻子，」帕爾瓦蒂說：「我要以苦行贏得他的心。」

年輕的婆羅門大笑起來，「這真是我聽過最荒唐的事情，」他說：「我瞭解濕婆本人。他脾氣暴躁，長著三隻眼睛，身上纏著毒蛇，以骷髏作為裝飾，拿老虎皮做衣服，他沒有宮殿，也沒有財寶，他整日都和奇形怪狀的妖魔做伴，這樣一個人，你幹嘛要費那麼大的力氣追求他的愛情？」

帕爾瓦蒂生氣了，她說：「婆羅門，你真是胡說八道，你一點都不瞭解濕婆，你說他窮，但他卻是一切財富的源頭。他身無長物，飾物可怕，在我眼中卻英俊可愛。他變化無窮，你怎麼能以外表判斷一個人呢？」

然而年輕婆羅門不依不饒，繼續數落濕婆的不是，包括他殺梵的罪行，整日流浪，身世可疑，把火葬場當成自己的居所等等，話說得越來越難聽。

帕爾瓦蒂氣得眼睛都發紅了。她嘴唇發抖，捂住耳朵大叫起來：「我不想再讓你這些詆毀的語言玷汙我的耳朵。就算濕婆具有你說的所有毛病，我依舊只愛他一人。」

婆羅門看起來還想開口，帕爾瓦蒂轉身就走。然而就在此時一陣雷鳴，變化成婆羅門的濕婆微笑著現出了本相，他從身後溫柔地抱住了帕爾瓦蒂，對震驚和羞澀得不能動彈的帕爾瓦蒂說：「從今天起，我就是你用苦行買下的奴隸。」

濕婆要結婚的消息傳遍天上人間，天神、半神、精靈、阿修羅和人類都趕到北方山區來參加在山神的宮殿裡舉行的盛大的婚禮，這時，羅蒂來到濕婆面前，請求濕婆讓她那被燒成灰燼的丈夫愛神復活。濕婆朝那一堆灰燼看了一眼，於是愛神就站在了羅蒂面前。不過從此之後，迦摩也被人稱為「無形體者」（Ananga），因為愛本來就是無形的。

結婚之後，濕婆帶著妻子回岡仁波齊山之中。對失而復得的愛人，濕婆充滿了激情。他們隱匿在一處十分祕密的居所裡，在那裡，這對新婚夫婦年復一年、日復一日地沉浸在歡愛之中。過了整整百年以後，眾天神見他們仍沒有生下孩子，都很著急。於是他們找到毗濕奴，請他去懇求濕婆停止享樂，生個兒子。毗濕奴便率領眾天神來到岡仁波齊山上，面對山峰呼喊道：「濕婆，請你履行自己的職責，停止沉溺情愛，為我們帶來拯救世界的孩子吧！」

濕婆聽到了呼喊，於是走出來說：「如果你們有能力接納我的種子，那你們就拿去。然後用它生成兒子，去消滅多羅迦。」說完，他就將自己的精液撒在地上。在眾天神的請求下，火神阿耆尼變作一隻鴿子啄食了它。可是火神阿耆尼也不能承受濕婆的種子，飛到恆河

濕婆的迎親隊伍

上空的時候，他覺得熾熱難耐，結果把它落到恆河之中。恆河女神也忍受不了這樣的衝擊，就用波浪把濕婆的種子推到岸邊的蘆葦之中。

在這裡，濕婆的兒子誕生了。這孩子是由濕婆對帕爾瓦蒂的激情產生，得名室建陀（Skanda），又名鳩摩羅（Kumara），意思是童子神。室建陀繼承了父親和母親的一切優點，他長得十分俊美，身上穿著火焰一般燦爛的金色盔甲，戴著金色耳環；整個人猶如初生的旭日般光彩奪目。他怒吼的聲音就像大海咆哮一般，令人畏懼。

可是帕爾瓦蒂卻感到非常生氣，她原本盼望著由自己親自生下這個孩子。她氣憤地詛咒天神：「你們只想著自己的私利，卻不給我一個妻子和母親應當享受的樂趣。我沒法親自生養孩子了，從現在起，你們的妻子也不會生育的，你們也將沒有子孫後代。」

濕婆迎娶帕爾瓦蒂回家

六位昂星仙人（Krittikas）的妻子來到河岸邊，在蘆葦叢中找到了剛剛誕生的室建陀。她們擔負起餵養室建陀的職責。由於室建陀有六個奶媽，結果他肩上長出六個頭。按照養母之名，室建陀又叫迦郗吉夜（Kartikeya），意即昂星團之子。室建陀出生後第五天，他爬上山頂，拉開父親的巨弓，玩耍般向白雪皚皚的迦朗遮山射去，把大山射出一個很深的峽谷。迦朗遮山被砍了山峰，痛得發出呼救聲。周圍的山也嚇得慌慌張張地想要逃跑。那個時代，山都還長著翅膀，它們全都展開巨大的翼翅飛向空中。室建陀沒有放過它們，他用標槍一個接一個把所有山的翅膀都砍掉了。群山無可奈何地掉回到地面上，只好對室建陀表示臣服。

看到室建陀這樣的實力，因陀羅也開始覺得不安起來。他心想，這孩子威力如此巨大，長大之後說不定會變成自己的競爭對手。趁室建陀尚未長大，應趕快殺死他以免後患。於是，天帝率領著軍隊，浩浩蕩蕩來到室建陀面前。但濕婆的兒子毫無懼色，他像大海一樣咆哮著，口吐火焰，燒死了不少天兵天將及其馬匹和車輛。天神逃之夭夭，只剩下因陀羅與室建陀對陣。因陀羅用金剛杵猛擊室建陀的左右和正中，不但沒有傷害到室建陀，反而從擊打的地方生出三個十分強壯的金甲武士，咆哮著向因陀羅衝殺過來。因陀羅見此情景，知道自己不可能戰勝濕婆之子，於是心灰意懶地從坐騎上下來，向室建陀請求和解。

室建陀出生的第六天，以梵天為首的天神都來向濕婆之子致敬。眾神紛紛贈給室建陀神奇的禮物和武器，匠神陀濕多送給室建陀一隻孔雀，室建陀就把牠當成了坐騎。他得到的武器是一把銳利的長矛，和濕婆的三叉戟、毗濕奴的神輪一樣，這支長矛是匠神用太陽的碎片鍛造的。梵天為室建陀行了灌頂禮，使他成為天神軍隊的統帥。

天神當面讚頌濕婆之子室建陀，懇求他把天界從阿修羅的蹂躪中解放出來。室建陀答應下來，率領著龐大的天界軍隊，開到了多羅迦的城池下。多羅迦聽說天神前來挑戰，不禁感到奇怪：明明已經成為手下敗將的因陀羅他們，怎麼吃了熊心豹子膽，又上門來找打了呢？

突然，險惡的徵兆打斷了多羅迦的思索。他左眼跳動，感到不安。驚心動魄的吼叫和吶喊聲響徹雲霄。濕婆之子率領的大軍出現在多羅迦眼前。

看著那個帶領大軍的孩子，多羅迦想起了梵天的恩賜，說他將死於出生七天的小孩之手。他知道自己的末日到來了。不過，英勇的阿修羅王並沒有在命運面前退縮。他命令軍隊準備戰鬥，迎出城外，他對室建陀說：「孩子啊，你來參戰，是不是說明天神都變成了一群懦夫？他們不敢面對我，卻讓你這樣的小孩上戰場。」

但是，室建陀絲毫不為所動。他毫不猶豫地向多羅迦進攻了。這真是一場匪夷所思的大戰，箭雲遮天蔽日飛向室建陀。可是濕婆之子站在戰車上紋絲不動。多羅迦的箭不能傷害室建陀。他手持武器，輕鬆地撥開箭雲，勇往直前，把阿修羅的軍隊殺得大敗，逃離戰場，只剩下多羅迦單獨與室建陀對戰。他們手舉武器，你來我往，打得不可開交。最後，多羅迦終於精疲力竭，再沒有力量戰鬥下去。室建陀站在他面前，朝多羅迦致命一擊，阿修羅王的頭滾落下來，倒在地上死去了。

天神興高采烈，大聲歡呼，拋撒鮮花，向濕婆和山王之女光榮的兒子致敬。這位年輕的戰神，出生僅七天就建立了偉大功勳。室建陀放下武器，回到父母那裡，此刻他又從戰無不勝的戰神，變回了出生不久的孩子，要求父母的嬌寵。

室建陀逐漸長大，到了該要考慮婚事的時候。有一天，帕爾瓦蒂問已經長成英俊少年的室建陀：「孩子啊，你想要什麼樣的妻子呢？」

室建陀羞紅了臉說：「我想要像媽媽這樣的妻子。」

帕爾瓦蒂大吃一驚，兒子表現出來的戀母傾向讓她警惕起來。於是，她勒令兒子搬出家去獨自居住，不准再繼續黏著自己了。

室建陀搬到曼陀羅山上去住，他住的地方叫做鳩摩羅聖林。由於母親的訓誡，他保持獨身，不知怎的最後甚至開始討厭女人，於是他居住的這座山林也嚴格禁止女人進入。據說廣延天女（Urvashi）曾誤闖進去，被變成了一棵藤。不過，也有另外的說法，因陀羅為了表示當初向室建陀宣戰的歉意，就把自己的女兒、天軍的化身提婆賽納（Devasena）嫁給了室建陀。

這位容貌俊美的戰神後來也出現在佛教神話中。釋迦涅槃之後，有個夜叉盜走了佛牙，行動迅捷無比的室建陀追趕上它，取回了舍利。從此，他被供奉在所有寺廟的山門背後，也就是我們所熟悉的帥哥韋陀菩薩。不過話又說回來，室建陀本人其實就是天下一切盜賊的庇護神。

第 07 章

大女神

大女神音譯為黛維（Devi），她是宇宙間的陰性力量「薩克蒂」（Shakti）的集中體現，是印度神話中的大母神。大多數時候，她被視為濕婆的妻子，溫柔的雪山神女帕爾瓦蒂、女戰神杜爾迦（Durga）、黑女神迦梨（Kali），都是她的不同面或不同化身。她是無所不能的女性力量的體現，僅有當她出現的時候，宇宙才能在陰陽之間獲得平衡，運轉不息。即使是貴為三大神，也必須由「薩克蒂」來激發他們力量的活性。因此，大女神被視為創造性的源泉。每個不同的男性神明都有自己的薩克蒂化身，就好比「男性身體中的女性性格」，有時候，濕婆的妻子帕爾瓦蒂、梵天的妻子娑羅室伐底、毗濕奴的妻子吉祥天女拉克什米，都被視為他們的薩克蒂之力的體現，因此也是大女神的一部分。當所有這些女性本源彙集到一起，在大女神身上體現出的就是凌駕一切的宇宙之母，此時她被稱為摩耶女神（Maya Devi）。

大女神雕像

杜爾迦是女戰神，或稱武士女神。她有時被視作是雪山神女的一個化身，濕婆的伴侶和妻子，不過更多時候她被當作是一個獨立的威力強大的女神。她為了誅殺霸占天界的牛頭惡魔而出生，集中了眾神身上最威嚴可怕的力量，騎著獅子，是個美麗而凶猛的女人，神情令人畏懼。

在很久以前，天神和阿修羅之間發生了一場大戰，打了足足一百年。阿修羅方面的首領是水牛怪摩希沙（Mahishasura）。摩希沙在成為阿修羅王之前，曾苦修了許多年，博得梵天的恩惠。他希望自己不會敗在任何神靈或生物手下。但這個阿修羅看不起女性，認為女子柔弱無力，不會對自己構成威脅，因此在請求恩惠中沒有提到女人。摩希沙得到梵天保佑後，戰無不勝，天神被摩希沙殺得大敗，於是阿修羅成為天界的統治者。戰敗的天神向梵天、毗濕奴和濕婆訴苦哀告：「我們被那可怕的摩希沙阿修羅逼得生不如死，太陽神蘇利耶、戰神因陀羅、火神阿耆尼、死神閻摩、海神伐樓那都被打敗了。我們現在像凡人一般在地上遊蕩。」

聽了天神的話，毗濕奴張開了他兩眉中間的眼睛，濕婆張開他的第三眼，而梵天也張開他憤怒的眼睛。從梵天、毗濕奴和濕婆的前額，放射出強烈的光芒。這些光芒聯合起來，看來像一座山那樣大。四面八方都被這光芒照亮，這光便是天界所有的精粹。那光芒顯現成一女子的形象，強而有力。閻摩的力量，成為她的頭髮；毗濕奴的力量，成為她的雙手；梵天的力量，成為她的雙腳。她身體的每部分，都是由諸神的光所造成。所有天神看見她都心生歡喜，她驚人的美麗，但也驚人的威嚴。她於是得名「杜爾迦」，意思是「難以接近的女人」，所以有時她的名字也被翻譯作「難近母」。

諸位天神都將他們最厲害的武器交給杜爾迦，用來對付那些阿修羅。濕婆交給她三叉戟，毗濕奴交給她神輪，伐樓那交給她神螺，阿耆尼交給她飛鏢，風神伐由交給她弓和箭，因陀羅交給她閃電，梵天交給她水瓶，閻摩交給她寶劍。不同的天神給她花環、首飾、腕線、指環、兵器、斧頭、蓮花、獅子、紅寶石、珠寶、紗麗、酒碗。女神大喝一聲，整個天界和大地都戰慄不已，海洋也動盪不安，天堂和地獄都震動起來。

眾神向杜爾迦祈禱

杜爾迦隻身前往戰場。那些阿修羅看見神情可怕的她走近他們，馬上排列陣勢，迎戰這位女神。阿修羅有數以千計的戰車。大象、馬匹、步兵……數量之多，整個大地都容納不下，而杜爾迦則單獨一人騎在獅子上，好像玩遊戲一樣轉眼間便把他們消滅，她向那些阿修羅擲出無數的武器，一瞬間整支龐大的阿修羅大軍都化為塵土，彷彿烈火吞噬森林。她吹起號角，那聲音震碎許多阿修羅的心臟。阿修羅的將領死傷無數，所有那些大象、馬匹、戰車都被粉碎。杜爾迦凶猛的獅子把阿修羅撕開，喝他們的血。阿修羅的將領都被殺死了。最後摩希沙所有部下都已經被女神殺掉，再沒有人幫助摩希沙。他於是幻化成大水牛的形象，以蠻力衝向女神。他用尾巴、牛角和鐵蹄發出可怕的聲響，大地也為之震動。當杜爾迦要殺他的時候，摩希沙幻化成獅子的形狀，撲向女神。同時他又變回阿修羅的形象，手裡拿著寶劍，向女神衝去。女神向摩希沙擲出武器，摩希沙便立刻幻化成一隻大象，奔向女神。女神的獅子撲向大象，而那阿修羅也立即變回大水牛的形象。這時三界之母親張開她憤怒得發紅的眼睛，大吼一聲，然後說：「邪惡的阿修羅啊，叫吧！你的末日到了，我要喝乾你的血。我現在就要叫那些天神歡喜。」

杜爾迦殺死摩希沙

這樣說時，女神抓住摩希沙的脖子，把他撕開。天界就這樣得到了拯救。殺死水牛魔摩希沙，是杜爾迦女神最偉大的功績。

另外一個故事裡，杜爾迦和帕爾瓦蒂都是薩克蒂力量的一個面向。在很久以前，邪魔蘇姆婆（Sumbha）和尼蘇姆婆（Nisumbha）由於苦行，向梵天求得一個願望，獲得很大的力量，他們把因陀羅從天界驅逐，當了三界的主人。這兩個阿修羅開始騷擾三界的眾生，眾神感到悲傷，於是不停地禱告。

那時剛好雪山神女帕爾瓦蒂來到恆河沐浴。她看見眾天神在祈禱，便問他們為什麼這樣悲傷憂慮。當她這樣問時，她的身體裡便出現一個巨大的身形，杜爾迦女神從帕爾瓦蒂身中分了出來。她說：「眾位天神，去吧，事情交給我辦吧。」那些天神便回去了，杜爾迦獨自走上山，坐在喜馬拉雅山麓的一棵大樹上。

這時剛好蘇姆婆和尼蘇姆婆的兩名近臣經過，他們看見極其美麗的女神坐在樹上。便立即回報主人蘇姆婆說：「主人啊！在喜馬拉雅山那裡有一位極美麗的女子，你的眾位王后和她相比，不過像些蠕蟲罷了。」

聽見臣子這樣說，蘇姆婆於是派遣大使蘇格瓦向杜爾迦提親。蘇格瓦趕快來到喜馬拉雅山，看見杜爾迦正在喜瑪拉雅山的樹林中遊戲，便對她說：「女神啊，蘇姆婆是阿修羅的王，是三界之主。你是天界最美麗的女子，阿修羅王請你到他那裡去，你可以選擇嫁給他或他的兄弟尼蘇姆婆，他和蘇姆婆有同樣的財富和力量。請考慮一下，然後儘快答覆我。」

聽了蘇格瓦的話，杜爾迦微微一笑：「也許你是對的，蘇姆婆是三界之主，而尼蘇姆婆也一樣是，但由於從前的無知，我發下一個重誓，誰能在戰場上勝過我，才能成為我的丈夫。現在讓蘇姆婆和尼蘇姆婆前來與我對敵吧。」

蘇格瓦說：「你發瘋了嗎？無數的天神和阿修羅都被蘇姆婆和尼蘇姆婆的力量粉碎，你算什麼呢？快與我一起到蘇姆婆和尼蘇姆婆的皇宮，否則很快便會被別人拖著頭髮前去。」但女神依舊堅持，除非自己在戰場上被打敗，否則她不會嫁給任何人。

蘇格瓦回到魔王那裡，將事情加油添醋地說了一遍。阿修羅王不禁怒火中燒，召喚他的將軍說：「你馬上去找那弱不禁風的女子，扯著她的頭髮，把她拖到我的腳前。如果在半神、提婆、夜叉中有誰敢保護她，便把他們立即殺掉。」

杜爾迦一個人站在山上，看著前來捉拿自己的阿修羅軍隊哈哈大笑，把箭像下雨般射向阿修羅的大軍，轉眼之間，阿修羅狼狽地四處逃竄，卻被女神的獅子抓住撕碎，軍隊中連一個軍士也沒有剩下來。蘇姆婆知道大軍被毀，惶恐不安。他馬上命令所有阿修羅軍隊聯合起來，向喜馬拉雅山上的女子進攻。阿修羅的大軍鋪天蓋地朝山麓進發，足以傾覆整個宇宙。女神看見這樣龐大的軍隊，馬上發射弓箭，這個時候，梵天、毗濕奴、濕婆、室建陀、因陀羅都進入了杜爾迦的身體，然後以薩克蒂的形式出現，各自以不同的形象迎戰阿修羅的軍隊。她分成千萬的化身，衝向阿修羅軍隊，好像狂風掃落葉一樣，把成千上萬的軍士殲滅殆盡。

杜爾迦女神

阿修羅王兩兄弟知道軍隊被毀，親自帶領預留的軍隊發動進攻。那些阿修羅大軍四面八方湧來，向女神投擲出有毒的武器、下了咒語的法寶和無堅不摧的投槍。但女神很快就打垮了阿修羅的軍隊。尼蘇姆婆手中拿著寶劍，大力砍向女神座下的獅子。女神立即用神輪把尼蘇姆婆的劍摧毀，這個阿修羅暈倒在地上。看見兄弟躺臥沙場，蘇姆婆馬上衝上前，八隻手都拿了法寶，整個天空都被他遮蔽了。女神看見蘇姆婆迎著她而來，便吹響她的號角，使整個天空都充滿可怕的聲響。獅子也放聲大吼，四處都泛起雷霆。女神用她的三叉戟刺進蘇姆婆的胸膛，打倒了他。這時，尼蘇姆婆恢復了知覺，用他的飛輪、金剛杵和寶劍迎戰女神。杜爾迦一樣刺中他的胸膛，那胸膛便裂開，走出一個可怕的邪魔來，杜爾迦毫不畏懼，放聲大笑，然後一劍把他的頭顱砍下。尼蘇姆婆被殺死了，而蘇姆婆則躺臥地上，他不能接受這樣的恥辱，大聲向女神說：「杜爾迦，你不要驕傲，你擊敗我們，只是因為有許多神的幫助。」杜爾迦哈哈大笑著說：「我是世上唯一者，除我以外還有誰？你仔細看看，所有這些與你戰鬥的神祇其實都只是我。」此刻，所有化身都返回杜爾迦的身體，剩下來的確只有杜爾迦一個。

蘇姆婆從地上跳起來，就像飛蛾撲火般再次撲向杜爾迦，女神用三叉戟刺中蘇姆婆的胸膛，結束了他的生命。蘇姆婆倒在地上，連大地和海洋也為之震動。天空晴朗起來，眾天神皆大歡喜，整個世界都充滿歡樂的氣氛。

迦梨

迦梨是黑色的女神。她誕生在杜爾迦女神的憤怒之中。蘇姆婆和尼蘇姆婆攻擊杜爾迦的時候，曾經派出由將軍拉克塔維賈率領的大軍挑戰她。女神非常憤怒，她的眉毛豎了起來，臉孔變得像墨一樣黑。然後從她前額有一個可怖的女神走了出來，手上拿著各種武器。她便是迦梨女神。

她容貌非常怕人，兩眼血一般殷紅，烏黑的頭髮蓬亂，赤裸著身體，用骷髏頭當成花環戴在身上，腰帶則是用屍體的殘手做成的。她的形象實在太殘酷太可怕了，以至於一看到她，許多阿修羅的心都停止了跳動。迦梨衝向那些阿修羅，一下子便把成千上萬的阿修羅消滅掉。從她的口中噴出火焰，焚燒阿修羅的軍隊。所有阿修羅都戰慄起來。她還把阿修羅當作食物來吃，一手便抓住成千上萬的阿修羅，然後往嘴裡送。那些阿修羅軍隊的將領，那些戰車的車夫和高級將領，統統被迦梨嚼爛。一輛又一輛的戰車送進了她的嘴巴，一隻又一隻的大象被她的牙齒咬碎。她還用頭髮、用頸項把一些阿修羅捉住，有一些則被她的雙腳踢得人仰馬翻。轉眼之間，整支阿修羅軍隊便完全被殲滅。

看見這可怕的情景，阿修羅的大將拉克塔維賈衝向迦梨，向她射出可怕的武器。女神把他的雙臂砍斷，鮮血從他的身體噴射出來，他流出的每一滴血，馬上化為和他有同等力量的阿修羅。從地上站起成千上萬的阿修羅。迦梨用金剛杵打碎拉克塔維賈的頭，他的血又再生出許多阿修羅戰士，以致整個宇宙都好像充滿了阿修羅。眾天神看見到處都是阿修羅，都惶恐萬分，因為那些邪魔的數目不斷增長，殺之不盡。

迦梨見到這個情形，便張開巨大的嘴，用三叉戟把拉克塔維賈撕成碎片，把拉克塔維賈滴落下來的血喝了個精光，又吃掉了所有他幻化出來的邪魔。拉克塔維賈不能復生增殖，就這樣死去了。

關於迦梨的誕生，還有另外一個有趣的傳說。有一天，濕婆把帕爾瓦蒂抱在膝蓋上，開玩笑地叫她「Kali，Kali」，意思是「黑姑娘，黑姑娘」，還說她的膚色和自己比起來就好像黑蛇纏在白樹皮上。自尊心很強的帕爾瓦蒂一聽，認為這是濕婆在取笑她，勃然大怒，當場宣布：「我要離開你去修苦行，除非我能夠獲得一身白皙皮膚，否則我絕對不回來。」然後就拋下濕婆一個人走了。

這時候有一個叫做阿迪的阿修羅聽說了這件事情。他父親被濕婆殺死，他希望借此機會報仇雪恨。他變成帕爾瓦蒂的模樣，娉娉婷婷地走向濕婆的居所，想要接近濕婆後殺死他。

濕婆看見假帕爾瓦蒂很高興，起身迎接她，說：「你怎麼又回來了？」

假帕爾瓦蒂嬌聲回答：「因為我想念你呀，沒法修持苦行，就回來了。」

一聽這話，濕婆起了疑心，因為他知道依照帕爾瓦蒂的個性，絕對不會半途而廢。這時這個阿修羅投進他懷抱，濕婆沒有發現帕爾瓦蒂身上那個非常隱祕的記號，他立即明白這是別人偽裝成妻子，狂怒起來，用力把這個變了形的阿修羅勒死了。

迦梨現身

但濕婆的坐騎難迪不明就裡，牠跑上山去，向帕爾瓦蒂本人報告說：「濕婆抱著一個和你一模一樣的女子。」帕爾瓦蒂一聽，又傷心又憤怒，大聲說：「就讓我變成心如鐵石的人吧！」沒過多久，她苦修成功，梵天賜給她一身金色的肌膚，而從帕爾瓦蒂身上掉落下來的黑色，果然就形成了一個心如鐵石的女神——黑色女神迦梨。

不過，迦梨的模樣雖然可怕，但和杜爾迦一樣，只有面對危害人民的敵人時，她才會顯露恐怖的一面。面對自己的崇拜者時，她就好像母親那樣寬容仁愛。有一次，在戰場上殺敵的時候，迦梨女神發了狂，她太憤怒也太高興，以至於毀滅的腳步怎麼也不能停下來，她一手拿著敵人的首級，一手握著帶血的彎刀，在大地上瘋狂地跳舞。整個宇宙都震動起來，眾神急忙去找濕婆說：「迦梨失去控制了，阿修羅都已經被她殺光，她還不滿足，再這樣下去，眾生都會被她屠戮乾淨的。」

踏在濕婆身上的迦梨

濕婆聞言，就跑到戰場上去，躺在屍體之中一動不動。迦梨跳著毀滅的舞蹈往這邊來，不小心一腳踩上濕婆的胸膛。她低頭一看，發覺自己竟然踩在丈夫身上，一吃驚，連舌頭都伸出老長。就這樣，迦梨恢復了神智，而且答應做眾生永遠的庇佑者。由於這次事件，迦梨便經常以手持人頭、彎刀，腳踏在濕婆身上的形象出現。濕婆就是時間，而迦梨甚至征服了時間本身，於是她又被稱為「時母」。

每當劫末，宇宙的毀滅即將到來，迦梨就用黑暗覆蓋大地，加速它的滅亡。因此，她又有另外一個名字：世界末日之夜。

娑羅室伐底

娑羅室伐底是語言和智慧的女神，她是梵文的創造者，並創造天城體字母，梵文、印地文及其他印度的文字都以此書寫。娑羅室伐底也是藝術和文學的女神，給予人詠唱詩歌、譜寫音樂和雄辯的能力。娑羅室伐底的意思是「優雅者」，她永遠年輕，身材修長，膚色潔白，美麗的前額上有一輪新月。她生有四臂，坐於蓮花之上，兩隻手彈弄一種叫西塔琴的樂器，這種樂器是她發明的，象徵藝術；一手持著貝葉經，因為她是文字的始祖；她還有一手持著禱告用的念珠，象徵她的虔誠與謙卑。有時娑羅室伐底的形象是坐在其丈夫梵天身旁，一手持蓮花相贈。

她雖然貴為女神，但和通常都打扮得珠光寶氣的吉祥天女拉克什米比起來，身上戴的珠寶都很簡單，她穿著白衣，象徵真知的純潔。她的坐騎是一隻天鵝，這隻天鵝十分聰慧，如果在牠面前放一碗牛奶和水的混合液體，牠能夠只喝掉混在其中的牛奶。

在繪畫當中，娑羅室伐底常常坐在河邊，因為她也是娑羅室伐底河的女神，在古代，這條河非常受崇敬，有江流之母的稱號（但現已經消失在沙漠中）。

梵天把娑羅室伐底當作自己的妻子。梵天的世界高於因陀羅天國和所有其他世界。娑羅室伐底與梵天一起坐在寶座上，接受天神的朝拜。她是仙人和虔誠信徒的庇護者，賞賜他們幸福和後代，而且還常常為他們說情。

有一次，半神乾闥婆偷走了天神的甘露，說什麼也不肯還回來。天神只好求助於娑羅室伐底。娑羅室伐底抱著西塔琴來到乾闥婆的花園裡，開始彈奏一種前所未聞的旋律。乾闥婆被這美妙的旋律所吸引，紛紛聚攏來到娑羅室伐底面前，請求她把這音樂教給自己。娑羅室伐底說：「把音樂教給你們當然沒問題，不過你們得要用甘露來換。」乾闥婆遂心甘情願地把甘露交回，娑羅室伐底也實現承諾，把天上人間最動聽的旋律教給了乾闥婆。從此，乾闥婆成了天神的樂師。

梵天和妻子

有趣的是，人們傳說，娑羅室伐底和象徵財富、幸運的吉祥天女儘管都是善良的女神，彼此卻無法相容。舉辦祭祀的時候，當她們其中一個到來，另外一個就會起身走開；更有甚者，傳說她們還曾經激烈地爭吵過。智慧和財富無法並存，文學和幸運不能共容，這也許是古代印度對「文章憎命達」的一種表達吧。

加耶德麗

加耶德麗（Gayatri）是《吠陀》歌集中最著名的一句頌詩的化身。這句頌詩是獻給太陽神的：「我們要反覆尋味輝煌的太陽神的奇妙之光，願它引導我們的理智。」這是印度傳統中吟誦最多的頌詩，傳說具有神奇的力量。加耶德麗女神作為頌詩的化身，自然也是一個猶如陽光般美麗的女神。

有一次，梵天打算舉行隆重的祭祀儀式，便向人間扔下一瓣蓮花，以決定祭祀的地點。蓮花落到了今天印度一個叫普什卡的地方，在那裡變成了美麗的湖泊。每位天神和女神聽說梵天主祭，都急急忙忙地準時趕來。一切準備就緒後，梵天卻發現娑羅室伐底女神還未到場，一問侍女，原來她還在自己的房間裡慢騰騰地梳妝打扮。梵天派使者請娑羅室伐底快來。但是，娑羅室伐底卻毫不著急地對使者說：「我還要好好修飾一番！」

使者回去稟報，梵天非常著急，因為這個祭祀必須有他妻子在場，而眼看舉辦祭祀的吉時就要錯過了。他對天帝說：「沒辦法了，娑羅室伐底不來，你快將路上遇到的第一個姑娘帶回來做我的夫人！」因陀羅聽命，急忙往外跑。說來也巧，他剛一出門，就看到舉辦祭祀神廟的隔壁有一個年輕漂亮的牧女，也就是吟誦女神加耶德麗的化身。因陀羅把姑娘領到天神集會的地方。梵天當眾宣布：「天神、半神和苦行者啊，我就娶這位漂亮姑娘做妻子。她將成為天上、空中和地上純潔和虔誠的依託！」天神都大聲歡呼，贊同梵天的決定。祭司開始用鮮花和金銀首飾打扮加耶德麗。祭司正要舉行儀式時，娑羅室伐底走進會場，她見加耶德麗一身新娘子打扮，飾以奇香的鮮花和璀璨的寶石，便憤怒地叫道：「梵天呀！難道你想拋棄我這合法的妻子嗎？整個宇宙都極為尊重你，你卻與一個普通牧女成親，你當著眾神的面羞辱了我。你不會得到我的寬恕！從現在起，你再也不會在這片大地上任何地方得到人們的崇拜了！」

娑羅室伐底離開了會場，梵天痛苦地想著她的詛咒。祭祀結束，天神動手開始在普什卡為加耶德麗女神修建神廟。溫柔善良的加耶德麗開始為被詛咒的丈夫開脫：「我絕對不接受供奉，除非我的丈夫能在我身邊也占有一席之地。」她堅持這樣說，於是天神只得在她神廟的旁邊興建了一座梵天的神廟。這座神廟，在後來很長的時間裡，都是印度唯一供奉梵天的神廟。

天神和仙人都非常感激加耶德麗。梵天希望與娑羅室伐底重歸於好，便派毗濕奴和吉祥天女立刻去迎接娑羅室伐底。高傲的娑羅室伐底本不想來，但經不住毗濕奴夫妻倆的再三懇求，還是回到梵天身邊。溫柔的加耶德麗拜倒在娑羅室伐底腳前，抱住了她的雙膝。威嚴的女神息怒了。她輕柔地撫摸著加耶德麗說：「加耶德麗啊，你是無罪的！妻子應該聽從丈夫的吩咐，任性的妻子只會給丈夫帶來痛苦，損害他的健康和幸福，縮短他的壽命。我們不要爭吵，使梵天傷心。要虔誠和溫順，使他有好感。你照我的話辦，你將是第二個娑羅室伐底，我們永遠友好相處。」

吉祥天女誕生

吉祥天女

吉祥天女拉克什米是毗濕奴的妻子，是掌管幸福、財富和美的女神，她是所有女神中最溫柔、最和順、最美麗的一個。她誕生於眾神和阿修羅攪乳海之時，手持著蓮花，就像月亮一樣從大海上升起。拉克什米的容貌極美，她的皮膚發出金光，閃耀著珍珠的光彩，她那雙大眼如同蓮花。她的黑色長髮捲曲伸延到她的膝蓋。她的衣著和珠寶，非筆墨所能形容。就連心情一貫平靜的毗濕奴，也一下就愛上了她。所有天神和阿修羅都呆呆地看著她，渴望得到她的愛情，而她拿著花環，粉面含羞，在所有人前走了一遭，最後還是把花環掛在俊美而威力強大的毗濕奴脖子上，選擇他作為自己的丈夫。

在印度，拉克什米是最受歡迎的女神，因為她給信眾帶來愛、財富與吉運。十月及十一月間是印度的燈節，這個節日的光芒便是獻給這位美麗的女神的。

不過，這位美麗的女神也有個壞毛病，那就是無常。她在什麼地方都待不長久，一時起意就自顧自起身離開，因此我們時常看到富裕的人突然一下子變得貧困，幸運的人突然一下子開始倒楣，這都是因為吉祥天女性情多變，此刻眷顧的人，下一秒鐘就將其拋棄。傳說，唯一一處她常在的地方，就是丈夫毗濕奴身邊。

拉克什米是位非常忠誠溫柔的妻子，她時時刻刻都伴隨在毗濕奴身邊。毗濕奴在劫末的大海上睡熟時，她坐在丈夫的腳邊，替他按摩；毗濕奴受到婆利古詛咒，屢次以凡人之身下降到塵世，而每一次降世，拉克什米都跟從他來到

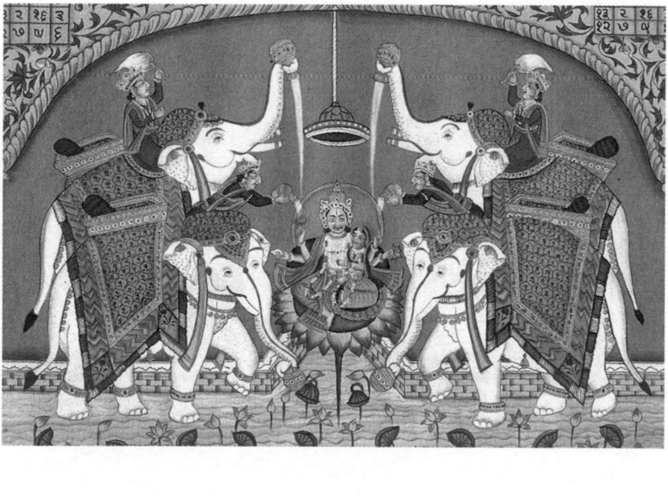

毗濕奴和拉克什米

世上，做他的妻子和愛人，生生世世永不分離。當毗濕奴降世為持斧羅摩時，她降世為他的妻子陀羅尼（Dharani）；毗濕奴降世為羅摩時，她則降世為悉多（Sita）。毗濕奴化身為黑天時，她則是豔光（Rukmini），黑天的王后。

恆河女神

恆河女神是天河的象徵，她站在海中幻獸摩伽羅（Makara）的身上，手持蓮花和水罐。她是喜馬拉雅山王的長女，雪山神女帕爾瓦蒂的姊姊，由於在戰神出生過程中扮演的重要角色，她也被認為是室建陀之母。不過，話又說回來，這位女神心懷慈悲澤被蒼生，把印度的人民都視作自己愛護的子女，在這片大地上哺育了昌盛的文明，自己做母親的運道卻很差。

她被引入凡間流淌很久很久之後，有一個春暖花開的日子，有八位被稱作婆蘇的神，帶著他們美麗的妻子下到人間遊玩。在一座淨修林裡，光之神波羅跋娑的妻子發現一隻漂亮的母牛，母牛光彩奪目，姿態動人，所有人都一下子被它吸引住了。光之神波羅跋娑說：「這應該是如意神牛須羅毗，一個凡人要是喝了牠的乳汁，就會長生不老。」

波羅跋娑的妻子聽了，就撒嬌地對丈夫說：「我有一個朋友是人間的公主。我想讓她長生不老，求你把這頭牛帶去，讓她擺脫疾病和衰老吧！」

波羅跋娑知道神牛須羅毗是屬於極裕仙人（Vashistha）的，自古以來，從波尼妖魔到千臂阿周那（Kartavirya Arjuna）、眾友國王，想搶奪這頭乳牛的人都沒有好下場，便勸妻子放棄這個想法，但她執意不從。波羅跋娑經不住妻子糾纏，在眾兄弟的幫助下，他們終於偷走了母牛。

極裕仙人拿著野果回到淨修林，哪裡都找不到愛牛，凝神一想，立刻明白是八個婆蘇神幹的好事。於是，他憤怒地發出詛咒：偷牛的婆蘇都將降到人間做凡人。聽到詛咒的八個婆蘇非常害怕，一起來到極裕仙人面前求情。極裕仙人看他們表情可憐，牛也還回來了，一心軟就說：「好吧，我縮短詛咒的期限，你們只是到人間走一遭，馬上就能回來。但是，主謀的波羅跋娑得要在人間度過漫長的一生，他會是一位靈魂偉大的人，但他不會有後代；因為他受了妻子的唆使，他在凡間不會娶妻生子。」

婆蘇又去求恆河女神做他們的母親，商量好恆河女神生下孩子都扔入恆河，讓他們獲得解脫，重返天界。恆河女神同意了，便化作美貌的女子到人間恆河岸邊。婆羅多族的福身王（Santanu）正在岸邊的森林裡打獵，一看到她嬌美的容顏和婀娜的身姿，就陷入了情網。他對她說：「你是女神還是魔女？藥叉還是龍女？不管你是誰，你總得做我的妻子。」

恆河女神回答說：「國王啊，我可以做你的妻子，但是有一個條件，你必須答應，我所做的事，不論是好是壞，都不許你干涉，你也不能盤問。如果我受到阻擋，聽到粗言惡語，我就會立刻離開你。」

這個在迷戀中的國王發誓說他什麼都同意，於是恆河女神做了他的妻子。福身王被她的愛情俘虜了，沉溺於美滿生活中，都忘卻了時光是怎樣流逝的。

在八年當中，福身王的妻子生了八個兒子，每一個都俊美可愛。可是，每個兒子剛剛出生，她就抱著他走到河邊，說：「我是多麼喜歡你呀！」之後就把兒子扔進恆河的波濤裡。福身王對她這種殘酷的行為感到驚懼和痛苦，但因為害怕她離開自己，按著誓言約束，對她所作所為保持沉默。像這樣，王后接連殺了七個孩子。第八個孩子出生之後，她抱起孩子又要走到河邊去，看上去喜上眉梢。福身王再也忍不住了，他攔住她，大聲喊道：「不許你再殺害孩子了！你究竟是誰？為什麼要殺死自己的親生兒子？住手吧！你這個邪惡的女人！」

恆河女神

王后看上去似乎又是歡喜，又是悲傷。她說：「國王，你違背誓言，我得要離開你了。我不會殺害最後這個孩子的。我原本是恆河女神，受被詛咒的八個婆蘇神之委託，做他們人世間的母親，讓他們出生後立即從塵世中解脫。他們都已經擺脫了極裕仙人的詛咒。這個孩子是光之神波羅跋娑的化身，我會為你留下他，把他當作恆河的贈禮吧！他的名字叫做天誓（Bhishma pratigya），他具有種種美德，將會成為超過你的人傑。」

這樣說著，恆河女神抱著兒子消失了，福身王鬱鬱不樂地回到都城。多年後，恆河女神把在各個偉大仙人處接受了教育的天誓帶回給福身王，福身王把他封為太子，天誓就是後來《摩訶婆羅多》中最偉大的英雄——婆羅多族的守護神毗濕摩（Bhishma）。

第 08 章

半神和精靈

介於人和神之間，世界上還生活著眾多的半神和精靈。他們或許沒有天神那樣的榮耀和強大，但他們多情又神奇。在他們身邊發生的故事同樣充滿魅力。

我們所熟知的半神從「天龍八部」開始。這個概念是佛教自印度神話中轉借而來。我們知道有夜叉、緊那羅（人頭馬身的樂神）、迦樓羅（金翅鳥）等等，不過實際上，最有趣和迷人的故事都來自眾神的侍從持明（Vidyadhara）、樂神乾闥婆和天女阿布娑羅。

乾闥婆

乾闥婆是印度神話中最著名的半神群體。他們是迦葉波仙人與牟妮（Muni）的兒子，數目眾多，他們吸食香氣為生，擅長音樂，因此又稱為食香神或樂神。乾闥婆都長著漂亮的鬈髮，容貌英俊，彷彿太陽光焰的化身。他們有的居住在空中、有的居住在天國、有的居住在人間，數目眾多。乾闥婆的主宰是蘇摩，導師則是最早發明琴的仙人那羅陀。居住在天國的乾闥婆是天國的歌手和音樂家，天神的侍從，在節慶和宴會時為天神奏樂助興。天國的乾闥婆王名字是奇軍（Chitrasena），他擅長人間沒有的各種樂器，是因陀羅的朋友，也是因陀羅之子、人間大英雄阿周那的歌舞老師。

居住在空中的乾闥婆有著能移動的空中城堡。人們在沙漠中旅行時看到海市蜃樓，就可能是乾闥婆的空中城堡。但是，看到這些城堡，意味著目睹者馬上就要大禍臨頭、死期將至了。

在人間的乾闥婆名聲不太好，人們總說他們是一群油頭粉面的騙子，除了玩弄樂器毫無長處，還時常在人間拐賣新娘。他們能夠隱形，在空中飛行，經常在夜晚出來活動，具有人們所無法知曉的神奇力量，因而受到人類的敬畏和害怕。乾闥婆能按照自己願望隨意變形。他們常以人的面貌出現於人間，跟蹤婦女，以嫻熟的技藝和迷人的面貌誘惑勾引她們。

雖然乾闥婆以樂師和花花公子之名聞名，但他們也不是手無縛雞之力的軟弱族群。許多乾闥婆的國王都以勇武聞名，乾闥婆的軍隊也令人畏懼。很久以前，乾闥婆王毗濕婆婆蘇率領自己的部下攻擊住在地下王國的龍眾那迦族，搶走了那迦的奇珍異寶。那迦族只好請求毗濕奴大神保護。這位大神來到地府趕走了乾闥婆，並迫使他們把搶走的東西歸還那迦。史詩中還提到幾位乾闥婆王，都曾經打敗過著名英雄，戰勝過人類的大軍。婆羅多族的王子花釧（Chitrangada），就是死在一位和自己同名的乾闥婆手下，因為乾闥婆花釧認為世界上叫這個名字的人只能留下一個，就和花釧王子決鬥，最終殺掉了他。

乾闥婆

阿布娑羅

阿布娑羅是天界的舞女，又稱天女。第一個天女蘭葩生於乳海，因為過於美麗，所以成為眾神共同的妻子。天女是乾闥婆的伴侶，她們為歌舞而生，在天帝的宴會上翩翩起舞，侍奉應天神邀請來到天國的人間英雄，諸神擊敗敵人後，她們就在雲端撒下鮮花。蘭葩是她們中間最早出生的，因此也成了所有天女的女王。

阿修羅害怕天帝，天帝害怕苦修者，苦修者害怕天女。苦修者通過苦行獲得的威力，可以輕易顛覆天帝的王國和他的寶座，讓整個宇宙都發熱。修道者因為饑餓和疲勞，面孔猶如骷髏，眼睛燃燒著強烈希望和意志，這模樣總是會讓天神之王在噩夢中醒來。他的寶座太高，這宇宙裡的欲望太多，而苦行者又那麼堅定，已經有好戰的阿修羅來和天帝爭搶天地，他可不願意競爭者中再多些可怕的、發了毒誓的人。

不過因陀羅自有他的辦法。苦行者有他們的意志，而天帝卻有天女阿布娑羅，摧毀一切意志的武器。美麗天女的魅力無人能敵。她們嫵媚的眼神，足以征服比剎帝利最瘋狂夢想中還大萬倍的王國，柔軟的身段是殺死天帝敵人的不見血利器。就算是有千年苦行的大仙人，

天女

也不免受到她們魅惑，忘記了自己的苦行、自己的目標，只想盡情釋放欲望，和天女歡度春宵。

受到天女蠱惑最著名的例子，是剎帝利出身的眾友仙人，他為了得到婆羅門的地位，修行千年苦行。天帝感到恐懼，讓蘭葩勾引他，憤怒的眾友仙人把這個天女變成了石像。天帝又讓彌那迦（Menaka）天女去誘惑眾友仙人。彌那迦在眾友仙人周圍跳舞，一陣風吹來，掀開她的衣裙，露出嫵媚身軀，眾友仙人本來就是一個習慣享受美女的剎帝利國王，看到此情此景，他再也無法克制自己的欲望，放棄苦修，站起來拉住了彌那迦。這一次，眾友仙人和彌那迦天女在森林裡形影不離地生活了千年才大夢初醒，他再次把天女趕走，恢復苦行，並最終獲得了婆羅門身分。

但有誘惑成功的例子，也有堅定不移、無論如何也無法誘惑的例子。很多很多年前，為了得到至高的智慧，毗濕奴把自己化成兩位古老仙人，一位是那羅，一位是那羅延，在山上修煉萬年苦行。因陀羅害怕他們的苦行威脅到自己，就派出了最美麗的幾位天女，前去勾引他們。天女在那羅和那羅延面前唱歌跳舞，那羅不動聲色，拍了一下大腿。瞬時，從他的大腿裡跳出一位絕色美人，她的容貌是如此光彩，天女看到之後全都自慚形穢，不好意思繼續跳舞，躲到了一邊。這位新誕生的天女就是著名的廣延天女，她是天女中最美的，後來嫁給凡人，成為了人間婆羅多王族的祖母。

天女阿布娑羅美麗但不幸，每當她們完成了勾引的任務，親眼看到自己生下的孩子時，就必須返回天界，與孩子的父親永遠分別。仙人和天女生下的孩子往往都是女孩，她們美貌驚人，但生下來就被母親拋棄，往往被其他仙人收養，在森林中長大，她們的美貌為自己招來災禍。最著名的天女後裔是沙恭達羅（Shakuntala），也就是眾友仙人和彌那迦天女的女兒。

持明

還有一類善良的半神，稱作「持明」（Vidyadhara，音譯毗底耶陀羅），也就是持有知識者的意思。持明居住在北方的山區，是財神俱毗羅和大神濕婆的侍從，不過也有自己獨立的王國。持明的男性聰明絕頂，女性則美貌絕倫。他們心懷慈悲，對人類和其他生物都很友善，經常把女兒嫁給人間有德的英雄和學者為妻。

傳說，有一次雪山神女帕爾瓦蒂希望濕婆給自己講些從未有人講述過的新鮮故事。濕婆說：「凡人的生活永遠痛苦，天神的生活永遠快樂，持明的生活則充滿神奇。」就給帕爾瓦蒂講了七位持明王的故事。講述的過程中，濕婆的一個持明侍從布濕波丹多（Pushpadanta）出於好奇，通過瑜迦力偷偷溜進濕婆房中，偷聽到了這些新奇的故事。他又把這些故事講給自己的妻子聽。過了一陣子，布濕波丹多的妻子又把自己聽到的故事在雪山神女面前講述。

帕爾瓦蒂知道是布濕波丹多偷聽了濕婆和自己的談話，生氣地把他貶到人間。濕婆的另一位侍從摩利耶凡（Malyavan）為布濕波丹多說情，也受到同樣的處罰。不過，布濕波丹多一旦遇見一位名叫迦那菩提的畢舍遮人（Pishacha，編註：印度神話中食屍體和人的精氣的惡鬼），並把偷聽到的故事複述給這人聽後，就能返回天國；而摩利耶凡一旦聽到迦那菩提向他複述這些故事，並在大地上加以傳播後，也能返回天國。

布濕波丹多下凡人間，成為一位國王的大臣。後來，他在溫迪亞森林遇見那個叫做迦那菩提的畢舍遮人，複述了這些故事，返回天國。同時，摩利耶凡下到人間，成為國王娑多婆訶那（Satavahana）的大臣德富（Gunadhya）。這位國王雖然出身高貴，卻不懂梵語語法，有一次因此遭到妃子嘲笑，便苦惱地向德富請教。德富答應在六年內教會他。而另一位大臣說只需六個月。德富與他打賭，如果他能在六個月內教會國王梵語語法，自己就終生不說梵語、俗語和方言。結果，另一位大臣獲得成功。德富只得緘口不語，帶著兩個徒弟離開宮廷，出外漫遊，來到溫迪亞森林。在森林中，他學會畢舍遮族的「鬼語」（Paishachi），並遇見迦那菩提。迦那菩提用「鬼語」向他複述了七位持明王的故事。此後，德富在七年內，用「鬼語」在貝葉上寫下這些故事，總共七十萬頌。為了使這些故事得以在大地上傳播，他派遣他的兩個徒弟，將這部故事集獻給國王娑多婆訶那，但國王卻拒絕接受這部用「鬼語」寫成的故事集。

絕望的德富在森林中點燃火焰，面對鳥獸朗誦貝葉上的故事，念完一葉，燒掉一葉。這樣，總共燒掉六十萬頌。只是由於他的兩個徒弟特別喜愛持明王那羅婆訶那達多（Naravahanadatta）的故事，才保留了最後十萬頌。此時，國王娑多婆訶那聽說鳥獸流淚，聞訊趕來，接受了這部十萬頌的《偉大的故事》（*Brihatkatha*）。德富完成任務，恢復持明身分，回歸天國。後來，有位叫做月天（Somadeva，音譯蘇摩提婆）的作者對這部作品加以改寫，也就成了古印度文化中家喻戶曉的傳奇故事集《故事海》（*Kathasaritsagara*）。

夜叉與羅剎

夜叉是人們熟知的名稱。但在古代印度，夜叉又稱藥叉，不是凶惡的惡鬼，而是象徵豐饒的精靈。有時候，他們是俊美強健的青年男女；有時候，又成了蹲在石柱下、大腹便便的侏儒。他們動作迅速，能在天空飛行，財神俱毗羅是他們的國王。藥叉大都居住在俱毗羅統治的岡仁波齊山的銀城中，也有的散布在人間，居住在人跡罕至的森林之中。他們和乾闥婆一樣，能夠隱形。他們大都對人友善，可是也有傷害人的力量。人們遭到意外災禍的時候，往往懷疑是藥叉做下的好事。

藥叉的兄弟是羅剎。羅剎和藥叉一樣，都來自梵天的身體。但他們和藥叉又不一樣，藥叉安分守己，而羅剎則野性難馴。他們殘忍嗜殺，喜噬生血肉，一到黑夜就出沒在荒野和森林中，施展幻術恐嚇、危害人類旅行者。許多羅剎甚至侵擾到人類的城市和鄉村中，像土霸王一樣為害一方。羅剎的長相也很可怕：無論男女，他們都是紅髮碧瞳，深色的皮膚，容貌醜陋猙獰，獠牙露出在血盆大口外。不過，他們都能用幻術變形，女羅剎（Rakshasi）變形出來的美女尤其美貌，擅長迷惑人。不明真相的旅行者往往被美女表象所惑，變成了妖魔盤中餐。

藥叉夫婦

最早，梵天把羅剎創造出來，是為了讓他們守護水源，可是羅剎實在太不聽話了。梵天一怒之下，就把羅剎從原先居住的地方——大海中的楞迦島（Lanka）上驅趕出去，讓財神俱毗羅帶著藥叉居住到那裡去。

俱毗羅是梵天之子——大仙人補羅私底耶的兒子。他離開父親，誠心誠意地侍奉祖父梵天。梵天很高興，於是便給了他財神的地位、長生不老的恩惠以及一輛神奇的雲車，還讓他統治夜叉、羅剎和楞迦城。補羅私底耶看到兒子不管自己，反倒去奉承祖父，非常生氣，就用自己的一半身軀造就了一個婆羅門仙人，名叫毗濕羅婆（Vishrava）。羅剎為了討好他，把三個羅剎美女送給毗濕羅婆做妻子。其中一個叫做尼伽娑（Nikasha）的羅剎女，生下來一個長著十個腦袋、二十隻手臂、眼如銅鈴、獠牙外露、容貌可怖的兒子。他就是後來的羅剎魔王十首王羅波那。羅波那還有一個兄弟，比羅波那樣子還可怕，名字叫做鳩槃羯叻拿（Kumbhakarna），年紀還小的時候就已經吃掉過好多仙人和天女。另外一位羅剎女為毗濕羅婆生下的兒子叫做維毗沙那（Vibhishana），這個兒子倒是像父親多一點，善良正直，守護正法。

羅波那和他的兄弟看到財神俱毗羅和父親坐在一起，神采奕奕，氣派非凡，心裡很不服氣。他們開始修煉苦行，羅波那更是把自己的腦袋一個接一個砍下來往火焰裡扔。他砍到最後一個腦袋的時候，梵天終於出現了，問兄弟三人想要什麼恩惠。

羅波那說：「但願無論是天神、那迦、阿修羅、乾闥婆，還是鬼怪、羅剎、緊那羅和藥叉，都不能在戰鬥中打敗我！」出於驕傲，他看不起人類和動物，因此沒有提到他們。

維毗沙那則恭恭敬敬地說：「我希望能夠永遠遵循正法。」梵天很高興，對他說：「雖然你是個羅剎，但是你的智慧不沉溺非法。我把長生不死賜給你。」於是，維毗沙那成了印度神話中僅有的八位能夠長生不老的人之一。

輪到鳩槃羯叻拿要恩賜了，天神擔憂起來。這個羅剎巨魔沒有恩賜保佑前就那麼強橫，如果得到了恩賜，還不知道會變成什麼樣子。於是，語言的女神娑羅室伐底潛進他的喉嚨，梵天問鳩槃羯叻拿要什麼的時候，潛在他喉嚨裡的女神就回答：「我要睡許多年。」話音剛落，鳩槃羯叻拿就像山一樣倒下去睡著了，每過六個月，才會醒來一天。

羅波那得到恩賜保佑，從此變得肆無忌憚。他先是攻打楞迦城，把財神俱毗羅趕出了楞迦，帶著窮凶極惡的羅剎霸占了這座美麗的島嶼之城，還搶走了俱毗羅的雲車和許多珍寶。俱毗羅沒有辦法，只好帶著部下搬到了岡仁波齊山的銀城居住。

羅波那帶著軍隊上天入地，侵擾天神，大鬧地府，還跑到大海中殺戮水族，四處搶奪財富和美女。三界居民苦不堪言，可是這個十首魔王仗著身有梵天恩賜，天神也無法打倒他。

羅波那

不過，羅波那在橫行大地的時候，遇到過勇武非凡的千臂國王阿周那和猴王波林（Vali），兩者都擊敗了這個不可一世的魔王，只是出於偶然才饒了他一命。羅波那被他所看不起的人類和動物好好羞辱了一頓，可是，他不吸取教訓，依舊四處為非作歹。在楞迦城待了一段時間之後，羅波那膩煩了，還想要打上岡仁波齊山，再去搶劫一番財神俱毗羅。半路上，他遇到美麗的天女蘭葩，正要和財神的兒子那羅俱波羅（Nalakuvara）約會。羅波那對天女的美貌垂涎三尺，不顧蘭葩掙扎，強暴了她。蘭葩回到那羅俱波羅那裡，含淚控訴了羅波那的罪行。憤怒的那羅俱波羅詛咒十首王今後如果想要違背女性意願強行占有對方，就會立即死去。

羅波那遭到詛咒，心下惴惴，繼續前往岡仁波齊山。半路遇到一個半人半猴的怪物，阻止他繼續朝前走，說是濕婆正和妻子帕爾瓦蒂在岡仁波齊山上休息，不得打擾。羅波那勃然大怒，口出狂言，要把岡仁波齊山搬起來扔掉。他說完便施展勇力，伸出二十隻胳膊，猛力搖動岡仁波齊山。這個羅剎王果然力量驚人，他一使力氣，金頂的岡仁波齊山猛烈搖晃起來，坐在山頂上的濕婆都不由一震，雪山神女則嚇得花容失色，躲到丈夫懷裡。濕婆受到打擾，勃然大怒，腳趾用力，把岡仁波齊山又給壓了回去。羅波那被壓在山底下，大聲發出慘叫，聲震三界，從此得名（羅波那的意思就是號叫者）。為了表示懺悔，羅波那成為虔誠的濕婆信徒，修行千年苦行，濕婆感到滿意，才把他放出來，但依舊警告他說：「你再倒行逆施，遲早有遭到毀滅的一天。」可是十首王左耳朵進，右耳朵出，回到楞迦城後，依舊胡作非為。最後，他垂涎毗濕奴化身、太陽王族羅摩王子之妻悉多，強行將她搶奪到楞迦。羅摩帶領猴子大軍，架大橋渡過海洋，來到楞迦，終於結果了這個罪行累累的羅剎。

第 09 章

開罪不起的仙人

仙人是印度神話中非常特殊的一群人。天神隱沒在天幕之上，精靈都沒有形體，惡魔都躲藏在地面之下，這些傳說中的生物我們都無緣得見；但說到仙人，如果你到印度旅遊，運氣好的話說不定還能碰上一兩個。

仙人，事實上就是指通過苦行、學習和鍛鍊，使自己的智慧和力量達到超越凡俗境地的人。按照出身和種姓的不同，仙人還可以分為「天仙」（Devarshi）、「王仙」（Rajarshi）、「梵仙」（Brahmarshi）等等。天仙指的是天神修煉成為的仙人，王仙則是指出身武士或國王的品德高尚修為深厚的剎帝利仙人，梵仙則是出身婆羅門「名正言順」的仙人。仙人憑藉自己的苦修得到法力，他們雖然不能像天神那樣享受無比的榮華富貴，通常情況下都不過是貧苦的出家人，但卻萬萬不可小看他們的威力。最強大的仙人發出的詛咒，就連三大神都無力干涉，更糟糕的是，由於長期孤獨和飲食不良，仙人的脾氣大都非常暴躁，對待他們稍有不敬，就會令他們搞出一些顛覆天帝政權、焚燒宇宙、喝乾大海之類的驚人事件。

仙人並非全然清心寡欲。雖然他們知識豐富、學問高深，依舊會為了愛恨情仇打得不可開交。還有另外一些仙人，他們並不像人們想像的那樣，過著守清規戒律的生活，他們是梵天意念所生的兒子，生下來就是大仙人，職責就是繁衍眾生，於是被稱為眾生之父，又稱生主。

在所有仙人中，最有威力和聲望的仙人稱為「大仙」（Maharshi），他們就是連天帝都害怕、三大神都無可奈何的人物。最著名的大仙人有七位，也就是喬達摩仙人、眾友仙人、持力仙人（Bharadvaja）、食火仙人（Jamadagni，音譯迦摩陀迦尼）、極裕仙人、迦葉波和阿陀利。他們也是天空中昴宿（大熊星座）七星的化身。

婆利古家族

婆利古家族是印度神話中最著名、最重要的仙人家族之一，這個家族的始祖是梵天心生子婆利古仙人。這位仙人曾經在著名的達剎祭典上擔任祭司，結果被狂暴狀態的濕婆拔去了鬍鬚；他也曾接受眾神的委託，評定三大神中誰是最偉大者。

榕樹下的仙人

這位大仙人有許多著名的後裔，其中一個陀提遮仙人（Dadhichi），是通過嚴厲的苦行生下來的。他身軀魁梧，精力充沛，長成了世界上最有力的人，身體沉重得就像山嶽。他和蘇伐爾查（Suvarcha）生下了偉大的吠陀學者皮帕拉達（Pippalada）。因陀羅十分忌憚陀提遮仙人的威力，總想找個機會除掉他。後來，龍魔弗栗多危害天地，天帝對眾神說：「我找不到可以擊敗牠的武器。我想，只有用仙人陀提遮的骨頭製成的武器，才能除掉牠。」聽到這些話，眾神便去找陀提遮仙人，懇求他把自己的骨頭給天帝，打敗弗栗多。陀提遮仙人聽了諸神的請求，不假思索便同意了，放棄生命把自己的骨頭獻出，送給天帝做成金剛杵，因陀羅依靠仙人骨頭的威力殺死了弗栗多，也一舉兩得地除掉了兩個對手。

婆利古最著名的兒子是太白仙人蘇羯羅，他雖然出生在天神的世家，最後卻成為阿修羅的導師。婆利古讓蘇羯羅成為世人生活的主宰，執掌降雨和乾旱、恐怖和平安。

婆利古仙人的妻子名為補羅摩（Puloma），少女之時便芳名遠播。她的父親原先把她許配給一個名叫布羅曼的阿修羅。可是後來，還沒等未婚夫婦見面，補羅摩的父親就發現這個阿修羅行為惡劣，便毀掉婚約，把她嫁給了婆利古仙人。

補羅摩嫁給婆利古後，和丈夫一起生活在淨修林中的道院裡。有一天，婆利古有事情出門，把有孕在身的妻子單獨留在家中。布羅曼在森林中漫遊，無意間來到了這所道院。補羅摩不知道來者就是曾經的未婚夫，按照禮節殷勤地款待他。布羅曼瞅著美貌的婦人，越看越是起疑心。他見聖火壇中火光熊熊，便問火神：「喂，這個女人是不是就是當初許配給我的那個補羅摩？這裡是不是就是婆利古的道院？當初補羅摩的父親不講信用，把她從我那裡奪走，嫁給了虛偽的婆利古。火神，快告訴我，她是不是就是我首先選定的妻子？她原先是屬於我的，卻被婆利古奪走了。如果這女人果真是她，我就要從這婆利古仙人的道院裡帶走她。火神，告訴我真相吧！」

火神聽了布羅曼的求告，很是為難。他不會說假話，卻又害怕婆利古仙人的詛咒，於是便說：「我害怕虛假，也害怕仙人的詛咒。」

這樣一來，雖然表面上火神什麼也沒說，但布羅曼一聽就明白，這姑娘的確就是補羅摩，他曾經的未婚妻。他二話不說，把自己變成野豬，馱起補羅摩就跑。補羅摩大聲尖叫呼救，這個冷酷的阿修羅全然不理會。就在這個時候，補羅摩腹中婆利古仙人的兒子受到馱行顛簸，提前降生了。由於他是在行進過程中掉落出母腹的，於是得名「行落」（Chyavana）。行落仙人一降生，便散發出無比耀眼的光輝，這光輝照在阿修羅布羅曼身上，瞬間就把他化為了灰燼。補羅摩抱起兒子，大哭起來，她的眼淚甚至流淌成了一條河流，名字就叫婦淚河（Vadhusaras）。

婆利古回到道院，發現妻子不見了，便急匆匆出來尋找，在河邊找到了補羅摩。他怒氣沖沖地問妻子：「是誰把你給出賣了？」補羅摩說是火神。於是婆利古憤怒地詛咒火神將以一切為食物。

行落仙人長大之後，修持苦行，他站在一片湖泊的水濱中，一動不動地過了很多年。茂密的藤蘿把他全身都遮蓋起來，螞蟻又在他身上建築蟻垤，把他完全埋在泥土之中，只有兩隻眼睛還露在外面。

有一天，一位叫做蘆箭（Sharyati）的國王帶著女兒美娘（Sukanya）和軍隊來到這片湖泊周圍狩獵。美娘青春美貌，活潑好奇。她一個人走到湖邊玩耍，遊遊逛逛。行落仙人看到她，心中很高興，低聲呼喚她。可是他多年沒有喝水，喉嚨乾渴發不出聲來。美娘走到了行落仙人藏身的土丘前，仔細觀察，發現土丘裡有兩個東西亮晶晶的。美娘不知道那是行落仙人的眼睛，心想：「這是什麼呀？」以為是藏在泥土裡的螢火蟲，便隨手從地上撿起一根樹枝，戳了戳那兩個發亮的東西。

這一下可闖了大禍了。行落仙人的眼睛被戳傷，怒不可遏，使用苦行法力懲罰蘆箭王的軍隊。所有的士兵都被封住了大小便，痛苦不堪，狂呼亂叫。

蘆箭王心裡惶恐，知道肯定有人得罪了行落仙人，急忙來到仙人面前向他請罪。行落仙人說：「你女兒戳了我的眼睛，只有把她嫁給我作為賠禮，我才會饒恕你的士兵。」

蘆箭王見行落仙人年老體衰，自己的女兒正當青春年華，把她嫁給老仙人，不等於毀了她一生嗎？他正在猶豫，美娘見父親的士兵都痛苦難忍，父親也焦急不安，就站出來說：「是我闖的禍，我也心甘情願嫁給仙人。」蘆箭王聽女兒這麼說，只好無奈地把美娘交給了行落仙人，心裡別說多不是滋味了。

行落仙人帶著美娘回到苦行的淨修林中。美娘修煉苦行，克己自制，和順、賢慧地侍奉丈夫。過了一段時間，有一次，美娘在森林的池塘裡沐浴，正巧遇上了天界醫神、兩位俊美的雙馬童路過。他們看到美娘姿容妙曼，就忍不住跑上去搭腔：「你是哪一位天神的女兒？為什麼會在這個只有苦修者居住的森林中？」

美娘趕緊裹上衣裙，對雙馬童說：「我是蘆箭王的女兒，行落仙人的妻子。」

雙馬童一聽，哈哈大笑起來，對美娘說：「你父親怎麼把你送給一個生命即將到頭的老頭？你這麼年輕美麗，行落仙人卻已經年邁體衰，不如把你丈夫拋棄，在我們之中任選一個為丈夫吧！」

美娘一聽，拉下了臉說：「你們不要胡說八道，我很愛我的丈夫，絕對不會拋棄他。」雙馬童又笑起來，對美娘說：「那麼這樣吧，我們可以讓你的丈夫恢復青春，然後你再從我們三人中挑選丈夫，你看這樣如何？」

美娘跑去找行落仙人，把雙馬童的話告訴丈夫。行落仙人說：「就這樣辦吧。」於是，雙馬童拉著行落仙人來到池塘邊，一起跳了下去。當他們再度出水時，美娘看到的是三個俊美的年輕人，面貌、裝飾全都一模一樣。美娘把他們看了又看，憑著細心和智慧，還是把自己的丈夫認了出來。

行落仙人重新獲得青春，心裡十分高興，對雙馬童說：「我將舉行盛大的祭祀報答你們，屆時請你們前來暢飲蘇摩酒。」在古代印度，醫生並不是高貴的行業，即使是作為天神郎中的雙馬童，也被人看不起，平時的祭祀裡無法享用蘇摩酒。因此，雙馬童儘管沒有占到美娘便宜，但得到行落仙人的許諾，也滿懷喜悅回到了天庭。

過了幾天，蘆箭王愁眉苦臉地來森林中看望自己的女兒和女婿。他驚奇地發現，女兒和一個俊美的青年男子生活在一起，連忙問美娘：「這是誰呀？」美娘笑著回答：「當然是你的女婿啊。」國王看到美娘和行落就像一對天神的兒女生活在一起，歡欣鼓舞，興高采烈，為行落仙人提供了祭祀所需要的地點和財物。

一個祭祀的吉日，行落仙人開始了典禮，準備把蘇摩酒獻給眾神，也包括雙馬童。他剛剛拿起勺子，天帝因陀羅怒氣沖沖地從祭壇上現身，攔住了行落仙人。他說：「雙馬童不過是為天神之子治病的郎中，一副色迷迷的長相，總在人間東遊西逛，這樣的傢伙怎麼能享有蘇摩酒？」

行落仙人說：「雙馬童治病救人，你和其他天神都能享有祭祀，為什麼他們不能？」理也不理天帝，繼續舉行祭祀。因陀羅反覆嘮叨雙馬童的毛病，行落仙人置若罔聞。最後，天帝發火了，說：「你如果執意要把酒獻給那兩個花花公子，小心我用金剛杵打你！」

行落仙人可不吃這套。他聽到天帝威脅，勃然大怒，念動咒語，把酥油投入火中，施展法力，招來了一個可怕的怪物。這個怪物是醉酒的化身，它嘴巴闊大無邊，下巴貼著地，上唇頂著天，口中長著無數的獠牙利齒，舌頭像電光一樣閃爍不停。天帝舉起金剛杵，卻被行落仙人灑水定住，他站在那裡手臂高舉，一動不能動，看著這個令人毛骨悚然的怪物朝自己衝過來。因陀羅被恐懼征服了，他急忙對行落仙人說：「我錯了！婆利古之子，你為雙馬童爭取到了喝蘇摩酒的權利！」行落仙人聽天帝服軟，滿腔怒火也就消退了。他解放了因陀羅，接著，又肢解了醉酒化身的巨怪。肢解後的巨怪分成了許多形象，或變成美女，或變成賭徒，或唱歌跳舞，來參加祭祀的人類和天神都看得高高興興。雙馬童和天帝飲足了蘇摩酒，心滿意足回到天界。

在當時，有一位成勇王（Kritavirya），曾給婆利古族施捨了很多錢財。他過身之後，王子陷入財政危機，便去找婆利古的仙人討要財富。仙人拿不出錢來，這群強盜般的王子便殺光了族中所有的男丁，甚至連襁褓中的嬰孩都不放過。美娘當時懷孕，把懷在腹中的孩子藏在自己的大腿中逃過了一劫。不久，這位倖存的孩子誕生，得名股生（Aurva）。他得知家族遭到剎帝利屠戮的事情之後，心中升起一團能夠焚毀世界的怒火。他的祖先們急忙從祖先世界前來，勸他慈悲為懷，還給世界安寧。股生仙人聽了，就把怒火放到大海裡，在那裡形成一團形如馬首、不斷吞吐海水的奇異火焰。

股生仙人後來生了一個兒子，名叫哩闍迦（Ruchika），他娶了曲女城伽亭王（Gadhi）的女兒薩蒂耶婆蒂（Satyavati）為妻。由於夫婦二人分別來自婆羅門種姓和剎帝利種姓，為了確保妻子生下來的孩子具有婆羅門的純正品質，哩闍迦仙人特地製作了一盤具有法力的食物，吃後能讓孕婦生下有婆羅門特質的孩子。與此同時，薩蒂耶婆蒂的母親也懷有一子，哩闍迦仙人就同時做了一盤能保證生下具有剎帝利勇武特質孩子的食物給岳母。不料，薩蒂耶婆蒂去看望母親的時候，不小心弄混了食物，母女二人吃掉了對

神廟前的仙人

方的東西。結果，薩蒂耶婆蒂生下了一個身為婆羅門、做起事情卻像武士的兒子——食火仙人迦摩陀迦尼；而她的母親則生下了一個具有祭司素質的剎帝利武士國王——眾友。

食火仙人長大成人之後，娶了國王哩奴（Renu）的女兒哩奴迦（Renuka）做妻子，他們先後生下了五個孩子，最小的一個就是後來二十一次誅滅剎帝利階層的婆羅門武士，毗濕奴第六化身持斧羅摩。

眾友仙人

曲女城的伽亭王長子眾友，是王后吃了哩闍迦仙人製作的食物之後生下來的兒子。他是出身拘濕迦（Kusha）家族的剎帝利，最後卻變成了一個婆羅門仙人。

這其中的緣由是這樣的：眾友成年後，繼承了父親的王位，過著統治大地的愜意生活。有一次，他帶著軍隊去狩獵，無意中追逐獵物來到了極裕仙人居住的森林裡。眾友此時口乾舌燥，士兵也疲憊不堪，他就向極裕仙人討要水喝。

極裕仙人是如意神牛南底尼（Nandini）的主人。只要對這頭神奇的母牛說聲「給吧」，牠就會源源不斷地給予主人想要的任何東西。極裕仙人讓母牛產出了豐盛的食物和飲料，把眾友和他成千上萬的軍隊都餵得飽飽的。眾友看得目瞪口呆，於是對極裕說：「婆羅門，我拿一萬頭乳牛同你交換這頭如意神牛吧！如果不行，拿我的王國來換也可以！」

極裕說：「這可不行，我日常的生活、祭祀和招待客人全都靠牠，國王，你要是拿走了牠，要我怎麼過活呢？」

眾友勃然大怒，吼道：「你這個貪婪的傢伙，我用一萬頭乳牛你還嫌少嗎？我可是個奉行武力的剎帝利，如果你不給，我就用剎帝利的手段搶走它！」

極裕仙人在所有仙人中是出了名的性子溫和，脾氣好得出奇，他說：「如果你要強搶，我也沒辦法，你想怎樣就怎樣吧。」

眾友立刻讓士兵去驅趕如意神牛。南底尼受到驅趕和棒打，還是不願意離開隱修林。牠含著眼淚跑到主人身邊說：「牟尼（Muni，編註：聖者、仙人之意）啊！您不要我了嗎？士兵凶暴地打我、趕我，為什麼您卻無動於衷？」

極裕仙人說：「剎帝利的力量在於武力，婆羅門的力量在於仁恕之心，我無法留住你。不過，如果你願意繼續留在我身邊，就請你留下來吧！」

南底尼一聽，就生出了難以計量的軍隊，這些軍隊把眾友的軍隊殺得大敗，驅趕出三由旬之遠。目睹了生自婆羅門力量的這場奇跡，眾友感到十分沮喪。他暗自想到：「什麼剎帝利的武力，在婆羅門的力量之前簡直不堪一擊。呸！我再也不做剎帝利了，我要做婆羅門。」

於是，他放棄了王位和所有的榮華富貴，獨自來到森林中，想要通過苦行，獲得婆羅門的地位。他苦修了千年之久，時間和苦行的困難程度令天帝因陀羅十分恐懼。為了干擾眾友，他派出天女去勾引眾友。沒有想到眾友完全不吃這一套，一怒之下，反而把天女變成了石頭達千年之久。

他堅持苦行許多年，終於打動了正法之神。閻摩變化成極裕仙人的樣子去找眾友，眾友急忙恭敬地接待他，跑進屋子去煮牛奶粥。等他頂著牛奶粥出去款待極裕仙人的時候，化身仙人的閻摩說：「國王，你等著！」便轉身走進了森林。眾友就站在那裡等待。一百年過去了，閻摩還沒有從森林裡走出來，而眾友也就一直頭上頂著裝食物的盤子，耐心地等了一百年。最後，閻摩滿意了，他化成的極裕仙人出現在眾友面前，吃掉了他供奉的食物，笑著對他說：「我很滿意，婆羅門仙人！」因為這一句話，眾友立即從剎帝利上升到了婆羅門的地位。他成為一位很有威力，同時也很有個性的大仙，許多年後，甚至成了毗濕奴化身——羅摩王子的導師。

極裕仙人

雖說仙人脾氣大多不太好，卻也有一個性情和藹的例子。極裕仙人是梵天的兒子，太陽王族的家族祭司。自從眾友搶牛事件之後，這兩位大仙結下了很深的冤仇，但是極裕仙人的表現真可謂忍耐的典範。

極裕仙人有一百個兒子，都和他一樣是道行高深的仙人，長子叫做沙迦提（Shakti Maharhi），是極裕仙人的傳宗接代人，年輕氣盛，心氣高傲。當時統治太陽王族的君主是斑足王（Kalmashapada），這位國王酷愛狩獵。有一天，他狩獵歸來，口渴難耐，急匆匆走在一條狹窄小路上急著找水喝，對面正好走過來沙迦提。國王要沙迦提讓路，沙迦提卻高傲地回答：「你是剎帝利，我是婆羅門，該讓路的是你才對。」沙迦提的話語激怒了因為乾渴而頭腦發昏的國王，他拿起鞭子便往沙迦提手上抽了一鞭，窮凶極惡得像個羅剎一樣。

沙迦提挨了鞭打，怒火中燒，詛咒斑足王說：「你這個國王中的敗類！你竟敢傷害婆羅門，從此你就變成一個吃人的羅剎好了！」

恰好此時，眾友仙人路過此地，聽到了沙迦提和斑足王的爭吵。他心想：「這正是向極裕仙人報復的好機會！」立即命令一個羅剎直奔國王，潛入斑足的身體。斑足王正在向沙迦提請求寬恕，羅剎一上身，他立即喪失理智，對沙迦提說：「你加在我身上這個詛咒真是絕無僅有，因此我吃人也要從你開始！」他這樣說完，就像猛虎一樣撲向沙迦提，殺死了年輕的仙人，吃掉了他。

幸災樂禍的眾友仙人看到國王吃掉了沙迦提，立即把他引向極裕仙人的其他兒子。由於被羅剎附體，斑足王飢火焚身，只想吃人肉，接二連三地把極裕仙人的一百個兒子都吃掉了。

極裕仙人聽說自己所有的兒子都死了，悲痛之極，產生了毀滅自己的想法。即使如此，他還是沒有想毀滅眾友的家族作為報復。

極裕仙人首先想到跳崖自殺。他從須彌山上跳下來，頭觸到堅硬的岩石上，卻像掉到一大堆乾草上一樣。他又跑到森林裡，想讓森林大火燒死自己，可是他一投身進火焰，火焰立刻就變涼了，也不焚燒老仙人。憂心如焚的極裕仙人又跑到海邊，脖子上掛了一塊大石頭，想投海而死，可是一跳進水中，大海就用輕柔的波瀾把他推回到岸上。他來到一條水面寬廣、水流湍急的大河邊，把自己用繩索捆綁起來，躍進水中，大河卻切斷了繩索，又讓他浮到水面上。可憐的仙人無法把自己從憂傷中解脫出來，也不願意以血還血報復眾友仙人，就連想自殺也因為道行太過高深而無法做到。他孤身一人失魂落魄回到淨修林，空空蕩蕩的道院，令他想起昔日居住在這裡熱熱鬧鬧生活的兒子們，心中更加痛苦不堪。

就在這個時候，沙迦提的妻子隱娘（Adrushyanti）悄悄走近公公。極裕仙人突然聽到有人在吟誦吠陀，驚喜地轉過身來，發現聲音是從兒媳隱娘腹中發出的。原來，隱娘已經懷孕十二年之久，而且肚子裡沙迦提的遺腹子尚在母胎中就開始學習經典了。極裕仙人知道自己的家族沒有絕後，心花怒放，打消了尋死的念頭。他帶著兒媳往森林深處走去，正好遇上變成羅剎的斑足王。斑足王看到又來了一個婆羅門，凶狠地從藏身之地起身，手持大棍撲了過來，想要吃掉仙人。隱娘嚇得尖叫起來，極裕仙人說：「別慌！」朝斑足王灑上聖水，念動咒語，把國王體內的羅剎驅趕了出去。

斑足王受到羅剎控制已經整整十二年，如今總算從咒語裡解脫，恢復了昔日的理性和光輝。他回想起自己過去幹過的種種殘忍事情，痛悔不已，跪在極裕仙人面前請求原諒。極裕仙人說：「事情已經了結，你回去統治你的王國吧！從此之後，記得不要輕視婆羅門。」

斑足王回到京城，受到臣民的歡迎，重新登上王位。與此同時，沙迦提的遺腹子在極裕仙人的淨修林中誕生了。由於他在母胎時極裕仙人屢屢尋死，因為知道他的存在才挽回性命，因此這孩子得名破滅（Parashara）。

破滅從小被爺爺撫育長大，把極裕仙人當作自己的父親。在極裕仙人的身邊跑來跑去，抱著極裕仙人的膝蓋喊：「爸爸！爸爸！」隱娘聽到了，眼裡充滿了淚水，對兒子說：「不要這樣叫，他不是你的爸爸，是你的祖父。你的爸爸被斑足王吃掉了。」

破滅聽說了自己的父親殞身的過程，痛不欲生，心中產生了毀滅全世界的念頭。極裕仙人看出自己的孫子想要做極端的事情，急忙阻止他說：「你不該遷怒無辜的生靈。從前婆利古族遭受屠戮，倖存下來的股生仙人想要毀滅世界，受到祖先規勸，把能夠焚毀世界的怒火放到大海裡。這樣的深仇大恨都可以得到平息，好孫子啊，你也就放棄毀滅世界的念頭吧。」

破滅同意了祖父的請求。但他決定舉行一個誅滅羅剎的祭典為父親報仇。祭祀的火焰燃起，曾經潛入斑足王身體的羅剎，和許多其他年老年幼的羅剎都被投入祭火燒死了，羅剎垂死的慘叫連綿不絕。聽到這些聲音，極裕仙人又不忍心了。他和許多仙人一起來到孫子的祭場，勸破滅說：「當初害得你父親被殺的羅剎只有一個，何苦傷害無辜的其他羅剎呢？雖然他們是食血肉的惡魔，但到底也還是生靈，你殺死他們難道感到快樂嗎？慈悲是婆羅門的正法，你饒過他們吧！」

其他仙人也紛紛上前勸說破滅仙人。破滅仙人被說動了，他結束了祭祀，把祭火投到了喜馬拉雅山的北坡上，據說直到今天，那團火焰都還在那裡熊熊燃著。

鹿角仙人

在所有仙人的故事中，鹿角仙人（Rishyasringa）的故事也許是最有趣的。他是無瓶仙人（Vibhandaka）和一頭母鹿生下的孩子，大仙人迦葉波的孫子，生下來頭上就長著角。鹿角仙人從小就和無瓶仙人居住在憍濕吉河畔人跡罕至的淨修林中，從來沒見過任何女性。由於清心寡欲，從小一心專注梵性，他積攢了驚人的苦行法力。

那個時候，甘蔗王族的十車王（Dasharatha）有位朋友，叫做毛足（Romapada），是盎伽國國王。他無意中得罪了自己的祭司，結果王室祭司負氣跑掉。因陀羅得不到供品，就不在這位國王的國土上降雨。他的臣民遭受乾旱煎熬，痛苦不堪。國王問婆羅門：「要怎麼才能讓天降雨？」

婆羅門回答：「大地之主啊，你把無瓶大仙的兒子鹿角仙人請來吧，他從小在森林中長大，對婦女一無所知，天真純潔。如果他來到你的國土上，天帝害怕他，立即就會降雨。不過，無瓶仙人很疼愛自己的兒子，他是絕對不會讓鹿角仙人走出淨修林一步的。」

一聽這話，國王感到為難。他心想：「要怎麼才能在不觸怒無瓶仙人的前提下，讓鹿角仙人來到我的國土上呢？」這時候，一個老鴇來到國王面前，對他說：「我可以想辦法把鹿角仙人帶回來，但是你得供給我必要的錢財和物資。」

毛足王大喜過望，對老鴇說：「你想要什麼就拿去吧，只要能讓那位年輕仙人來到我的國土上，怎樣都可以。」

於是，老鴇買了一艘船，讓能工巧匠在船上建造起一座淨修林。淨修林裡裝飾著各種人造樹木，各式各樣的灌木和蔓藤，看上去賞心悅目。老鴇帶上自己美麗的女兒，開著船一路沿著河流行駛到無瓶仙人和鹿角仙人居住的淨修林附近。接著，她將應當做的事情都交代聰明機靈的女兒，看準機會，趁著有一天無瓶仙人不在家，把女兒派出去接近鹿角仙人。

年輕妓女戴著項鍊和叮噹作響的手鐲腳鐲，來到淨修林，看見仙人之子鹿角，便依照苦行者的禮節向他行禮，咯咯笑著問候他。鹿角仙人看到從未見過的人，又覺得來者形象美麗，前所未見，十分震撼，便驚訝地問：「你是哪一位未知的天神呀？」

妓女笑著說：「我和你一樣，是個苦行者，我的淨修林就在山的那一邊，離這裡可不遠。」

鹿角拿出洗腳水和野果招待她，妓女拒絕了。她說：「我這裡有更多的好東西呢。」她帶了許多精緻的點心，拿出來給鹿角嚐，又給他戴上漂亮的花環，給他喝釀造的美酒，愉快地和他一起遊戲玩樂，在他面前跳舞，又緊緊抱住他。鹿角仙人從來沒有接觸過女子的身體，不由有些魂不守舍起來。妓女又親吻他，然後藉口晚禱時間到了，含情脈脈注視他，一步一回頭地離開了淨修林。

她走了之後，鹿角仙人還沒有從震撼中清醒過來。他呆呆地站在淨修林裡，心裡空落落的，歎氣不止。過了一會，他的父親回來了，看到淨修林裡一片亂七八糟，木柴也沒有準備好，祭火也沒有升起，木勺也沒有洗乾淨，什麼工作都沒有完成，連忙問呆坐著兩眼朝天的兒子：「你怎麼啦？病了嗎？為什麼看起來這麼思慮重重？出了什麼事情？」

鹿角仙人回答父親說：「今天，來了一個年輕的苦行者，他容貌俊美，光輝燦爛得像是星辰一樣。他的頭髮又黑又長，散發幽香，盤成我從來沒有見過的髮髻。他脖子上戴著奇怪的金屬做成的鏈子，光彩奪目，分外好看。他胸部很豐滿，臀部也很豐滿，腰卻很纖細。他雙腳雙手戴著我的念珠那樣的東西，可是一動，那些東西就發出叫聲，很好聽。他說話的聲音和我的聲音也不太一樣，我聽了就覺得很激動。他在我前面做出各種動作，有點奇怪，可是也很好看，一看到他做出那些姿態，我就產生強烈的快樂。他又抱住我，緊緊貼著我，他的身體真是柔軟呀！他又把嘴放在我的嘴上，我覺得這樣很快活。他還帶了很多奇怪的水果給我，這些果子沒有皮，也沒有核，好吃極了。他還給我喝了一些飲料，喝了之後我感到非常興奮，好像大地都在我腳下震動起來了。他跟我遊戲了一陣，就回到自己的淨修林去了。他走後，我就覺得自己心不在焉，只想再次見到他。父親啊，我想到他身邊去。他修煉的是什麼苦行啊？我也想和他一起修行，像他一樣修煉嚴厲的苦行。」

無瓶仙人不是傻子，當然聽出今天來拜訪兒子的是什麼生物。他聲色俱厲，警告起兒子來：「有些羅剎能變成各種形體，就是為了欺騙你這樣誠實純潔的人，企圖阻撓苦行。你喝的那些飲料、吃的那些東西都是邪惡的，我們不能吃喝。下次這女人，啊不對，這人再來的時候，你不可以再接近他！」

說完這番話之後，無瓶仙人就怒氣沖沖地去尋找企圖勾引兒子的那個女人。可是他找了三天，都沒有找到，妓女和老鴇躲在偽裝成淨修林的船上，仙人沒有察覺，徒勞無獲回到淨修林中。

過了幾天，無瓶仙人按照慣例又外出採集野果，那個妓女又跑到淨修林裡來了。一看到她，鹿角仙人激動萬分，跑到她面前說：「我的父親要我不要接近你，說你是羅剎化身。可是羅剎怎麼能化出如此美麗的形體呢？趁我父親沒有回來，我們到你的淨修林去吧！」

妓女把鹿角仙人帶到了船上，年輕單純的仙人對這座美麗的淨修林讚不絕口。妓女用種種娛樂款待鹿角仙人，神不知鬼不覺開動了船，沿著河流來到了毛足王的國土。鹿角仙人一踏上國王的土地，因陀羅畏懼他苦行的威力，天上就降下大雨，浸透土地。

鹿角仙人得到國王熱情款待，國王把他接進王宮，又把自己的女兒和平公主（Shanta）嫁給他。

狡黠的國王沒有忘記淨修林裡還有個兒子被拐帶了的易怒大仙。毛足王想要平息無瓶仙人的怒氣，就在從淨修林到都城的道路兩邊，安排了許多牛耕田，又安排了許多牧群在無瓶仙人的必經之道上。

無瓶仙人採集了野果回到住所，怎麼也找不到兒子，氣炸了。他懷疑是盎伽王做的好事，一路怒氣沖天地前往毛足王的國都，想要詛咒國王，焚燒他的國土。他在大道上走得又累又餓，看到沿途有許多富裕的田莊和農場。農民和牧人都走出來，用水和潔淨的食物熱情地款待仙人，像國王一樣敬奉他。無瓶仙人好奇地問：「你們都是屬於哪一位善人的？這些財產和田地又是屬於誰的？」

農民和牧人受到毛足王吩咐，齊聲回答：「這些都是你兒子鹿角仙人的產業，是國王贈給他女婿的。」

無瓶仙人這樣經過一個又一個地方，都受到熱情款待，每一處田產和牧群似乎都是屬於他兒子的。他的怒氣也就逐漸平息下來。等到了都城，無瓶仙人已經變得心情愉快了。毛足王領著女兒、女婿出來見他，無瓶仙人看到和平公主美麗賢慧，而且懷有身孕，自己的後代也有了保證，便再也不想什麼報復詛咒的事情了。他祝福了兒子和兒媳，興高采烈回到淨修林。等到鹿角仙人的兒子誕生，他才帶著妻子和平公主一同回到父親所在的地方。後來，他們所居住的地方，成為了著名的聖地。

敝衣仙人

敝衣仙人（Durvasa）是梵天之子阿陀利的兒子。阿陀利的妻子是以貞潔聞名的達剎之女阿那蘇耶。他們養育了三個兒子，個個在三界中聲名遠播。長子是以美貌和力量著稱的月神蘇摩，次子是仙人達陀陀哩耶（Dattatreya），他身上集中了梵天、毗濕奴和濕婆三者的力量，經常以溫文爾雅的清秀年輕婆羅門形象出現，生有三首，扶著牡牛，是動物的守護者。而這第三個兒子敝衣仙人，和自己的兩個兄弟絲毫不像，既不美貌，也不溫和，令他在三界中聲名顯赫的是他那無比暴躁的脾氣。這位仙人容貌可怕，受不得絲毫觸犯，一點小錯就可能讓他勃然大怒，發出威力無窮的詛咒。因陀羅就是因為無意間得罪他，失去了統攝三界的力量，不得不和阿修羅一起去攪乳海。

這位老仙人活得很久，脾氣越來越令人生畏，見到他的人都避之唯恐不及。有一次，他跑到雅度族（Yadava）英雄、毗濕奴第八化身黑天的家裡，想要考驗他。黑天很耐心地對待這位仙人。敝衣有時候整夜不歸，一回來就嚷著要熱菜熱飯吃，他進餐要麼只吃一點，要麼就一口氣吃掉平常人一年吃掉的東西；他神出鬼沒，穿著骯髒的衣服在王宮裡四處行走，搞得四處烏煙瘴氣，黑天都容忍下來，依舊盡心盡力地侍奉他。最後，敝衣仙人似乎發了狂，竟然把黑天和他的王后套在馬車上，用刺棒驅趕，在城市裡遊走。黑天的臣民看到君主被這樣對待，都悲痛地哭了起來，黑天依舊默默忍耐，不發一言。隔了一陣子，敝衣仙人半夜回到家裡，大喊：「我餓了，我要吃牛奶粥。」黑天急忙爬起來，熬了牛奶粥給敝衣仙人送過去。敝衣仙人拿過來看了一眼，突然把滾燙的牛奶粥潑到黑天身上，命令他：「你把牛奶粥抹滿全身！」黑天依言照做，把牛奶粥抹遍自己全身，只有足底忘記抹了。敝衣仙人看著黑天的樣子，哈哈大笑起來，說：「我對你很滿意！我的考驗，你也全都通過了。從此之後，你抹過牛奶粥的全身，都不會受到致命傷，刀槍不入。」就在這個時候，他突然發現黑天沒有把粥抹到腳底。這位喜怒無常的仙人又發怒了，他責備黑天：「你為什麼不按照我的話做？由於你沒有聽從我的話，將來你會被人射中腳底板而死！」

果然，許多年後，黑天在樹下休息時，一個獵人看到他的黃衣，以為他是頭鹿，射出一箭，正好射中黑天腳底，黑天就這樣因為敝衣仙人的詛咒死去了。

那羅陀仙人

那羅陀仙人是梵天所生的仙人之一。他是維納琴的發明者，經常和樂神乾闥婆為伴，有時也被視為他們的君主。他是一個很特別的仙人，別的仙人都習慣了在森林中過著安靜的日子，他們沉默寡言，把所有心思都用在學習吠陀、修煉苦行上。那羅陀可不一樣，他喜歡看熱鬧，唯恐天下不亂。而且他還有一個毛病，那就是管不住自己的舌頭，時常多管閒事。

很久很久以前，達剎仙人眼看著迦葉波仙人的後裔填滿了大地，而自己只生了一群姑娘，全都送給他人為妻，不由得有些憋氣。他使用瑜迦力，從心裡自己創造出一千個兒子來，個個都精力旺盛、活力非凡。他對這些兒子說：「你們也去結婚繁衍後代、填滿大地吧！」

那羅陀仙人聽說了達剎的愚蠢野心，於是急急忙忙去找達剎的兒子，對他們說：「繁衍後代有什麼意思呢？人總是要死的，死後還要受到閻摩審判，遭受果報之苦，你們難道想要讓自己和自己的後代都陷入這樣的命運？何不朝拜聖地、修煉苦行、淨化自己，好讓自己擺脫輪迴，進入純淨的世界呢？」

達剎的兒子認為那羅陀仙人說得有道理，於是便四散開來，到各個聖地去朝聖，棄絕欲望，成了苦修者。沒有多久，他們就一個接一個獲得解脫，從大地上消失了蹤跡。

達剎見自己生出的兒子就像往大海裡撒的一把沙子，說不見就不見，心裡氣憤難過，於是又通過法力生了一千個兒子。這一千個兒子，比他們的兄長還要精力旺盛。達剎吩咐他們去繁衍後代。可是，這群兒子走到半路，又被愛管閒事的那羅陀攔住了。他對他們講述了之前那達剎千子的事蹟，然後又勸他們跟隨兄長的道路。那羅陀的口才實在太好，這群後出生的達剎之子也禁不住誘惑，一個個前往聖地朝聖，消失在淨修林中，再也沒有回來。

達剎看到自己兩次努力都告吹，怒火中燒，狠狠地詛咒那羅陀仙人說：「你讓我所有的兒子都無家可歸，你也成為無家可歸者吧！你將永不停歇，在天神、阿修羅、乾闥婆、人類和那迦的領地之間漫遊，盡情賣弄你的嘴皮子吧！」

於是，那羅陀仙人就此成為了永恆的旅行者。他抱著自己的維納琴，在天界、人界和地界之間穿梭來往，把消息傳遞給所有的種族，也把自己聽到的逸聞趣事四處傳播。所有的族群，無論是阿修羅還是天神，都把他看成是中立的使者，樂意款待他，從他嘴裡聽些新鮮事情，人類也把他看作是人和神之間的仲介。

那羅陀仙人雖然遭受了達剎的詛咒，愛看熱鬧和多嘴多舌的天性卻無論如何改不掉。他曾經唆使阿修羅王水持去搶濕婆的妻子，誘使羅剎魔王羅波那大鬧天地，也曾屢次在天神和阿修羅之間挑起類似的爭端，招惹了好多禍事，別人於是送了一個很難聽的稱號給他——爭吵愛好者。也有人認為，那羅陀仙人本性高潔，不會故意做出挑撥是非的事情來。他傳播流言，教唆惡魔做出各種非法行徑，只是為了讓遲早會發生的事情儘早發生，加速邪惡自取滅亡的速度。然而無論他的出發點如何，這些行為都令人感到討厭，於是有一次，那羅陀自己也受到了教訓。

那羅陀仙人拜訪其他仙人

當時，他在喜馬拉雅山上修煉苦行，已經骨瘦如柴，天帝因陀羅感到畏懼，便派了愛神迦摩前去誘惑他。迦摩朝冥思中的那羅陀射了一箭，這一箭變成了一個美貌無雙的天女，她站在那羅陀面前，施展魅力，唱歌跳舞，可是那羅陀看也不看她一眼。迦摩見到這個情景，只好承認自己失敗了。

那羅陀見到迦摩灰溜溜地回去，歡欣鼓舞，心裡想著：「我成了除了濕婆之外，唯一一個能征服無形者（迦摩）的人了！」他立即起身，跑去向濕婆炫耀自己的意志力達到的成就。濕婆笑著對那羅陀說：「你能打敗迦摩，真是太好了，不過你可別為了這點事情去煩毗濕奴。」

那羅陀心想：「濕婆准是在忌妒我。」便沒把濕婆的話放在心上，又跑到了毗濕奴那裡，得意洋洋地宣布自己戰勝愛神的偉業。毗濕奴同樣也微笑著恭喜了那羅陀，卻在最後帶著微妙的神氣對他說：「那麼你可要小心你自己。」

那羅陀莫名其妙，心裡琢磨著這話，離開了毗濕奴的天界。半路上，他突然看到一個從未見過的城市，好奇心強烈的那羅陀立即從雲中降落，去拜訪城市中的國王。國王非常熱情地接待了那羅陀，並且向他介紹了自己的女兒，告訴他自己正準備為公主舉辦選婿大典。

那羅陀一看到公主，頓時目瞪口呆，他這一生從未見過如此豔光照人的美麗女子。那羅陀立即就墜入了愛河。他對國王說：「您的女兒美麗得就像吉祥天女一樣，也只有訶利（Hari，毗濕奴的稱號之一）能配上他了！」國王聽了很高興，送給那羅陀許多禮物，恭送他出了王宮。

那羅陀已經被公主的美貌迷住，對她念念不忘。他躲到角落裡，立即開始向毗濕奴祈禱，說：「請把我的面容變得像訶利般英俊吧！」毗濕奴笑著對他說：「如你所願。」

那羅陀感到自己的面孔有所變化，便趾高氣揚走進宮殿，和前來參加選婿典禮的所有王子貴冑坐在一起。所有人都用奇怪的眼神盯著他看，那羅陀暗自高興，心想：「他們準是被我現在俊美的面貌震懾住了。」就在這個時候，公主走出了大廳，可是她走過那羅陀的身前，一眼也沒有多看他。那羅陀急了，站起來對公主說：「您為什麼沒留意我？難道您不是應該嫁給我這樣英俊的男子嗎？」

所有人都大笑起來，有人遞了一面鏡子給那羅陀，對他說：「你好好照照自己吧！」那羅陀往鏡子裡一瞧，裡面哪有毗濕奴般英俊的面孔，只有一張皺巴巴的猴子臉。

那羅陀感到羞辱，向毗濕奴祈禱，對他說：「您不應當取笑我、欺騙我！您不是答應我要把我變得和訶利一樣嗎？」

毗濕奴用溫和的語氣對那羅陀說：「你是一個仙人，應當精通梵語的學問，為什麼不知道訶利的意思也是『猴子』呢？你尚未真正修成正果呢！」那羅陀知道自己的驕傲受到了懲罰，慚愧地低下頭說：「請您把我的面貌變回去吧。」就在此時，他突然發現自己站在茫茫的白雲之中，周圍沒有什麼城市，什麼國王，也沒有什麼絕代美人。毗濕奴說：「你看，你依舊沉溺在幻境中，被虛假的東西所迷惑。現在幻覺消失了，你的猴子臉也消失了。那羅陀啊！你還沒有達到征服欲望的境地，你還需要繼續修煉。」

那羅陀經歷這場考驗，見識到了真實和虛幻，也意識到自己的不足，從此再也不敢隨意自傲，他成了謙遜虔誠的修行者，漫遊四方，增長見識，期待著永恆的知識和解脫。

第 10 章

日月星辰

古代印度將主要的天體稱為「九曜」，也就是日、月，以及金、木、水、火、土五大行星，外加羅睺和計都這兩個「隱形的行星」。在古代印度人看來，行星不但會影響世人的生活，而且也有自己的悲歡離合。

太陽的家族

傳說太陽神毗婆藪（這個名字的意思是「遍照者」）是眾神之母阿底提的第七個兒子。他一生下來時是個畸形兒，無手無腳，體寬與身高相等，就像一個肉球。他的兄長密多羅（Mitra）、伐樓那、跋伽（Bhaga）用刀子把他身上多餘的肉割了下來，將他修整成凡人，後來，他又成了太陽神，又稱蘇利耶。

工匠之神陀濕多把自己的女兒雲神娑羅尼尤嫁給蘇利耶。娑羅尼尤為蘇利耶生了一對龍鳳雙胞胎，也就是後來成為死神的閻摩和他的妹妹閻密。這之後，娑羅尼尤覺得自己再也不能忍受丈夫身上那無時無刻不在散發著的強烈光芒了，她讓一個名叫闍訶耶（Chhaya）、面貌完全像她的侍女冒名頂替她，自己則變成母馬，獨自跑到森林中修行去了。

起初，蘇利耶並未發覺妻子已經換人。假妻子給他生下了兩個兒子一個女兒，一個兒子是摩奴，人類始祖；另外一個兒子是娑尼（Shani），土星的主宰。女兒則是陀婆底河女神

（Tapti）。

閻訶耶是個偏心的母親，她對娑羅尼尤生下的雙胞胎和自己的親生兒女完全是兩種態度，待閻摩和閻密非常冷漠專橫。有一次，屢遭迫害的閻摩再也忍受不了她的虐待，踢了閻訶耶一腳，這個冷酷的後娘大叫道：「你怎麼敢威脅你父親的妻子呢！」而且憤恨地詛咒閻摩腿上長蛆。

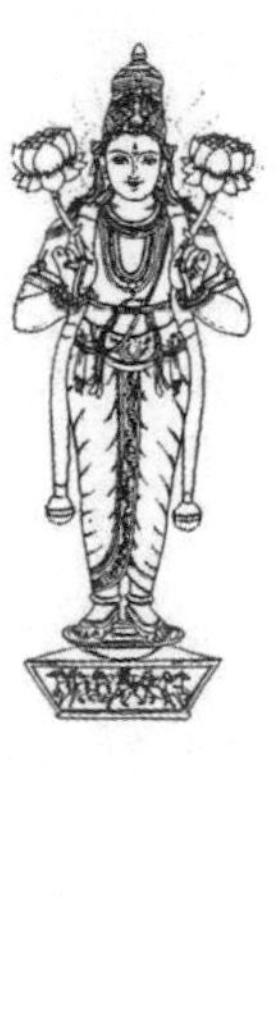
蘇利耶

痛苦的閻摩瘸著腿去找父親，蘇利耶給了他一隻雞，把蛆蟲啄食掉，讓傷口長好，然後去質問假妻子：「不用說，你不是娑羅尼尤，你是她的幻影，親生母親是不會因為孩子犯有過錯而詛咒他的。」假妻子默認了這一點。蘇利耶獲悉自己的妻子變成一匹母馬逃走之後，也變成一匹馬去尋找她，最後終於在遙遠的北國找到了娑羅尼尤。蘇利耶請求娑羅尼尤回到自己身邊，娑羅尼尤回答說：「回去可以，不過你的光芒實在太耀眼了，我受不了。」於是，他們倆一起來到陀濕多家裡，工匠之神把女婿身上的光輝削下來八分之一，把削下來的太陽碎片鍛造成了無比鋒利的神器，毗濕奴的神輪、濕婆的三叉戟、戰神室建陀的長矛都是由此造就的。

破鏡重圓的蘇利耶和娑羅尼尤生下一對俊美無比的雙胞胎，分別叫那娑底耶和達濕羅。不過，後來都稱他們為阿濕毗尼，也就是天界的醫生、朝霞和晚霞的象徵——雙馬童。

月神蘇摩

月神蘇摩是梵天次子、生主之一阿陀利和達剎的女兒阿那蘇耶的兒子，他的光輝由神聖的蘇摩酒構成。他是植物的保護神，是守護東北方的天王，梵天使月神蘇摩成了星座、祭祀、苦行、藥草的主宰者，為人們帶來財富、幸福和水源。

蘇摩兼具美貌、力量和智慧，同時也很驕傲。人們非常崇敬他，稱他是「世界統禦者」、「被鍾愛者」、「天之子」。這些盛譽沖昏了蘇摩的頭腦，他忘記了應有的德行。他是第一個舉行王祭的人，卻忘了實踐祭祀上所發的誓言。有一次，他偶然遇到了表兄弟木星之主祭主的妻子、美麗的塔拉。他被塔拉迷住了，竟然不惜動用武力，強行從祭主那裡搶走了塔拉。祭主找上門去，苦苦哀求蘇摩把妻子還給自己，蘇摩完全置之不理。事情越鬧越大，仙人和梵天都譴責蘇摩的行為。蘇摩一著急，竟然帶著塔拉投奔到天神的敵人——阿修羅那裡。

蘇摩和妻子

太白金星之主蘇羯羅是阿修羅的導師，他與祭主永遠是競爭對手。他興高采烈地歡迎蘇摩的到來，宣布阿修羅會無條件支持蘇摩。以因陀羅為首的天神則為自己的導師祭主打抱不平，於是為了被蘇摩劫走的祭主之妻，天神與阿修羅之間爆發了戰爭，這場大戰打得十分瘋狂和殘酷，蘇摩的身軀甚至在戰鬥中被濕婆劈成兩半。梵天最後終於不得不出面干預，命令蘇摩把塔拉還給祭主。

塔拉回到家裡時已經懷孕，不久生了一個漂亮的兒子。蘇摩和祭主看到孩子，都很喜歡，爭相說這是自己的兒子。羞愧不已的塔拉保持沉默，拒絕吐露真相。塔拉的兒子很生氣，威脅母親說，如果她繼續隱瞞實情，就要詛咒她和所有說真話時猶豫不決的女人。塔拉只好實話實說：「這是蘇摩的兒子。」

水星布陀

蘇摩大喜過望，為自己的兒子取名布陀（Budha），意即明智者。布陀成為了水星的主宰，他是人間月亮王朝的創始者，布陀的兒子洪呼王（Pururavas）就是月亮王朝的首代王。

後來，蘇摩娶了達刹二十七位美麗的女兒，即夜空中的二十七星宿為妻。二十七個女兒中羅希妮（Rohini）最漂亮。她成了蘇摩的愛妻，月神對她特別寵愛，而其他二十六位妻子則幾乎被遺忘。這些遭冷落而感到屈辱的妻子，到父親那裡去埋怨丈夫，她們請求道：「父親啊，請您使我們每人都分享到愛情吧！」

達刹把蘇摩召來，嚴厲地警告他：「你的行為是可恥的！你對所有妻子應一視同仁！」蘇摩答應這樣做，可是他沒有履行自己的諾言。受辱的妻子再次到達刹那裡告狀：「他只光顧羅希妮，與她朝夕相處。父親啊，我們再也不能忍受了！我們不回去，要留在你這裡！」

達剎再次召來蘇摩，而月神又一次表示要一視同仁地愛所有妻子，於是她們跟他回去了。可是，這一次蘇摩又食言了。他的妻子第三次向父親告狀：「蘇摩根本不聽您的話！」達剎大發脾氣，詛咒這位星辰主宰無兒無女，日益衰弱。蘇摩受到詛咒，變得越來越消瘦，日益虛弱，月光變得更加蒼白，夜晚變得更加黑暗。

他驚慌起來，就來到一個叫做牛耳的濕婆聖地，在那裡修了很久的苦行，終於贏得了濕婆的恩惠。蘇摩請求濕婆把達剎加在自己身上的詛咒消除，濕婆說：「我做不到，達剎是個非常有力量的大仙，詛咒的力量不能被抵消和收回，不過，我可以為詛咒加一個時限。從今以後，每個月有一半的時間，你將逐漸消瘦。而後在另外半個月再逐漸豐滿起來。」

於是蘇摩重新獲得清冷之光，並以這些光輝再次照耀宇宙，安撫白天被太陽光炙傷的天神、人類和動植物。從此以後，每個月裡，月亮都有圓有缺。印度古代就將月亮逐漸豐盈起來的半個月稱為白半月，月亮逐漸消減的半個月稱為黑半月。

金星之主蘇羯羅

金星的主宰太白仙人蘇羯羅又叫做烏沙納斯（Ushanas），他是所有阿修羅的導師和祭司。他主宰世人的生活。

蘇羯羅是婆利古仙人的兒子、梵天的孫子。從小，他就在鴦耆羅仙人的門下學習各種經典和知識。蘇羯羅是一位非常出色的學生，鴦耆羅的所有弟子裡，只有鴦耆羅仙人自己的兒子祭主能與他一爭高下。兩個年輕人都心高氣傲，不肯服輸，漸漸成了你死我活的競爭對手。蘇羯羅常常覺得鴦耆羅仙人偏袒自己的兒子，祭主則覺得父親愛蘇羯羅這個徒弟勝過自己，搞得鴦耆羅仙人十分為難。後來，蘇羯羅乾脆負氣離開了鴦耆羅門下，投奔到另外一個大仙人喬達摩那裡去了。

時間流逝，蘇羯羅和祭主都長大成人，一個成為了金星之主，一個成了木星之主，但是彼此的競爭反而變得更加激烈。不久，天神和阿修羅因為攪乳海徹底分裂，雙方都在積極備戰。為了增強力量，天神把學識豐富、深通政事而且在打仗上也很有一手的祭主，尊為所有天神的祭司和預言者。蘇羯羅聽到這個消息，懷著嫉妒跑到了阿修羅那邊，做了天神敵人的導師和祭司，處處與祭主為難。

天神和阿修羅的戰爭需要大量的錢財，長年的征戰讓阿修羅面臨嚴重的財政危機。蘇羯羅就想出一個點子，施展出自己的瑜迦法力，蠱惑了財神俱毗羅，讓他拿出了大筆錢財。等財神俱毗羅清醒過來發現被騙時，便憤怒地跑到了自己的摯友濕婆那裡控訴蘇羯羅的罪過。

金星

濕婆立即追上正在攜款潛逃的蘇羯羅，二話不說就把他吞進了肚子裡。蘇羯羅在濕婆身體裡很驚慌，急忙運起法力，從濕婆的胃部浮現出來。濕婆看到他溜出來了，抓起三叉戟想要殺死他。雪山神女帕爾瓦蒂急忙攔住了自己的丈夫，對他說：「他是從你身體裡出來的，因此就好像你的兒子一樣。你的兒子就是我的兒子。不要殺害這個兒子吧！」濕婆一想，也有道理，就原諒了蘇羯羅，從此把他當作自己的養子。蘇羯羅也懺悔了自己的罪行，成為一個虔誠的濕婆信徒。

毗濕奴化身侏儒打敗阿修羅王伯利時，蘇羯羅沒能阻止伯利，當時他憤怒地詛咒伯利和整個阿修羅族都要為驕傲付出代價，可是沒過多久，看到阿修羅在戰場上被天神打得頭破血流丟盔棄甲，他又覺得難過了。他看到阿修羅不停地死傷，生力部隊也無法補充，於是，他決定學習一種神祕的起死回生咒語「商吉婆尼」（Sanjeevani），這種隱祕的知識只有毀滅和再生之神濕婆才擁有。他向濕婆再三懇求，濕婆終於答應把咒語教給他。

濕婆告訴蘇羯羅，這種咒語需要很長時間的苦行才能獲得，在此之前，蘇羯羅得要呼吸灰煙生活一千年。但蘇羯羅決心已定，不惜一切代價也要得到這種咒語。考慮到自己離開阿修羅獨自去修行的時間裡，天神可能會攻擊缺乏庇護者、只剩下老弱殘兵的阿修羅，就把阿修羅都託付給了自己的母親、婆利古仙人的妻子補羅摩夫人照看，並且警告他們不要和天神發生衝突。

誰知，天神聽說太白仙人離開了阿修羅，便認為全殲阿修羅的機會到了，浩浩蕩蕩殺往補羅摩夫人的住處。不管補羅摩夫人如何勸說、哀求、哭泣，天神都無情地在她面前屠戮手無寸鐵的阿修羅。這位溫婉的夫人被激怒了。她開始詛咒天神，使用自己的法力削弱他們的力量，讓他們動彈不得。由於她是大仙人的妻子，也積攢了很久的苦行法力，她的咒語天神都無法抵擋。眼看天神就要被打敗，毗濕奴拿起神盤來，削掉了補羅摩的頭。這個時候，婆利古仙人趕回來，看到這一幕，他憤怒地詛咒毗濕奴：「在戰場上絕不殺害婦女是正法呀！你身為護持神卻明知故犯，像個利慾薰心的凡人一樣，你以後就以凡人的身分下降到世間去好了！」毗濕奴沉思片刻後說：「我是為了天神的利益，不得不這樣做的。大仙，我接受您的詛咒，今後將會七次降下凡間，不過我每次下凡，都將是為了剪除邪惡、匡扶正義。」

掃蕩了阿修羅之後，因陀羅就開始考慮太白仙人蘇羯羅可能帶來的威脅。他讓自己的女兒舍衍蒂（Jayanti）去勾引蘇羯羅，吸引他的注意力，破壞他的苦行。舍衍蒂無法違抗父命，只得前往。她有兩個選擇：一是施展自己的美色，用容貌勾引蘇羯羅；二是盡心盡力地服侍他，用誠意打動他的心。舍衍蒂是個高尚的姑娘，她選擇了後者。她來到蘇羯羅苦修的地方，不顧煙薰火燎，盡心盡力地服侍了蘇羯羅整整一千年。

一千年過去了，蘇羯羅終於獲得了起死回生的咒語之力。他很感激一直不辭辛苦照顧自己的舍衍蒂，對她說：「你要求一個恩惠吧，無論如何我都會滿足你。」舍衍蒂說：「大仙，我唯一的願望，就是能夠和你做一對普普通通的凡間夫妻。給我十年這樣的日子吧！這樣，我千年的辛苦也就得到補償了。」太白仙人答應了舍衍蒂。他帶著舍衍蒂隱居起來，過上了平凡夫妻的寧靜生活。

然而，趁此機會，祭主化成了蘇羯羅的樣子，大模大樣來到阿修羅的居住地。阿修羅看到自己的導師歸來，都高興得不得了，向他鞠躬致敬，請他把苦行時期獲得的知識教給大家。祭主便坐上導師的寶座，對阿修羅胡說八道一番，專門教他們些南轅北轍的歪理邪說。他變化的樣子和太白仙人很像，而且因為從小就一直相互競爭，所以他也很瞭解蘇羯羅的思維方式和說話習慣。結果，他就這麼以太白仙人的形象引導阿修羅走上歪路，阿修羅也沒有懷疑過他。

十年一到，蘇羯羅回到阿修羅的居住地，看到祭主以他的模樣坐在導師的位置上，把阿修羅教成了一群愚昧之民，他氣了個半死，大聲叱罵祭主手段下流。祭主不但不認帳，還唆使不明真相的阿修羅把蘇羯羅當成假冒者趕走。憤怒的太白仙人大罵阿修羅：「你們這些頭腦簡單、意志軟弱的東西，根本不配得到我從苦行中獲取的知識。」然後便轉身離去，放任阿修羅繼續墮落。好在這十年間尚有些心志清明、個性堅定的阿修羅沒有受到蠱惑，其中以阿修羅王牛節（Vrishparva）為首。他們追上負氣出走的蘇羯羅，好說歹說把他勸了回去，趕走冒名頂替的祭主，讓蘇羯羅重新回到了導師的位置上。

在蘇羯羅的指導下，阿修羅休養生息，很快恢復了昔日的富有和強大，做好了和天神重新開戰的準備。一場又一場的慘烈大戰再度在天界展開，天神作戰英勇，殺死了無數阿修羅戰士。可是，他們驚奇地發現，無論他們殺掉多少敵人，這些敵人隔日又會站在戰場上，精力充沛、健康強壯。天神聚在一起討論，一致認為這都是由於蘇羯羅掌握了起死回生咒語的緣故。一天的戰鬥結束了，夜幕下，蘇羯羅就在戰場上巡行，吟誦神祕的咒語，於是一個個已經倒下的阿修羅戰士再度站起，而天神的軍隊則陷於死亡的囚牢中。

於是，祭主叫來自己最鍾愛的兒子雲發（Kacha）對他說：「兒啊，你到太白仙人那裡去，做他的徒弟，小心侍奉他，把起死回生咒語的祕密套出來，帶回到天神這邊！」

雲發依言前往太白仙人處。他的聰慧獲得了蘇羯羅的賞識，太白仙人於是同意讓這個宿敵的兒子做自己的徒弟。不過，他還是十分謹慎小心，從不向他吐露關於起死回生咒語的任何祕密。

蘇羯羅有一個女兒，叫做天乘（Devayani）。雲發用心地服侍師父，待天乘也十分溫柔、殷切，時常為她採摘鮮花和水果，彈奏音樂給她聽，做討她喜歡的事情。不知不覺，天乘愛上了父親這個說話溫和的弟子。

不久之後，阿修羅聽說了太白仙人收祭主的兒子為徒的消息。他們害怕雲發獲得起死回生的咒語，有一天，趁著雲發來到森林深處放牧牛群，埋伏在此的阿修羅趁機一擁而上，殺死了雲發，為了毀滅罪證，他們還把他的屍體剁成碎片，餵給狗吃。

日暮時分，天乘見牛群自己走回了牛欄，卻不見雲發回來，哭著走到父親那裡說：「雲發不見了！牛群回來了，他卻不見蹤影，他不會放下牛不管的呀！他一定出事了，說不定已經死了。爹爹呀！如果雲發死了，我也活不下去。」

蘇羯羅十分心疼自己的女兒，看到她哭成這樣，連忙安慰她說：「沒關係！我說一句『回來吧』，他就能起死回生。」他念動起死回生咒語，話音剛落，受到呼喚的雲發果然毫髮無損地出現父女二人面前。

不久後，雲發來到森林裡為天乘採摘鮮花，又被那夥阿修羅發現了。他們再次無情地殺害了他。面對屍體，他們說：「這次得要找一個讓你無論如何無法復活的方法。」就把雲發的屍體燒成灰燼，然後又把灰摻到了送給太白仙人的酒裡。蘇羯羅不明真相，高高興興地把美酒都喝光了。

天乘等了很久，不見雲發回來，於是又哭著去找父親。太白仙人說：「死亡本來就是每個人的命運，只不過是或早或晚的問題。我已經救過雲發一次了，所以天乘啊，你不應該悲痛。」

天乘說：「我怎麼能不憂傷？怎麼能不悲痛？雲發是多麼出色的人啊！我愛雲發。如果他死了，我就絕食，跟隨他的道路。」

聽到女兒這麼說，太白仙人歎了口氣，開始呼喚雲發。雲發在他身體裡回答：「師父，我在這裡。」蘇羯羅大吃一驚，急忙問：「雲發，你怎麼跑到我腹中來了？」

雲發回答說：「阿修羅把我燒成灰燼，放進酒裡送給您喝了。」

這一下子，太白仙人可為難了。救雲發吧，自己肯定得要開膛破肚必死無疑，不救他吧，天乘必死無疑。最後，他咬了咬牙說：「好吧！雲發，你聽著，我現在就把起死回生的咒語教給你。我念動咒語，你會活著從我肚子裡走出來，就像我的兒子。之後，你再救活我。」

雲發依言照辦。他破開太白仙人的身體走出來，之後又念動咒語，救活了老師。太白仙人一躍而起，恨恨地說道：「那班殘暴的阿修羅！他們殺害無辜的人，還想讓我成為幫凶。從此之後，任何人因為愚蠢而飲酒，就是犯下了和殺害婆羅門一樣的大罪。」他把所有的阿修羅召來，宣布雲發已經大功告成，將繼續生活在自己身邊。阿修羅恨得咬牙切齒，卻又無計可施。

千年過去了，按照約定，雲發得到老師的允許，帶著起死回生的咒語回到天神那邊去。天乘在半路追上他，對他說：「你知道我的心意，我也知道你的心意。娶我吧！雲發，把我帶回你的家裡去。」

雲發說：「天乘啊！你命令我的，是我不能接受的事情。你的生身之處就是我的生身之處，我是從師父的身體裡出生的，因此我也是他的兒子。按照正法，你就是我的姊姊，我怎麼能接受你呢？我要走了，說再見吧，姊姊。」

聽到這些話，傷心的天乘詛咒說：「我這樣對待你，這樣懇求你，你卻拒絕我。你只是為了獲得法術接近我。你將無法使用你辛苦得到的咒語。」

雲發說：「因為你是老師的女兒，我才拒絕你，不是因為你有什麼缺陷。你愛怎麼詛咒就怎麼詛咒吧！我心甘情願接受。你對我說『法術在你手裡不會起效』，那麼我就把這法術教給別人，法術在別人手裡也可以有效果啊！」

就這樣，雲發回到天神那裡，教會他們起死回生的咒語。天神持有了這樣的法力，不再畏懼阿修羅了。

其他星辰

土星之神娑尼是太陽神蘇利耶和冒名頂替的假妻子生下的孩子。他被視作厄運的象徵，有「跛行者」之稱，騎著禿鷲，身穿黑衣。如果他逼近吉祥的星宿，不幸的事情就會發生。他曾因為注視妻子太久，被妻子詛咒長了一雙毒眼。據說，濕婆第二個兒子犍尼薩（Ganesha）出生時原本是個健康漂亮的孩子，娑尼前去觀禮，帕爾瓦蒂抱著孩子興高采烈地展示給眾神看，娑尼卻不肯抬頭注視嬰兒。帕爾瓦蒂執意要娑尼看看自己的寶貝，娑尼不得不看向犍尼薩，惡毒的目光卻把孩子的頭顱燒成了灰燼，濕婆只好給兒子安上象頭。

木星的主宰是祭主，也就是鴦耆羅仙人的兒子，所有天神的導師。雖然是個祭司，但祭主和自己的競爭對手蘇羯羅一樣，不是個只懂得念經的書生。他十分驍勇善戰，在吠陀的許多頌歌裡，都記載了他如何英勇破敵。這位天神祭司的外表非常俊美，他膚色金黃，光潔照

土星

人，有七張嘴巴，一百對翼翅。他念頌歌唱禱文時，聲音甜美動聽，但當他在敵人面前發出怒吼時，雷霆般的咆哮卻能夠劈開山崖，震破惡魔的心肺。他手持弓箭、雷棒、金斧和鐵斧，乘坐法車巡行天際。他對於奉獻者和歌者慷慨慈惠，賜給世人財富和後裔，對於邪魔則毫不容情。

羅睺和計都也是九大行星的成員，是阿修羅羅睺被毗濕奴砍成兩半後形成的，他們是兩顆凶星，整天在天空中追逐日月。當然了，他們都是神話人物，而非現實存在的星球，但古代印度的天文學稱他們為「隱形的行星」，用他們來解釋日食、月食以及行星軌道的擾動。

火星的主宰是濕婆軍隊的統帥雄賢，當年濕婆聽說妻子薩蒂死在達剎的祭典上的時候，憤怒的濕婆把一束頭髮向大山砸去，從中誕生了雄賢。雄賢跟隨濕婆一同破壞了達剎的祭典，但當濕婆平靜下來、原諒了眾神之後，雄賢這位勇猛的戰士卻繼續暴跳如雷。為了安撫他，濕婆對他說：「你將成為一顆天上的星宿，叫做Mangala（即火星），並且得到很多人崇拜。」於是，雄賢成為了勇士之星——火星的主宰。

火星

第11章

動物神

印度神話帶有濃重的自然崇拜色彩。因此不難想見，除了縹緲的神明，世間的動物也被賦予了種種神性和人性。在大地之下，眾蛇（那迦）建立了自己的國度，他們守護著祕密的寶藏，生氣時會用毒液傷害人，但也會用美女、寶石和法術回報曾幫助自己的人。威力巨大的蛇王（龍王）是眾神的重要夥伴。除此之外，猴子、熊、大象、牛和鷹這些生靈，同樣也有自己的王國、自己的傳說。神猴哈奴曼（Hanuman）可能是齊天大聖的原型，大象的腦袋黏在了智慧之神群主（即犍尼薩）身上，牛至今為印度人民所崇敬，這些動物形體的神靈為神奇的印度神話更加增光添彩。

那迦・龍

生主的首領迦葉波娶了達剎的十二個女兒為妻，其中和迦德盧生下的孩子稱那迦，居住在地下的巨型蛇類。他們具有神奇的法力，佛經裡通常將他們稱為「龍眾」，也有人將那迦翻譯為「龍蛇」。那迦熟知大地下的一切寶藏，他們十分富有，守護著各種稀奇的珍寶，建造了許多金碧輝煌的宮殿。他們居住在地下世界的波陀羅和摩訶陀羅（Mahatala）這兩個世界裡，都城是用黃金建成的宏偉壯麗的波迦婆提（Bhagavati），意思是「快樂城」，城市中有用寶石砌成的宮殿。仙人那羅陀曾經拜訪過那迦的國度，最後認為在他所漫遊經過的各個世界裡，唯有波陀羅和摩訶陀羅的美好和富饒勝過天帝因陀羅的天界。

那迦通常的形象都是腰部以上為人形，腰部以下則是巨大盤繞的蛇身。有時候他們也會化作人形，愚鈍的人往往無法分辨他們與凡人，但有智慧的人能看出他們的與眾不同之處：他們頭上有著頭冠，如果張開嘴巴，裡面則是蛇類分岔的舌頭——我們已經知道，這是舔食黏著甘露的俱舍草留下的後遺症。

那迦知曉許多神奇的法術，而且由於活的年歲很長，他們通常都富於智慧，通曉人情。他們經常將女兒嫁給凡間的王者和英雄。其中最著名的當屬《摩訶婆羅多》的怖軍（Bhima）。他被難敵（Duryodhana）兄弟嫉恨，下毒後被扔進河流，沒想到卻被居住在河中的龍王所救，並且娶了龍公主為妻。那迦的國王是天神之友婆蘇吉，他是一條長度令人咋舌的巨蛇，居住在快樂城的寶石宮殿裡統治著所有的那迦。他最著名的事蹟即為在天神和阿修羅攪乳海的時候，充當了纏繞曼陀羅山的繩索。

另外一位著名的龍王是舍沙，他也是迦葉波和迦德盧的兒子，婆蘇吉的哥哥，所有那迦中第一位出生者。所有那迦中他的力量最大，也最有智慧，他是毗濕奴最忠誠的朋友，有時候也被視作毗濕奴的分身。比起婆蘇吉，他的身軀更加雄偉，是一條有著一千個頭顱、樣子彷彿白色山巒的巨蛇，他住在地底最下面一層，用碩大的頭冠支撐著整個世界，他以這樣的姿態向眾神頂禮膜拜。每當他打呵欠，地上就會發生地震。

通常情況下，這位龍王都會陪伴在毗濕奴身邊，唯有濕婆的舞蹈能夠吸引他離開自己的朋友。當毗濕奴化身為黑天降臨世間的時候，他就以大力羅摩（Balarama）——黑天兄長的姿態降生在他身邊。當大力羅摩最終涅槃的時候，有人看到了一條蛇從大力羅摩的身下悄悄離開，鑽入地下。而在舊世界毀滅之後，舍沙又成為沉眠在海洋之上的毗濕奴的臥榻。舍沙也會化為人形，此時他身著紫衣，戴著白色的項鍊。而當他以支撐大地的千頭蛇形象出現的時候，他又被人們稱為「無涯」（Ananta），意即無限者，象徵著永恆。

舍沙心地慈悲，厭惡爭鬥，即使後來化身為大力羅摩依舊如此。因為討厭自己的同族之間爭鬥不休，也對龍族和金翅鳥之間的仇恨感到悲哀，他離開他們，獨自一人過活，修習苦行，最終得到梵天的恩典，成為了世界的支持者。正因為他道德高尚，他成了唯一和金翅鳥迦樓羅交朋友的那迦。

那迦也有著七情六欲，有時候也會因為貪欲蒙蔽心靈導致滅頂之災。《摩訶婆羅多》裡還提到另外一位龍王多剎迦，險些因為貪心而讓整個那迦一族陷入毀滅。有一位煙氏仙人（Dhaumya），收了一位叫做優騰迦（Uttanka）的弟子，師母打發他去向寶沙王（Saudasa）的王后討要一對寶石耳環做施捨。優騰迦依言前去，王后慷慨地向他布施了那對耳環，但同時也警告他，那迦之王多剎迦覬覦這對耳環很久，一定會伺機來搶。優騰迦拿著耳環回師父家，路上果然遇到扮作出家人的多剎迦，多剎迦奪過耳環就跑，優騰迦緊追不放，跟著龍王進入地下世界，用盡各種方法，最後在天帝因陀羅的幫助下才好不容易逼多剎迦還回耳環。雖然優騰迦得以順利交差，但對龍王多剎迦依舊記恨在心。沒過多久，他找到了婆羅多王族的繼承者鎮群王（Janamejaya），告訴鎮群王他的父親繼絕王（Parikshit）正是死於多剎迦的毒液，唆使鎮群王為父親報仇。憤怒的鎮群王於是決定舉行蛇祭，從大地上滅除殺害自己父親的所有那迦。

很多很多年前，也就是那迦之母迦德盧和金翅鳥之母毗娜達為了神馬尾巴顏色打賭的時候，曾經有一些那迦不願意聽從母親的陰謀附上神馬的尾巴，為此迦德盧十分生氣，詛咒他們將來因為火焚而死。如今，這個詛咒終於實現了，胸中燃燒著復仇之火的鎮群王找來許多有著大法力的仙人，他們造就了一個祭壇，在上面澆上油，燃起大火，眾蛇遭到仙人的召喚，無法控制自己，一條又一條投入火焰，化為灰燼；多剎迦由於害怕，躲藏到天帝的宮殿裡。但法力沒有他那麼強大的其他那迦就沒有那麼好運了，蛇祭燒死的蛇越來越多，屍骨堆積成山，場面慘不忍睹。

蛇祭

眼看那迦就要滅亡，事情卻出現了轉機。

原來自從迦德盧發出詛咒之後，龍王婆蘇吉一直把詛咒記在心裡，並深感擔憂。他有個妹妹，叫闍羅迦盧（Jaratkaru），是位聽明美麗的蛇女。婆蘇吉向梵天請求解除母親對那迦的詛咒時，梵天告訴婆蘇吉，只有一個闍羅迦盧和另外一個闍羅迦盧結合生下的孩子才能阻止詛咒的實現。於是，婆蘇吉聽從梵天的建議，把自己的妹妹嫁給了和她同名的人類仙人闍羅迦盧。兩人生下的孩子名為阿斯帝迦（Astika），由於仙人闍羅迦盧得到後代後就離開了自己的妻子，阿斯帝迦被那迦收養並撫育長大。這孩子非常聰明，很小的時候就精通各種經典，有著極大的苦行法力。鎮群王舉行蛇祭的時候，陷於恐懼的婆蘇吉急急忙忙把自己的妹妹找來，懇求她讓兒子拯救一族。於是，闍羅迦盧找來阿斯帝迦，向他說明原委。這個少年深受感動，向舅舅保證自己一定會拯救那迦。

於是，阿斯帝迦前往蛇祭的現場。此時鎮群王正因為始終不見仇人多剎迦而感到憤怒，祭司告訴他多剎迦正躲在天帝的宮殿裡，受到了因陀羅的庇護，於是鎮群王怒火萬丈地說：「如果因陀羅繼續庇護多剎迦，就和他一起掉到火裡燒死好了！」詛咒出口，天帝就和多剎迦一起開始從天上往下沖向祭火。由於害怕被燒死，因陀羅放開了多剎迦，倒楣的龍王筆直下墜，眼看就要掉到火裡。

就在此時，鎮群王看到了趕來的阿斯帝迦。這個美麗的少年婆羅門引起了鎮群王的好感，他問他是不是有什麼要求，並且允諾實現阿斯帝迦的任何願望。阿斯帝迦說：「國王，請你停止蛇祭，不要再繼續殺害那迦一族了。」話一出口，正在往下掉的多剎迦竟然定在了半空。

鎮群王看到了阿斯帝迦的法力，也意識到自己不能出爾反爾，於是只好心不甘情不願地同意停止了蛇祭。阿斯帝迦應國王的要求做了馬祭的監督者，他回到那迦的國度，受到眾蛇的熱烈歡迎。婆蘇吉對侄子感恩不已，於是把防治蛇咬和蛇毒的咒語教給了阿斯帝迦，阿斯帝迦又把這些咒語教給了人間的婆羅門，造福人類。

實際上，《摩訶婆羅多》的緣起，就是廣博仙人（Vyasa）在蛇祭上吟誦給在場的鎮群王和其他婆羅多族後裔聽的祖先事蹟。雖然蛇祭最後被打斷，但《摩訶婆羅多》卻一直流傳了下來，記載下這段人和蛇之間的傳奇故事。

神猴哈奴曼

猴子是快樂、調皮、吵吵嚷嚷的精靈，但有時候，牠們也可能是天神化身。

羅剎王羅波那通過苦行，獲得了梵天的恩典，使得自己從此不會死在任何天神、阿修羅或者其他具有魔力的種族手下，但是這位羅剎魔王太過驕傲，他不相信弱小的人類和動物能夠傷害到自己，於是就把這兩個族群排除在外，沒想到這為自己將來的死埋下禍根。羅波那獲得恩典之後為害各方，天神為了幫助妻子被羅波那奪走的羅摩王子打倒魔王，便紛紛下凡或是製造化身，在凡間創造出了一群力大無窮、聰明絕頂的猴子，牠們將來會成為羅摩王子的得力助手。

而這些猴子中的佼佼者，就是大頷猴子哈奴曼。

哈奴曼是風神伐由的兒子。話說很久很久之前，在人間巡行的風神遇到一位美麗的雌猴，名為安闍那（Anjana），是一位受了仙人詛咒的天女所化。伐由對安闍那一見鍾情，與她結合，並答應送她一位威力無窮大的兒子。

沒過多長時間，安闍那果然生下一個兒子，面容如同紅寶石，毛色金黃，渾身彷彿被火焰籠罩般閃閃發光，有著長長的尾巴，生下來便能乘風飛行，吼聲如雷。剛剛生下的小猴子什麼都不懂，只感到肚裡很餓。他的母親發現無法滿足他的胃口，就把孩子放在草坪上離開了。小猴子抬頭看向天空的時候，發現有一個又大又紅的東西掛在空中，於是便以為那初生的朝陽是一個好吃的大果子。他向空中躍去，便被父親用輕風托著飛了起來，一門心思朝太陽奔去，要去吃那個大紅果子。太陽本來沒有在意，還覺得一隻小猴子跳來跳去追趕自己挺好玩，沒想到小猴子跳得越來越高，離自己越來越近，太陽怕自己的光輝炙傷牠，急忙避開。可是初生的風神之子對食物的欲望十分強烈，竟然一直追趕太陽，飛了三千由旬，竟然到了天帝因陀羅的天庭。天神看到他飛上天，也感到十分吃驚，互相說：「真不愧是風神之子，他還這麼小一點兒就這麼厲害，長大了該如何了得？」

這個時候，吞噬太陽的羅睺正在天上慢悠悠地飛著，看見一隻小猴子在追逐太陽，不由大怒，他吼道：「吞噬太陽可是我的專利，這小東西是怎麼回事？」

恰好小猴子轉頭看到只有上半身飛來飛去的羅睺，他以為這也是個大果子，便興高采烈地放棄了太陽，轉而追逐起羅睺來。羅睺見小猴來勢洶洶，嚇得大叫，急忙跑去向天帝求助。因陀羅匆忙趕來，看到一隻口水拖了萬丈長的小猴子把凶星羅睺追得滿天亂跑，哭笑不得，於是拿出金剛杵，給了饞嘴小猴狠狠一下。

小猴挨了天帝一杵，從天上直落而下，摔在地上，跌壞了下巴。不僅食物沒有到口，反而還挨了打，小猴子坐在地上哇哇大哭起來。見此情景，伐由又心疼兒子又惱火，抱著小猴躲進山洞裡不出來。這下可好，沒有人來令空氣流動，三界眾生都憋悶得要死。因陀羅沒辦法，只好帶著眾神來到山洞前，向伐由和他的兒子道歉。為了表示補償，眾神給風神之子各式各樣的恩賜，最後，梵天把小猴子抱起來，哄著他說：「別哭了！你以後就叫做哈奴曼（意即壞下巴，因此哈奴曼也被翻譯為大頜猴）好了。」他賜予風神之子可以隨意變形以及隨意長大或縮小的本領。

哈奴曼長大後，決定拜師學藝。他考慮了三界裡所有眾神、阿修羅、動物和羅剎，最後決心拜太陽神為師。太陽神微笑著說：「我倒是很願意收你做徒弟，可是你看，我整天都要駕駛著太陽車在天空上運行，到了晚上太陽下山，我又得要休息了，我什麼時候能抽出空來教你呢？」哈奴曼說：「沒關係，我白天就一直在你的車前飛行，你在駕駛的過程裡順帶教我就行了。」太陽神於是同意做他的老師。

哈奴曼出師後，做了猴王蘇格瓦（Sugriva）的大臣。他極其聰慧、勇敢，能夠自由變化，而且力大無窮，戰場上令敵人畏懼，同時卻又對朋友忠心耿耿。

蘇格瓦和曾打敗過羅波那的猴王波林是親兄弟。有一次，波林與牛精摩耶波（Mayavi）

為爭奪一個女人，發生過一場戰鬥。牛精戰敗，逃進一個山洞。波林吩咐蘇格瓦把守洞口，自己進洞去追殺牛精。蘇格瓦在洞口等了一年，不見哥哥出來。後來看見洞裡流出血水，以為哥哥死了，便把洞口用石塊堵上，自己回家。眾猴便擁戴蘇格瓦為王。不久，波林回來了，他已把牛精殺死。他見蘇格瓦做了猴王，認為他是別有企圖，立即把他驅逐出境。蘇格瓦便帶了五個大臣，流亡到哩舍牟迦山上。哈奴曼陪伴在他身邊。

有一天，這群猴子蹲在山頂上曬太陽，突然看到一個長相邪惡、有著十個腦袋的男人，抱著一個流著淚掙扎不停的美麗女子，乘坐著神奇的飛行雲車從天空路過。那名女子趁男人不注意，把自己的首飾扔給了猴子，懇求他們為自己報信——原來，這個美麗的女人是遭到流放的阿逾陀（Ayodhya）王子羅摩的妻子悉多，十首王羅波那趁羅摩和他的弟弟羅什曼那（Lakshmana）不在，從森林小屋中擄走了悉多。

沒過多久，一路尋找悉多的羅摩王子和羅什曼那就遇上了蘇格瓦和哈奴曼。哈奴曼建議羅摩和蘇格瓦結成同盟：羅摩憑藉手中天下無敵的弓箭為蘇格瓦奪回王位，而蘇格瓦重返王位後，幫助羅摩尋找妻子。蘇格瓦帶領羅摩兄弟來到波林的居住地，向他的大哥發出了挑戰的信號。兩隻猴子凶猛纏鬥的時候，羅摩無法分清兩者誰是誰。於是，哈奴曼向蘇格瓦脖子上扔過去一個花環，有了花環作為記號，羅摩便向波林放箭，射殺了這隻凶猛的猴王。蘇格瓦重新恢復了王位。他娶了夢寐以求的嫂嫂陀羅為妻，日夜尋歡作樂，把國事都推給大臣，把尋覓悉多的盟約，也丟到腦後去了。雨季都已經過去，羅什曼那見蘇格瓦毫無動靜，十分氣憤，帶著武器闖進猴宮，提醒蘇格瓦不要成為一個忘恩負義的人。哈奴曼也從旁相勸。蘇格瓦聽了十分羞愧，終於醒悟過來，向羅什曼那賠了不是，下令集合猴軍，將羅摩兄弟引進宮殿，共同商議尋找悉多和同羅波那作戰的事情。

蘇格瓦派遣哈奴曼去羅波那統治的羅剎之國楞迦島（現在的斯里蘭卡）探訪悉多的消息。羅摩把手中的戒指也拿給哈奴曼，請他見到悉多時代為傳遞消息。哈奴曼帶著戒指，來到了印度次大陸的南邊。遼闊無邊的海洋隔開了大地和楞迦島，猴子們無計可施，但哈奴曼有辦法。他來到海邊的一座山上，不停地把自己變大，最後大得就像一座小山，然後他輕輕縱身一躍，便高高飛起，越過了海洋。在飛行途中，他遇上了一個女羅剎，名叫須羅婆（Surasa），她停留在空中，吞吃所有自己遇到的東西，包括飛鳥、雨滴，甚至雲彩。她一看到哈奴曼，便張開了可怕的大嘴，要把他一口吞下。哈奴曼為了躍過大海，已經把自己變得十分巨大，沒想到這個女羅剎也把自己的嘴變得十分巨大。哈奴曼急中生智，在女羅剎把自己吞下的那一個剎那，把自己縮得十分小，像一隻小蟲子那樣。然後他鑽進了女妖的肚腹，再度把自己變大，撐死了這個貪婪的羅剎之後，破膛而出，依舊南飛，直奔楞迦島上的羅剎之都楞迦城。

他最後降落在楞迦島上的一座高山上，變成一隻貓鼬，趁天黑悄悄地溜進了城市中，最後神不知鬼不覺地潛入了羅剎王的宮殿。他在每間屋子裡尋找悉多的蹤跡，最後來到種植著無憂樹的花園裡。在那裡，他看見一個美麗的少婦坐在一棵大樹底下，那個少婦顯得十分瘦弱和蒼白，衣服破舊不堪，嘴裡喃喃地念著「羅摩」，風神的兒子認出了她就是悉多。

悉多正在默默流淚，突然，她聽見有人在喊：「羅摩！羅摩！」悉多吃驚地朝聲音來源看去，看見樹上蹲著跟巴掌一般大的一個小猴子，躲在樹葉下，雙手合十，舉到頭上向悉多敬了個禮，說：「悉多王后！我是風神的兒子哈奴曼，羅摩的使者，我受他託付，穿越了大海來找你。」

哈奴曼耐心地向被劫持的王后說明了自己的身分，以及羅摩為了奪回她所做出的努力，把羅摩的信物戒指交給悉多看。悉多認出了戒指。她流著淚，從髮髻上取下一顆寶石，遞給哈奴曼，吩咐他代為轉交羅摩。哈奴曼就把寶石拴在自己頭上。他感到非常難過，由於無法救出悉多，他決定先在楞迦城裡大鬧一場。

這樣一想，哈奴曼跑到甘果園去，跳上枝頭，摘下果實，大吃大嚼，然後又在樹上蹦來蹦去，扯下花朵和樹葉，把樹枝弄斷。樹枝折斷的聲音驚醒了那些看守果園的女羅剎。她們上氣不接下氣地跑到羅波那那裡，驚恐萬分地說：「不知打哪兒來了一隻猴子，他搗毀了甘果林。」羅波那一聽，大為光火，便派出了許多僕人、大將和士兵去捉拿哈奴曼。

羅剎把沉重的厲害武器對著他擲去，可是哈奴曼都一一接住。他揪住許多羅剎，痛打他們的腦袋，其餘的嚇得轉身就逃。羅剎將軍對準哈奴曼的胸膛紛紛射出數不清的箭，但風神的兒子狂怒地拔起一棵娑羅樹打擊敵人，了結了這些羅剎大將。到最後，甚至連羅剎王的王子阿伽沙耶（Akshya）都被哈奴曼摔死了。

羅波那又找來另一個兒子因陀羅吉特（Indrajit）去抓搗亂的猴子。因陀羅吉特和哈奴曼都很強壯，打得不分勝負。最後因陀羅吉特拋出一件捉住敵人的繩索法寶，哈奴曼被套住了，他聽任因陀羅吉特把他用鐵鍊綁得緊緊的，拖到羅波那面前去。一路上羅剎受夠了哈奴曼的愚弄，因為一會兒他變得十分沉重，羅剎只好把他掛在大棒上，由幾百個羅剎抬著他去宮殿；一會兒他又變得十分巨大，羅剎無法使他龐大的身軀通過宮門，只好鋸斷了門楣。

最後好不容易把哈奴曼拖到了羅波那的寶座前，猴子依舊沒有善罷甘休，把魔王狠狠地嘲笑了一通，向他下達了羅摩的戰書。羅波那十分憤怒，下令處死哈奴曼。可是羅波那的弟弟維毗沙那勸說羅波那，聲稱國王殺死使臣是不妥的，對一個使臣能行使的懲罰，是剃光他的頭髮，羞辱他一頓。

羅波那惱怒地說：「剃光一隻猴子的腦袋又有什麼用？他才不會覺得頭上沒毛是種羞辱。」於是，他決定用火燒焦哈奴曼的尾巴，然後把他帶出去在楞迦大街上遊行示眾。羅剎依言照辦了，把尾巴上火光熊熊的哈奴曼押送出去。楞迦城所有居民都蜂擁而至，來看這隻怪猴子，就連天神都跑來擠在楞迦的天空上看熱鬧。

就在這時哈奴曼重新縮成貓那般大小。捆綁著他的繩子都鬆掉了。他從鎖鏈中一躍而出，一眨眼的功夫，他又變成原來那樣高大，把看守他的羅剎嚇得四處亂跑。他用自己燃燒著的尾巴，打在羅剎的鬍鬚上，又追上他們，狠狠地打死了許多羅剎。然後他拖著火焰熊熊的尾巴，縱身跳上街道邊的屋頂，使房屋燃燒起來。大火迅速地從一所房子蔓延到另一所房子，風神也刮起大風協助兒子。大火蔓延到整個楞迦，羅剎的房子燒成了灰，他們的皮肉烤焦了，膽戰心驚地四處奔跑。哈奴曼焚燒了豪華的建築、普通的房屋——壯麗的楞迦城就這樣火焰沖天，不復存在。

無憂園裡的悉多看到城市裡火光熊熊，正在擔心哈奴曼，猴子拖著依舊在燃燒的尾巴跑跑跳跳地進來，他擔心悉多會被火勢波及，特地前來查看她的安危。他把燃燒的尾巴伸在海裡，可是由於浸滿了油，熊熊的火焰反而更高了。悉多給他出主意說：「你把尾巴含在嘴裡試試看吧。」於是哈奴曼依言而行，由於沒有空氣，火焰果然熄滅了，可是哈奴曼的臉也被燒得皺巴巴的。從此之後，所有猴子的臉都變成皺巴巴的了。

哈奴曼敬奉羅摩

哈奴曼確認悉多沒事之後，就又跳上了楞迦的山頭，再次縱身一躍，越過了大海，平安地回到羅摩的身邊，把悉多的信物帶給他。

後來，哈奴曼跟隨羅摩一起參加了對羅剎的大戰，他在戰鬥中表現英勇，還曾經救過被因陀羅吉特的毒箭殺害的羅摩和羅什曼那（參見第十五章），因此被稱為羅摩最忠實的夥伴和信徒。

打敗羅剎、救出悉多之後，羅摩和悉多贈給每個曾經幫助過自己的夥伴禮物，當輪到哈奴曼的時候，風神之子說自己什麼也不想要，什麼也不需要。能夠作為羅摩忠誠的朋友，他已經感到非常滿足。悉多感到過意不去，送給他一串用世界上最珍貴的寶石和珍珠串成的項鍊。哈奴曼帶著項鍊回到森林裡，跳到樹枝上，仔細檢查了這項鍊一番，之後就把它隨手扔掉了。別人問他為什麼這麼做，他說：「這串項鍊上找不到羅摩和悉多。」別人又嘲笑他只不過是在裝模作樣表現自己對羅摩的忠誠而已，猴子笑了笑，撕開自己的胸膛，羅摩和悉多的形象發出金色的光輝，閃現在他的心上。

為了表彰他的勇敢和忠誠，羅摩許諾給風神之子一個恩賜。只要世界上還有人記得羅摩的傳說，傳頌羅摩的名字，哈奴曼就會永生不死，一直活下去。只要人們還記得羅摩，就一定會同時想起那隻聰明、勇敢、能夠變化自如的可愛猴子。而他的傳說，也會在世上一直流傳下去。

也許，這樣的傳說也曾流傳到吳承恩的耳中，而他就是從這樣一些傳說的碎片中獲取了靈感，創造了另外一隻廣受人們喜愛、神通廣大、力大無窮、能夠一躍飛越大海的神猴形象——齊天大聖孫悟空。

聖牛

印度人對聖牛的崇拜為人所熟知，如今走在印度有些城市的大街上，甚至是在首都德里的老城裡，都能看到牛慢悠悠地在大街上悠閒晃蕩。但是牛為何受到崇拜，卻沒有多少人瞭解。

神話裡給了這樣的解釋：對於印度人而言，牛就是大地母親的象徵。

很久很久之前，第七位摩奴的後人在大地上繁衍，人們在世上散漫地生活著，沒有管理者，也沒有立法者，社會十分混亂。仙人認為這樣的情況不能再持續下去了，於是便擁立了一位摩奴的直系後裔吠那（Vena）做國王。沒想到這個叫做吠那的人心地邪惡，登上寶座後第一件事情就是禁止人們祭拜神靈。憤怒的仙人用聖草殺死了吠那。可是吠那一死，大地無主，世間變得更加混亂。仙人就商議從吠那那裡產生兒子來繼承王位。他們按摩吠那屍體的腳部，結果從那裡生出一個渾身漆黑、齜牙咧嘴的侏儒來，吠那的缺點全部被他繼承了。仙人又繼續按摩吠那的右臂，於是一個光彩熠熠的嬰兒誕生了，這就是波哩圖（Prithu），世上的第一個國王。

波哩圖做了國王之後，以正法治理大地，得到了人民的愛戴和天神的庇護。有一次，饑荒降臨世間，波哩圖的人民忍饑挨餓，找不到果腹的食物，只好成群結隊地來找自己的國王，懇求他想想辦法。

波哩圖看到自己的子民一個個面黃肌瘦，心裡十分難過。他心想：「我父親吠那在位的時候，對待大地女神的態度十分惡劣，她懷恨在心，因此把產出都藏匿起來，不肯供養人民。我該怎麼辦呢？」

這樣想著，他不由得義憤填膺，拿起自己巨大的弓箭來，朝大地瞄準。大地女神見他要射自己，大驚失色，變成了一頭母牛，慌慌張張想要逃走。波哩圖大喊：「站住！站住！」飛奔著追趕上了母牛，強行拖住了她。大地女神化身的母牛哀叫起來，開口說：「饒恕我吧！國王！我願意以乳汁的形式，提供產出供養人民，只是得要有一頭小牛犢讓我的乳汁流得出來才行。」

波哩圖向祖先祈禱，於是摩奴出現在他面前，化身為一頭小小的牛犢，搖頭擺尾跑向大地女神化成的母牛要乳汁喝。母牛的乳汁滾滾而出，變化成大地上各種水果、蔬菜、穀物，人民的饑饉解除了。從此，大地就以母牛的形象得到崇拜，母牛就此成為一切產出和豐饒的象徵。

另有傳說梵天造物時，婆羅門和牛是同時被造出來的。婆羅門引經據典，傳播知識，而牛則提供乳酪和黃油作為祭祀之用，因此兩者同等重要，殺害母牛的罪孽就和殺害婆羅門一樣重。

眾神和阿修羅攪乳海的時候，從海中出現了如意神牛須羅毗。牠被尊崇為一切神牛之母，乳海的水源即來自她的乳汁。牠是一頭十分美麗的神牛，而且最神奇的就是，牠能夠滿足主人的一切願望，對於想要喝甘露者，牠產生甘露；對於想要喝牛乳者，牠產生牛乳；對於想要喝蘇摩酒者，牠產生蘇摩酒。牠能夠通過苦行獲得。牠的女兒叫做南底尼，也有同樣神奇的法力。不過，如意神牛太誘人了，經常會引發人心中貪婪的欲望。有許多人看到牠後就想要搶奪，比如千臂國王阿周那，眾友仙人和八位婆蘇神，他們無一例外遭受了懲罰。因為如意神牛不可以落到邪惡者的手中。

　　須羅毗是所有乳牛的母親，牠生下了許多乳汁甜美的小乳牛，這些小乳牛歡快地在宇宙間跑來跑去，乳沫飛濺，不小心流到了正在冥想的濕婆身上。濕婆受到打擾，勃然大怒，睜開第三隻眼，把所有的牛都烤成斑斑駁駁的。為了表示歉意和安撫，須羅毗把白牛難迪送給濕婆作為坐騎。

　　正法同樣也以乳牛的形象出現。世界的第一個時代圓滿時，正法之牛以四條腿穩健地行走，到了三分時，正法之牛只剩下三條腿，到了二分時，正法之牛只剩下兩條腿，在迦梨時代，正法之牛只能靠一條腿站立了，因而這個時代的正義和法律，搖搖欲墜。

聖牛

象頭神

世界上的第一頭大象叫做愛羅婆多，牠來自諸神和阿修羅攪拌乳海時產生的十四寶，是一頭像雲彩那樣的大白象，長著四牙。牠是天帝因陀羅的坐騎，象中之王。

愛羅婆多是守護東方的神象。除了牠之外，八方還各有一頭神象守護，牠們和各方的守護天神一同支撐起了大地。比如守護南方的神象瓦摩那，是一頭巨大如山、有兩對巨齒的巨象，牠永遠矗立在幽暗的南方「祖先之地」，陪伴南邊的守護者死神閻摩。

但有一次，大白象愛羅婆多出了點事故，險些把命都丟了。

這事還要從濕婆和雪山神女帕爾瓦蒂說起。自從長子室建陀離開家之後，帕爾瓦蒂覺得十分寂寞，她還想要一個孩子陪伴身邊。濕婆還是和以前一樣非常散漫，帕爾瓦蒂在家中洗浴的時候，他經常招呼也不打一個就走進門來，讓帕爾瓦蒂感到很難堪。有一次，濕婆出門在外，帕爾瓦蒂想著這兩件事情，煩惱之中隨手用泥捏了一個小人出來。沒想到這個小泥人一成形就活了，變成一個漂亮的小男孩，拉著帕爾瓦蒂叫媽媽。

帕爾瓦蒂心花怒放，抱著這個自己造出來的兒子怎麼親也親不夠。她遞給孩子一根木棒，對他說：「媽媽要洗澡了，在此期間你看住家門，誰也不許進來。」

於是這個孩子拿著木棒站在門口，盡職地擔任起門衛的職責。過了一會，濕婆回來了，他和往常一樣想要推門就進去，沒想到帕爾瓦蒂的孩子毫不客氣地攔住了他：「媽媽說了，誰也不准進去。」

濕婆感到莫名其妙又生氣，自己不在家的時候，怎麼多出一個兒子來？他費盡唇舌地向這男孩解釋，自己是這家的男主人，因此完全可以隨意進門，但固執的男孩壓根不聽；濕婆覺得自己口才不在行，就把毗濕奴和梵天都叫來，三大神圍著小男孩不停勸說，但這個泥土做成的孩子全然不理會，就是不讓濕婆進門。最後說急了，這孩子發起脾氣來，拿木棒往毗濕奴身上招呼，還去拔梵天的鬍子。濕婆一怒之下，拿起三叉戟就砍掉了這孩子的頭。

這下子禍可闖大了。帕爾瓦蒂洗完澡出來一看，自己的孩子已經身首分家倒在地上死了，頓時又悲又怒。從她身上化出無數的薩克蒂女神，像她的怒火一樣散布在四面八方。雪山神女的脾氣發得如此之大，以至於連濕婆也不敢回家。他向毗濕奴求助，毗濕奴出主意說：「你讓你的侍從難迪向北走，遇到第一個面向北的生物，就把牠腦袋砍下來給這孩子安上，這樣他就能復活了。」

聖象

濕婆聽從了毗濕奴的建議。他讓大白牛難迪向北走，恰好遇到因陀羅把白象愛羅婆多獨自留在一條河的淺灘上沐浴，難迪不由分說就把愛羅婆多的腦袋給卸了下來，帶回去給濕婆。濕婆把這個象腦袋給孩子按上，小孩果然復活了。這就是象頭神的誕生。

因陀羅回來找自己的坐騎，發現愛羅婆多掉了腦袋，大發雷霆。好在當時梵天也在場，在他的祝福下，愛羅婆多又自己長出了腦袋，恢復如初。

為了補償這個長了象頭的孩子和安撫自己的妻子，濕婆讓象頭神做了自己軍隊的統帥。因此，他得名「犍尼薩」，意思是群主。犍尼薩雖然長得其貌不揚，耍著長鼻子，愛吃糖果，大腹便便，但他卻成了通曉一切智慧的神。他非常聰明，富於急智，而且生性幽默、詼諧、隨和。他的坐騎和伴侶是大地女神送給他的一隻狡猾的老鼠。人們遇到障礙時，向犍尼薩祈禱，就能得到幫助。

有一次，濕婆偶然得到一個很香甜的芒果，室建陀和犍尼薩都想要，父母不知道如何是好，最後只好說：「你們賽跑吧！誰能先繞世界七圈，誰就得到這個芒果。」多少有點四肢發達頭腦簡單的室建陀一聽，立刻拔腿就跑，三界中原本他就以速度迅捷出名，此時更是埋頭狂奔，像一道閃電般掠過山川、大地和河流。

犍尼薩卻不慌不忙，他向父母行禮，然後恭恭敬敬繞著他們走了七圈。濕婆笑著說：「犍尼薩，你這是怎麼回事？如果再不出發，芒果可就是你哥哥的了。」犍尼薩甩了甩長鼻子，說：「對於兒女來說，父母就是全世界。所以，剛剛我已經圍繞世界走過七圈了。」濕婆大笑起來，把芒果給了犍尼薩。等環遊了七圈世界的室建陀跑回來，芒果早沒有了，戰神氣得要死，從此更不怎麼回家了。

犍尼薩只有一邊象牙是完整的，這其中也有一段故事。有一次，著名的婆羅門英雄、濕婆的崇拜者持斧羅摩來岡仁波齊山拜訪濕婆。濕婆正在午睡，讓犍尼薩守住了臥室的門。犍尼薩一如既往忠於職守地攔住了持斧羅摩，不讓他干擾自己父親的睡眠。持斧羅摩遇到意想不到的障礙，大為光火。他朝犍尼薩進攻，犍尼薩也不客氣，就用象牙把持斧羅摩甩到很遠的地方。持斧羅摩更加憤怒，把手中濕婆贈與的斧頭朝犍尼薩扔去。犍尼薩認出這把斧頭是父親的東西，就恭敬地用一牙去接，沒想到斧頭太鋒利，一下子就把犍尼薩一邊的象牙砍斷了。從此以後，犍尼薩又被稱為「獨牙」。

第 12 章

山川和河流

性格各異的山

印度大陸上有許多山脈、高山經常被認為具有自己的神格。湖泊和河流通常是女性，而雄峻的高山則是男性。

神話中，最著名的高山有這幾座：眾山之王是北方的喜馬拉雅，他和妻子曼娜生下了兒子——神聖的曼納克山，大女兒恆河和小女兒濕婆之妻帕爾瓦蒂。喜馬拉雅因為德高望重得到所有天神的尊敬。

眾神的天國就在喜馬拉雅山脈的須彌山上，這座神聖的山嶽高不可攀，太陽和月亮圍繞這座山峰運行。曼陀羅山曾經在眾神和阿修羅攪乳海時充當攪棒，從而受到所有天神的尊敬。太陽和月亮圍繞須彌山運行後，就落入曼陀羅山休息。

岡仁波齊山方圓三百由旬，形狀如同水晶蓮花，濕婆和妻子帕爾瓦蒂居住在這座山上，財神俱毗羅和他統治下的夜叉也住在岡仁波齊山上的銀城。

但是並非所有山脈都像喜馬拉雅山那樣令人尊重。德干高原上的溫迪亞山是一座雄心勃勃的年輕山脈，他十分嫉妒須彌山能得到日月的尊崇，要求太陽也繞著他運行。

太陽神蘇利耶聽到這個荒唐的請求，啼笑皆非，乾脆地一口回絕了。溫迪亞山非常生氣，於是便拚命讓自己不斷長高，想要超過喜馬拉雅山，阻攔太陽運行到北方去。眾神勸說溫迪亞山停止長高，驕傲的溫迪亞卻執意不聽。於是，天帝只好請投山仙人（Agastya）去制止溫迪亞山的愚蠢行徑，投山仙人來到溫迪亞山面前說：「山啊，我現在要到南方去，可是等我回來的時候，你會不會長得無法攀越了呢？那個時候，我要怎麼回到北方呢？」

溫迪亞山非常尊敬投山仙人。他說：「牟尼，請您放心地到南方去吧，您待在南方的時候，我就停留在這個高度，不再長高了，等您回來我再繼續長。」

投山仙人說了一聲好，就穿過溫迪亞山到南邊去了。可是他停留在那裡，再也沒有回來；而溫迪亞山就一直傻乎乎地等著投山仙人，再也沒有長高。

恆河下凡

恆河在印度人民心目中是無比聖潔的河，她流經天、地、陰間，分成三條支流，滋養眾生。她是吉祥之河，是三界的支持者，福利的施與者。她曾經在天界流淌，為了保護和撫育萬物，才來到人間。詩人這樣說：「孩子飢餓了，便會跑到母親身邊；人心中有了崇高的願望，便會跑到恆河身邊。」

從前，天神與阿修羅進行了曠日持久的戰爭，因陀羅殺死了弗栗多之後，殘存的阿修羅逃進了大海裡。他們認為，只要殺光大地上有學問的人和有苦行的人，就沒人能對他們構成威脅了。這些阿修羅白天藏身大海之中，晚上就出來，襲擊各地的隱修林和聖地，見人就殺，吃掉了無數無辜仙人和修道者。因為害怕他們，所有的人都開始逃亡，也沒人在舉行祭祀，世界變得一片淒涼。由於阿修羅以大海為掩護，即使是勇敢的大弓箭手們也對他們束手無策。天神向毗濕奴求助，毗濕奴說：「他們藏身大海，我也拿他們沒辦法，想要打敗他們，只能讓投山仙人幫忙弄乾大海。」

投山仙人聽說了阿修羅的惡行，非常憤怒，就走到岸邊開始喝乾大海，天神嘖嘖稱奇。投山仙人一口氣把海水都喝進肚子裡，阿修羅無處藏身，天神欣喜若狂，拿起武器朝阿修羅進攻，狠狠地打敗了他們。阿修羅被殲滅了，天神請求投山仙人把海水注回海裡，投山仙人卻為難地說：「喝下的水都被我消化了，想要重新填滿大海，你們只有另想辦法。」天神商量了很久，都沒有想出辦法，這個時候梵天出現，對他們說：「現在著急也沒用，很久之後，太陽王族的阿逾陀國王跋吉羅陀王（Bhagiratha）能使大海重新注滿水。」

當時統治阿逾陀城的是太陽王族的薩竭羅國王（Sagara）。他有兩個妻子，須摩底（Sumati）和吉私尼（Keshini）。她們都沒有生育兒女。國王對此心急如焚，他暫時將國事交給別人，自己帶著兩個王后悄悄來到高峻的喜馬拉雅山。他用常人無法忍受的痛苦折磨自己的肉體。終於，一百年後，他嚴格的苦行感動了濕婆，濕婆答應讓兩位王后中的一個生一個兒子，能給他延續香火；而另一個，能夠生六萬個兒子，都是威風凜凜的戰爭英雄，但這六萬個兒子會一起毀滅。

國王帶著王后回到自己的國家。不久，果然如濕婆所言，兩位王后都懷孕了。十月懷胎，吉私尼生了一個兒子，面如天神，須摩底卻生了一個大大的南瓜。薩竭羅國王看著南瓜不知道如何是好，正想把它扔掉的時候，天上突然傳來聲音：「國王啊，別拋棄你的兒子。你破開瓜，留下瓜子，準備好六萬只罐子，每個罐子裡都裝滿油脂，並放進一粒南瓜子。這樣，你就會得到六萬個兒子。」薩竭羅國王聽從上天的旨意，果然，不久從每個罐子裡都長出一個兒子，個個神采非凡，能天上地下四處遛達。但是，他們很凶惡，缺乏教養，仗著人多勢眾，連天神都不放在眼裡。他們最大的娛樂就是四處發動戰爭，不斷向天神、阿修羅、乾闥婆進攻，攪得人間天上都雞飛狗跳。大家紛紛向梵天抱怨。梵天告訴他們，薩竭羅的六萬個兒子會在將來某一天自取滅亡。

過了一段時間，薩竭羅國王要舉行馬祭。他按照祭奠的慣例，先把馬放出去，然後讓六萬個兒子隨馬征戰。然而，當祭馬跑到已經乾枯的海底時，卻突然消失不見了。薩竭羅的兒子跑回去稟報父親，說祭馬被人偷走了。薩竭羅大發雷霆，要他們找遍整個大地，找不到祭馬就乾脆別回家。

薩竭羅國王的兒子四處尋找，大海和島嶼，高山和河流，整片土地都被他們翻遍了。他們看見海底大地上有裂縫，猜想祭馬可能從這裡鑽進去了，就拿來了鋤頭和大鎬，使勁地挖起來，他們把海神伐樓那的宮殿搞得傷痕累累，還不斷侵擾住在地下的那迦和羅剎等生靈，把好不容易藏身地下的幾個倖存的阿修羅挖得痛苦難忍，大放悲聲。

他們挖了許多天，挖得滿腔怒火，在大海的東北角上把地獄都挖開了，才看見祭馬在那裡靜悄悄地吃草。馬的附近正坐著一個閉目沉思的隱士，他就是由毗濕奴大神轉世的大仙——苦行者伽毗羅（Kapila）。這些王子吵吵嚷嚷地衝過去牽走祭馬，竟然沒把伽毗羅放在眼裡，不但沒有行禮，反而還衝他吼叫：「該死的盜馬賊！」伽毗羅正在閉目修煉，王子的罵聲把他驚醒了，他兩眼一睜，射出威嚴的神光，剎那間，這六萬個王子一下子化成了灰燼。

王子們的死訊傳回阿逾陀城，國王聽了悲痛萬分，但他知道這是兒子咎由自取，只能服從天神的安排。

吉私尼的兒子叫做阿薩曼闍（Asamanja），被封為王太子。他雖然貌如天神，但性格惡劣，喜歡把別人家的孩子拋在河裡取樂。在阿薩曼闍的邪惡陰影下，全城的百姓都陷入恐懼之中。薩竭羅國王聽到人民對他的抱怨哭訴，把阿薩曼闍趕走了，只留下他的兒子鴦輸曼（Amshuman）。

薩竭羅國王把孫子鴦輸曼叫到身邊，說：「鴦輸曼，你父親已經被我放逐，你的叔叔被仙人的怒火燒成灰燼，祭馬也找不回來，我親愛的孫子，請你把我從痛苦中拯救出來吧。」孝順的鴦輸曼懷著憂傷的心情立即出發，跋涉了千山萬水，終於來到那條大裂縫前。他沿著叔叔已挖好的洞一直來到地底最深處。祭馬還在那兒啃吃青草，而伽毗羅，仍然坐在那兒閉目沉思。鴦輸曼恭敬地靠近伽毗羅，拜倒在伽毗羅腳下，雙手合十，向他訴說了自己的來意。

伽毗羅很滿意鴦輸曼的謙恭，於是答應滿足鴦輸曼兩個願望。鴦輸曼的第一個願望是要求把祭馬帶回去，第二個願望則是為了淨化叔叔而請求水。大仙說：「你把祭馬牽回去完成馬祭吧。你的孫子將會得到濕婆大神的青睞，把天上恆河的水引到地上。恆河將注入大海之中，大海將重新波濤洶湧。而你那些叔叔的骨灰，一旦和恆河的水接觸，他們的罪孽就會洗去，升入天國。」

鴦輸曼牽著祭馬回到阿逾陀城，把大仙的話轉告給薩竭羅國王。國王聽了很高興，立即舉行了隆重的馬祭，從此把大海視為自己的兒子一樣。薩竭羅死後，王位傳給了鴦輸曼，鴦輸曼後來又把王位傳給兒子底離鉢（Dilip），他聽說先祖的故事，做了很多努力想要把恆河水引下來，卻未能成功。底離鉢去世後，把王位傳給了自己的兒子跋吉羅陀。

跋吉羅陀是一個品德高尚、勇武剛毅的國王。有一天，他從別人口中聽說了自己遭到毀滅的六萬個叔祖，死後因為罪孽深重無法登上天堂，感到十分痛苦。他決定暫時放棄舒適的王宮生活，把國家大事交給宰相，來到雄峻的雪山嚴格修煉苦行。他只喝清水，只吃野果和樹根，就這樣度過了一千年。

一千年以後，恆河女神對跋吉羅陀顯出形體。她對跋吉羅陀說道：「大王啊！你需要我做什麼呢？你如此刻苦地修行了一千年，我可以滿足你的一個願望。」

跋吉羅陀對恆河女神說：「我的先輩們因為粗魯無知的行為觸犯了伽毗羅仙人，被他的怒火燒成了灰燼。而只有你的聖水才能洗刷他們的罪過。所以，我請求你流到地上，讓我先輩的骨灰能接觸你純潔的聖水。」

恆河說：「我是很願意幫助你的。然而，如果我將河水從天上直接傾瀉下來，大地會被毀滅的，因為它很難承受我凶猛的流勢。大王，你求取濕婆的恩賜吧，除了他沒人能抵擋河水的衝擊，我從天降落時他可以作為緩衝。如果他同意，我就能滿足你的願望。」

於是，跋吉羅陀來到岡仁波齊山上，繼續苦行取悅濕婆。濕婆深為感動，就出現在他面前答應了他的請求。在雪山上站定後，他對跋吉羅陀說：「你讓恆河降下來吧！我會接住她。」跋吉羅陀高聲呼喊女神的名字。女神應聲而來，她把河水從天上傾瀉而下，所有的天神、仙人、羅剎和那迦都跑來看這絕世難得一見的奇觀。

恆河降落凡間

濕婆用前額承受河水的巨大衝力，然後，河水沿著濕婆的身體緩緩流到地上，流向大海。恆河水滔滔不絕向前流淌著，最後流入乾枯的大海，大海重新盛滿了水。河水也開始沿著裂縫滲透到地下世界，並洗刷著薩竭羅國王六萬個兒子的骨灰，王子的罪過被洗刷掉了，他們終於升入天國。跋吉羅陀終於完成了祖輩們賦予他的重任。從那以後，恆河水就在大地奔流，注入大海之中。由於是跋吉羅陀把這條聖河引導到大地上的，因此恆河也被稱為「跋吉羅陀的女兒」。

消失的聖河

娑羅室伐底女神是辯才天女，梵天的妻子。在古代，她也被認為是聖河娑羅室伐底的女神。這條聖河在吠陀等經典中有許多頌詩，詩人深情稱她為豐饒多產的母親，文明的象徵。她曾經在亞穆納河和薩特累季河（Sutlej River）流域之間的大地上奔流，哺育了古老的印度河文明，如今，這條聖河卻已經消失不見，再也找不到了。今日印度境內稱作娑羅室伐底的那條河流，並不是古代人們加以大力稱頌的那條聖河。這條本來應該流入大海的河流，最終卻消失在沙漠中，神話裡講述了她曲折多難的故事。

傳說，古代的娑羅室伐底大河發源自雪山，七條支流貫穿整個世界。沿著河岸有許多聖地，吟誦吠陀的婆羅門仙人經常來此祭拜神聖的娑羅室伐底河，潔淨自身。其中有一個叫做飄忽林的聖地最為著名。有一次，住在飄忽林中的苦行者舉行了一次長達十二年的蘇摩祭，吸引了很多仙人參與。這些仙人把聖地擠得滿滿的，許多聖地都成了小城鎮。因為太過擁擠，仙人不得不用身上的聖線劃出地盤舉行祭祀。後來的仙人發現沒有留下多少地方了，感到心情沮喪，娑羅室伐底河看出這點，就轉變流向朝東走，形成了許多帶水窪的林地，供這些仙人使用，然後再度朝西，向大海奔去。由於她轉了這樣一個彎，形成了窪地，她才得名娑羅室伐底（意思就是「多窪的」）。

這條仁慈的河流被仙人稱為河中魁首，得到大家的崇敬，她能夠洗去一切罪孽。濕婆砍下梵天的第五個腦袋後，就是在娑羅室伐底河中擺脫了罪孽。曾經有一個叫作巨腹（Mahodara）的仙人，某一次在森林中漫步時，正好遇上十車王之子羅摩旃德拉在誅滅羅剎。一個羅剎的腦袋被羅摩砍下，飛起後無意中黏在巨腹仙人的腿上，竟然就這樣黏住取不下來了。巨腹仙人忍著腿部潰爛的痛苦，帶著黏在腿上的頭顱走了許多聖地，都無法解除折磨。最後，他來到娑羅室伐底河畔，在河水中沐浴之後，羅剎的腦袋自動掉落，沉入水底，而巨腹仙人擺脫負擔，自己靈魂也得到了淨化。

娑羅室伐底河的不幸，源自眾友仙人和極裕仙人的爭吵。這兩位大仙自從結下怨仇，眾友仙人就一直念念不忘，想要殺死極裕仙人。有一次，通過冥想，眾友仙人發現極裕仙人正在娑羅室伐底河上踏水順流而行。於是，他命令以人形在自己面前現身的娑羅室伐底河：「快去把極裕仙人帶到我在的河岸邊來，我要殺死他！」娑羅室伐底河女神聽了，雙手合十，嚇得就像風中藤蔓般顫抖。眾友看到她這個樣子，非常生氣，又對她說：「快把極裕仙人給我帶過來！」

可憐的女神心中害怕，想著：「眾友仙人和極裕仙人的詛咒都很可怕，哪一個都得罪不起，我該如何是好？」她忐忑不安地來到極裕仙人面前，勉強說明了來意，把眾友仙人的話如實相告，說話的過程中一次又一次因為對仙人詛咒的畏懼戰慄不已。看到她面色慘白，憂心忡忡，富於同情心的極裕仙人對她說：「美麗的女神啊，你就按照眾友仙人的話做，不然他一定會傷害你。」聽到仙人的話，娑羅室伐底想：「極裕仙人對我這樣同情，我也應該為他做好事。」她用湍流帶著極裕仙人一路向下，看到眾友仙人正手持武器，怒氣沖沖在西岸上等待極裕仙人。大河一用力氣，把極裕仙人推到了東岸上，把自己的水流變得又寬又急，眾友仙人無法渡過河流去殺極裕仙人。眾友發現自己被欺騙了，怒火中燒，詛咒娑羅室伐底河變成血河。果然，仙人的話一出口，娑羅室伐底河就開始流淌血水，看到她變成這個樣子，仙人、天神和天女個個痛心。只有啖肉飲血的羅剎最高興，他們侵占了昔日只有仙人居住的河邊聖地，暢飲河中的血水。娑羅室伐底河就這樣變成血河整整一年。

娑羅室伐底女神像

過了一段時間，一些著名的大仙人來到娑羅室伐底流域，想要再敬拜聖地，卻發現羅剎成群，娑羅室伐底河的水流中都是血汙。他們十分吃驚，就把娑羅室伐底女神召喚出來，問她發生了什麼。娑羅室伐底哆哆嗦嗦地向仙人訴說了自己的不幸遭遇。仙人十分同情，透過自己的苦行，終於使得娑羅室伐底河重新恢復了清澈。可是，昔日靠河水謀生的羅剎被斷絕了生路，他們向仙人反覆求告，娑羅室伐底河於是分出一條流淌紅色河水的支流，讓這些羅剎在河中沐浴後，擺脫了肉體，去往天國。據說，昔日因陀羅用泡沫殺死那牟質之後，那牟質的頭顱緊跟在天帝後大叫：「你這個背叛朋友的人！」天帝沒有辦法，跳入這條紅色河流才擺脫了它。

但娑羅室伐底的不幸並未就此結束。有一位優多貼仙人，是鴦耆羅大仙的兒子。月神蘇摩喜歡他，把自己的女兒、美貌無比的跋陀羅（Bhadra）嫁給優多貼為妻。但在此之前，海洋之王伐樓那就一直覬覦跋陀羅。看到蘇摩把女兒嫁給了一個手無縛雞之力的仙人，伐樓那就跑到亞穆納河畔優多貼（Utathya）仙人的住所裡，劫持了跋陀羅，把她帶到自己海底的城市中去。優多貼聽說妻子被劫，拜託那羅陀仙人向海洋之王討要跋陀羅。但那羅陀仙人磨爛了嘴皮子，貪戀跋陀羅美貌的伐樓那就是不讓她回到丈夫身邊。那羅陀仙人心情抑鬱地回到優多貼那裡，對他說：「海洋之王抓住我的脖頸，把我攆了出來，還說『跋陀羅現在是我的人，我高興把她怎樣就怎樣』。」

優多貼一聽，大發雷霆。他立即施展苦行法力，固化了海洋裡的水，把它統統吸乾，然後又對流經伐樓那城市的娑羅室伐底河說：「請你將自己隱去，不要流到海洋中，流向沙漠吧！」

沒有水源補充，昔日富饒的伐樓那領地赤地千里，變成了不毛之地。海洋之王害怕了，只好把跋陀羅交出來。優多貼討回了妻子，原諒了海洋，把它重新注滿了水。

可是一路向著沙漠走的娑羅室伐底河，越走越沒有力氣，越走水流越細。她流到今天塔爾沙漠一個叫做毗那沙那的地方時，看到許多的尼沙陀人居住在那裡，心想：「我可不要讓他們碰到我。」就鑽入了地下，從此消失不見了。而毗那沙那在梵語裡的意思，就是「消失不見」。

人們說，娑羅室伐底河在地下流淌，到了阿拉哈巴德附近，和恆河、亞穆納河合流了。可是，無論傳說怎樣，現實中它蜿蜒流入沙漠，就此不見。這條曾經聞名遐邇、水面寬廣的聖河，從此消失了蹤跡，人們也只能從古代的頌詩和傳說中，領略她的風采了。

第13章

人類的故事：太陽王朝

在印度神話中，人類居住在大地上，壽命很短，沒有與生俱來的法力。但是，通過鍛煉和修行，人類也能夠得到力量，甚至是和天神匹敵的威力。同時，在人類中也有一些出類拔萃的英雄，突破了自身的局限，以自己的力量和高尚的人格，贏得了天神的尊敬和器重。這些人中有的是具有智慧和法力的仙人，有的是出色的武士和國王。天神經常和人類交流，甚至天神之王因陀羅，也會經常派飛車降下凡間迎接勇武的人類國王，請求他們幫助天神打敗阿修羅。人類的歷史和天神一脈相承，而貫穿印度神話中人類歷史的是兩大王朝的傳說，也就是勇者輩出的太陽王朝（Suryavansh）和支系廣大的月亮王朝（Somavamsha）。

人類的歷史從太陽神的兒子、第七世摩奴開始。他在河邊洗手的時候無意間救下一條小魚，沒想到這條有角的小魚是毗濕奴的化身。他認定摩奴是腐朽的世界上唯一的義人，因此向他預言了滅世大洪水的到來，並教導他造船自救。洪水來臨之時，摩奴把船繫在魚角上，得以保存性

國王出行

命，從而成為新一代的人類祖先。

摩奴從洪水中死裡逃生來到喜馬拉雅山的時候，沒有後代。他舉行了一次求子祭，結果從乳酪等祭品中產生了一個名叫伊陀（Ila）的男子，他是摩奴的長子。後來摩奴打了個噴嚏，從鼻孔中又生出一個兒子，名叫甘蔗（Ikshvaku）。甘蔗成年後第二年就灌頂為王，定都阿逾陀城。他生下了百子，長子名為毗俱叱（Vikukshi），繼承了他的王位；次子尼彌（Nimi），開創了密提羅王國（Mithila）。由於祖父是太陽神，因此這一支王族被稱作太陽王族，又根據第一代國王的名字被稱為甘蔗王族。直系的太陽王族世世代代都定都聖城阿逾陀。

古代印度象兵

太陽王族是一支沒有懦夫的王族，來自這個王朝的國王大都勇武過人，不亞於天神，而且都具有面對強大邪惡勢力仍然不低頭的偉大勇氣。其中最著名的幾位國王有曼陀哩（Mandhatri），曼陀哩之子人王穆俱昆陀（Muchukunda），戰勝沙中惡魔的國王古婆羅娑（Kulavalashva），把恆河水引導到世間的跋吉羅陀，以活人身分升上天界的陀哩商古（Trishanku），敢於反抗羅剎魔王羅波那的勇者之王阿那蘭若（Anaranya），和因陀羅戰鬥過的羅怙（Raghu），以及羅怙的曾孫、所有印度人民心目中的頭號英雄羅摩旃德拉。

曼陀哩

曼陀哩是甘蔗王族的第九代國王。他的出生頗有喜劇色彩。他的父親是優婆那娑（Yuvanaswa），這位國王舉行過一千次馬祭和許多大祭祀，卻沒有孩子。因為這個原因，優婆那娑憂鬱地離開了都城，獨自在淨修林中修持苦行，渴望後代。他苦行中遇上了婆利古大仙的兒子，這些仙人聽說他的遭遇，非常同情，就在夜裡為國王舉行了求子祭祀。祭祀得到的聖水放在祭壇上的大罐子裡，誰喝了這水就會生下孩子。祭祀耗時耗力，熬夜舉辦完儀式的仙人都非常疲累，把罐子放在原地就東倒西歪地睡著了。正好這個時候國王路過淨修林，喉嚨乾得像被火燒，就跑進道院要水喝。可是由於喉嚨實在太乾，身體也疲乏無力，他發出的聲音嘶啞低沉，沉睡的仙人都沒聽到。優婆那娑渴得沒有辦法，在道院裡轉了一圈，看見有個大罐子裡裝滿了清涼甘甜的水，便不假思索抬起來一飲而盡。喝完之後，他頓覺得全身舒適，躺在地上便睡去了。

仙人和國王一起醒來，仙人看到罐子裡的水沒了，大驚失色地問：「這是誰幹的？」優婆那娑王老老實實地回答：「是我喝光的。」

仙人哭笑不得，對國王說：「這可沒辦法了，這水通過苦行得來，本來能夠讓你有一個強大有力、英勇無比的兒子，甚至能把因陀羅送往閻摩殿，現在你把水喝了，我們也沒有辦法挽救此事，你自己會生下這個沒有母親的兒子。」

過了一百年，優婆那娑的身子左側裂開，出來一個光輝燦爛像太陽一般的小孩。優婆那娑抱著這個孩子卻犯了愁，心想這孩子沒有母親，誰來為他哺乳呢？正在這個時候，天帝因陀羅出現了，他接過孩子，把手指放在孩子的嘴巴裡，微笑著說：「他會吮我。」於是，這個孩子得名曼陀哩（意即「吮我」）。曼陀哩吮著天帝的食指長大，長得高大無比，只要心中一想，任何天國武器，包括寶弓和堅不可摧的鎧甲都能出現在他面前。因陀羅親自為他舉行了灌頂禮。他征服了當時月亮王族的甘陀羅王（Gandhara），成為轉輪王（Chakravartin），統治著整個大地，分享因陀羅一半的寶座。

穆倶昆陀

曼陀哩有三個和他一樣威力巨大的兒子，其中次子穆倶昆陀（Muchukunda）是有「人王」之稱的大力英雄，身材雄偉，英勇難敵。當時天神和阿修羅鏖兵多年，難分勝負，因陀羅請求穆倶昆陀登上天界幫助天神作戰。穆倶昆陀加入眾神，奮勇地和阿修羅戰鬥了許多許多年，終於打敗了阿修羅。因陀羅對他說：「你作戰多年，在人間，你的家人妻女都已經離開了人世。我們很滿意你的戰績，你要什麼恩惠，除了永生，我們都給予你。」穆倶昆陀戰鬥得渾身是傷，極其疲倦，已經很久沒能得享安眠了。他說：「我想要不受打擾地休息，盡情地安睡。如果誰來吵醒我，我眼中的怒火就會把他燒成灰燼。」眾神給予了他這個獎勵。

穆俱昆陀回到人間，安眠在一個山洞裡，在睡夢中度過了漫長的時光，外面的世界滄海桑田，時間流逝，穆俱昆陀依舊在沉睡。有一天，一個膚色黝黑容貌俊美的青年突然跑進他睡的山洞，小心翼翼地避開穆俱昆陀的身體躲到了洞窟深處，他身後追趕著一個怒氣沖沖披甲帶劍的剎帝利，衝進洞來看到身材巨大的穆俱昆陀安睡不動，一腳踢到他身上大吼：「你把黑天那小子藏到哪裡去了！」穆俱昆陀被驚醒，抬眼看向踢自己的剎帝利時，那人一瞬間化為了灰燼。

這時，那個膚色黝黑的青年笑著轉出來向穆俱昆陀道謝。原來，這個黑青年是毗濕奴的第八化身、雅度族的英雄黑天，追擊他的人是他的敵人、一個邪惡的國王迦羅耶婆那（Kalayavan），黑天故意把這個傢伙引進穆俱昆陀的洞窟，性情粗暴的迦羅耶婆那果然自取滅亡。為了表示感謝，黑天邀請穆俱昆陀登上不同的天界遊覽，穆俱昆陀滿足了之後，通過苦行和毗濕奴融為一體。

古婆羅娑

古婆羅娑（Kulavalashva）也是一位英雄國王，而且是一位英雄父親。他的父親巨馬王

（Vrihadaswa）統治大地許多年之後，想要到森林中苦行。優騰迦仙人聽說後，急忙趕去找巨馬王，勸阻他說：「國王啊，你的任務是保護臣民，現在還沒有完成任務，不能去森林。在我居住的淨修林附近，有一片大沙漠，沙漠下居住著一個可怕殘暴的阿修羅王，名為通圖（Dhundhu）。他在那裡修煉嚴酷的苦行，想要毀掉三界，他的喘息之風掀起巨大的沙暴，遮蔽陽光，還會引起地震和火災。國王，為了你的臣民和世界的利益，一定要殺死這個殘忍的惡魔才行。戰鬥吧，國王，毗濕奴大神給我一個恩惠，誰敢於和這個魔鬼戰鬥，他就把巨大的威力輸送給誰，你得到這樣的威力，一定能戰勝通圖。」

巨馬王對優騰迦仙人說：「我已經年老體衰，放棄了武器，不過你不會失望而歸。我的兒子古婆羅娑堅毅勇敢，他有兩萬一千個兒子，每一個都和他一樣英勇，個個都是鐵臂勇士。他們會為民除害，殺死通圖。」巨馬王命令自己的兒子古婆羅娑帶上軍隊，幫助優騰迦仙人去誅滅通圖。古婆羅娑和自己的兩萬一千個兒子一起，帶著兵器和鏟子來到沙海。他們挖了七天沙子，挖到沙海底部，終於發現通圖躺在沙中，朝西睡著，像太陽和滅世之火一樣發熱發亮。古婆羅娑和兒子們發出怒吼，向通圖發起猛烈的攻擊。通圖被驚醒，憤怒地起身，吞吃了國王軍隊的武器，口吐火焰，燒死了國王的許多兒子。但古婆羅娑十分英勇，不曾退縮，依舊頑強地率領兒子和通圖戰鬥。毗濕奴的威力降臨到他身上，古婆羅娑身上湧出大海般洶湧的潮水，撲滅了通圖的火焰，他和剩下的兒子衝上前去，殺死了這個企圖毀滅世界的惡魔。古婆羅娑從此以「通圖魔羅」（Dhundhumara，殺死通圖者）之名聞名於世。

雖然獲得勝利，但古婆羅娑也付出了慘重的代價。他的所有兒子幾乎都在通圖噴出的火焰中犧牲，最後只剩下三人，而太陽王朝也就靠這倖存下來的三個兒子延續下去。

陀哩商古

太陽王族世世代代的王族祭司都是梵天之子極裕仙人。有一次，甘蔗族的第十七代王陀哩商古突發奇想，想要以肉身升上天界。他去找極裕仙人提出這個想法，極裕仙人說：「自古以來不曾聽說過有這種事情。」婉言拒絕了國王。陀哩商古沒有死心，又去找極裕仙人的兒子們。極裕仙人之子的脾氣不像父親那樣好，聽到國王的古怪請求，他們竟然勃然大怒，詛咒他說：「我們父親已經拒絕過了，你竟然又向我們提出這種愚蠢的要求，難道想讓我們成為逾越父親權威的兒子嗎？你就變成一個愚蠢的旃陀羅（candala）好了！」仙人的詛咒具有威力，國王立即從寶座上跌落下來，變成了一個賤民。他變成賤民之後，原先的家人和大臣都認不出他，把他從國都裡驅趕出去，陀哩商古只得四處流浪，打獵為生。

陀哩商古變成一個賤民之後沒多久，大地上發生了一次大饑荒。連續十二年的旱災讓所有的河流斷流，植物乾枯，牛也死了很多，人們沒有糧食可吃，更不用說施捨給婆羅門。陀哩商古在河岸邊遊蕩，發現眾友仙人一家餓得快要死了，眾友仙人自己此時出門在外，他的家人也不得不去偷別人的狗肉維持生命。陀哩商古心想：「眾友仙人是一位品德高尚法力巨大的仙人，家人如此遭受折磨，他心中一定非常痛苦。我倒是可以幫助他們，可是哪有人願意從一個賤民手中接受食物呢？」他想來想去，終於想到一個折衷的辦法，他把獵來的鹿肉掛在眾友仙人家附近的大樹上，自己悄悄躲開，這樣就避免了眾友仙人一家直接接受一個旃陀羅的幫助，而受到玷汙的可能。眾友仙人的家人依靠陀哩商古的幫助，終於熬過了饑荒。漫遊歸來後的眾友仙人知道此事非常感激，找到陀哩商古說：「你的恩德，我一定會報答。如果極裕仙人和他的兒子不願為你舉行祭典，幫助你升上天界，那麼我就來幫助你。」

祭司雕像

　　眾友仙人說做就做，立即開始籌備祭典。他法力威力強大，國王果然開始以肉身朝天界升去。眾神聽說這件事情，紛紛前來制止，天帝因陀羅反對得尤為厲害，他們和眾友仙人的威力對抗，陀哩商古狼狽不堪地倒懸在半空之中。眾友仙人大發雷霆，對諸神說：「因陀羅阻止我幫助陀哩商古登上天界，那麼我就以我的苦行法力再造就一個天界，那個天界不會有凝手凝腳的因陀羅。」天帝一聽，害怕了，只好同意眾友讓陀哩商古升天。不過，他只能保持頭腳倒置的姿態，處在眾友仙人新造的星宿之間。

阿那蘭若

阿那蘭若是甘蔗王族的第十二代君主。這位國王是卓絕的勇士。當年，羅剎魔王十首羅波那橫行大地的時候，只有阿那蘭若敢於率領軍隊反抗羅波那的暴行。十首王打散了阿那蘭若的軍隊，英勇的國王依舊孤身一人留在戰場上對抗魔王。當羅波那打倒他時，奄奄一息的阿那蘭若說：「你儘管得意吧，終有一天你會死在我的後人手裡。」果然，許多代之後，羅波那死在了阿那蘭若的後代、太陽王族的第四十一代國王羅摩手中。

第 14 章

人類的故事：月亮王朝

月神蘇摩之子、水星布陀是月亮王朝的先祖。他和由男變女的摩奴長子伊陀結為夫妻，開創了這個偉大的世系。

伊陀的遭遇十分奇特。他很喜歡打獵，有一次，在遊獵的時候，他無意誤闖進雪山神女和濕婆的園林，驚訝地發現濕婆為了取悅雪山神女，竟然變做女性與妻子遊樂。在此期間，森林中所有的生物，無論動物還是植物都變成了雌性。伊陀發現自己也變成了女性，驚惶失措下，他向濕婆苦苦哀求，濕婆大笑起來，回答說除了讓他變回男性，什麼恩惠都可以給予伊陀。伊陀又向雪山神女帕爾瓦蒂哀求，雪山神女答應讓他一個月變成女性，一個月變回男性。不過，伊陀變成男性的時候沒有女性的記憶，變成女性的時候沒有男性的記憶。

濕婆和妻子

失去記憶的伊陀變成一個漂亮的女子，漫無目的地在大地上遊蕩，恰好被蘇摩之子布陀看見，布陀對她一見鍾情，把她帶回家做了自己的妻子。一個月後，伊陀恢復性別和記憶，慌慌張張從布陀的王宮裡逃出來，回到自己的國家。過了一個月，他變回女性，又回到了布陀身邊。

布陀與由男變女的伊陀生下了洪呼王，統治西方的月亮王族的第一個國王。他是個強大而又主持正義的國王，統治過許多土地遼闊的國家以及大洋中的島嶼。他的品德可與天神媲美。

那時候，天上最漂亮的仙女廣延天女告別天神和乾闥婆，來到人間。很久之前，阿底提年長的兒子密多羅和伐樓那在天上難陀那林苑見到了廣延天女。他們都愛上了她。強大的密多羅娶廣延天女為妻，但仙女卻傾心於伐樓那。密多羅知道廣延天女背叛了自己之後，把她趕出天堂，並詛咒她命中註定將成為凡人的妻子，生活在人間。廣延天女來到人間，遇到了洪呼王。她一見到國王就忘卻了天上的瓊樓玉宇，一心一意地愛著他。洪呼王被天女的姿容所震驚，一見鍾情，請求這位天女作自己的妻子。廣延天女說：「這沒問題，你可以每天用蘆葦做成的杖打我三次，但你不能違反我的意願和我交合，也不要讓我看到你的裸體，這是我們天女的規矩。」洪呼王答應了。

他們幸福地生活了四年，廣延天女完全忘卻了天堂的優裕生活，懷有身孕。但是，對於乾闥婆和阿布娑羅來說，沒有廣延天女，天堂也就失去了光彩。他們思念她。乾闥婆認為要想辦法把洪呼王和廣延天女分開，好讓廣延天女回到天界。

廣延天女有兩隻羊羔，她愛惜牠們如同親生的孩子，讓牠們永遠睡在自己的床頭上。一天晚上，乾闥婆潛入國王和仙女的寢宮，抓走了一隻羊羔。廣延天女被驚醒，發現少了一隻羊羔時，她傷心地哭訴起來：「哎呀！賊把我的兒子帶走了，我好像沒有保護人，沒有丈夫！」洪呼王心想：「既然我在這裡，怎麼能夠說她沒有保護人也沒有丈夫呢？」第二天夜裡，乾闥婆又來牽另一隻羊羔，這次，洪呼王毫不猶豫立即從床上跳起來，持劍撲向盜賊，他心想，黑暗中妻子是看不見他赤身露體的。乾闥婆立刻抓住機會，放出閃電之光，把宮殿照耀得像白晝一樣。廣延天女看見了赤條條的丈夫，驚叫起來：「我只能離開了！」

洪呼王抱著搶回的羊羔衝回寢宮，發現妻子已經不見了。國王傷心至極，到處遊蕩尋找愛妻，經過了許多國家，最後來到俱盧原野（Kurukshetra），在這裡，他看到一個明淨的湖泊，許多天鵝暢游其上。其實，這些天鵝是天女變化而成，其中也有廣延天女。她見到國王後對其他天女說：「這就是我所喜愛的那個人。」天女看到國王愁眉不展，在湖泊前徘徊，對廣延天女說：「我們讓他見見吧？」廣延天女點頭應允。天女在國王面前顯露真容，洪呼王認出廣延天女，苦苦哀求起來：「我的愛妻，你為什麼如此鐵石心腸離我而去？讓我們重歸於好吧！我們一定坦誠相見，否則你我都會失去快樂。」

廣延天女回答：「我與你有什麼好說的！我就像朝霞一樣的走了，你回去吧！我如風一般，你是無法將我留住的！你沒有遵守誓言，回家去吧。」

洪呼王十分悲傷，對廣延天女說：「如果你不跟我回去，我只好自盡或者消失，讓自己去餵狗。」

廣延天女說：「別尋死覓活的，女人的心就和鬣狗一樣無常。國王，回家去吧！」

話雖如此，廣延天女看到洪呼王心碎的樣子，還是心軟了。她對洪呼王說：「今年的最後一個夜晚，你再到這裡吧。我和你會在此共度，那時候我將生下我們的兒子，他現在正在我的腹中。」

一年過去了，國王舊地重遊。他看到原是湖泊的地方聳立了一座金色宮殿。廣延天女從宮中走出來說：「今晚我與你待在一起，明天乾闥婆將會前來，滿足你一個願望，那時你就說『我想成為你們中的一員』。」

第二天早上，洪呼王按廣延天女的建議對乾闥婆說：「我要成為你們中的一員。」乾闥婆回答說：「要成為乾闥婆需要用聖火獻祭，人間沒有這樣的火。」他們把天上的聖火放在一個火盆裡，交給國王帶回去。

洪呼王帶著兒子和火盆走到森林裡，累得走不動了，把火留在林中，心想：「我回來再取。」他把孩子帶回宮殿，又返身回去取火，沒想到火盆不見了，曾是火的地方聳立著一棵無花果樹，火盆則變成了另外一種大樹。洪呼王從兩棵樹上各採一根枝條帶回宮中。他用樹枝相互摩擦得到了聖火。洪呼王以這種祭典獲得了乾闥婆的本性。他又能與自己心愛的廣延天女相會在一起。他們的兒子叫做阿逾娑（Ayu），意思是長壽王。

然而，洪呼王到了年老的時候卻財迷心竅，竟然發動軍隊搶奪婆羅門的財產。憤怒的婆羅門詛咒洪呼王，他因此而不光彩地死去了。阿逾娑繼承了父親的王位，傳承了月亮王族的世系。

得人民厚愛。

友鄰王

廣延天女和洪呼王生下的兒子名叫阿逾娑，阿逾娑的兒子叫做友鄰。他不僅具有剎帝利的一切勇氣、武藝和力量，更有無上的美德，是以睿智謙遜聞名的賢王，統治大地期間，深得人民厚愛。

此時，在天界發生了一些意外事件，竟然最終將友鄰王推上了天帝的寶座。

事情還要從天神和阿修羅之間的敵對講起。阿底提的兒子陀濕多是因陀羅的兄長，天神的工匠，他創造了許許多多罕見的物品，為眾神鑄造兵器，建造天庭宮殿。但是他的妻子卻是一位阿修羅族的公主。她生了一個長著三個頭的兒子，名字叫做萬相。她還為陀濕多生了一個女兒，也就是太陽神的妻子、雲的女神娑羅尼尤。陀濕多之子萬相，面目非常可怕。一張面孔如太陽，一張面孔如月亮，第三張面孔如同火焰；一張嘴吟唱吠陀頌歌，一張嘴喝酒，一張嘴吞噬周圍的一切。他具有非凡的智力，曾經是個偉大的苦行者。祭主之前，天神的首席祭司就是萬相。因為他是阿修羅的外甥，所以他吃裡扒外，公開給予天神祭品，背地裡也給阿修羅祭品。

當時統治阿修羅的是底提的次子希羅尼耶格西布。他不滿足萬相只是私下裡和阿修羅聯絡，偷偷找到萬相的母親，對她說：「你兒子公開給天神祭品，他們光明正大地接受，因此力量增長；我們偷偷摸摸接受祭品，結果力量被削弱了。讓你兒子表明態度吧！不能這樣下去了。」

萬相的母親於是勸說萬相公開投向阿修羅這邊，萬相不願意違逆母親的意願，就乾脆投到希羅尼耶格西布那裡，去做阿修羅的祭司。因陀羅擔心他會因刻苦修行獲得威力。為使萬相喪失力量，天帝招來一些最漂亮的阿布娑羅，吩咐她們說：「你們快去勾引陀濕多之子，讓他沉溺享受，忘記苦修。他令我感到十分害怕，恐懼不安。」天女聽從因陀羅的吩咐，來到萬相的住處。她們以充滿柔情蜜意的眼神和令人銷魂的動作來引誘他。萬相對面前賣弄風情、走來走去的天女毫無興趣。他控制住自己的欲望，猶如漲潮時候的大海般寧靜。

天女徒勞無功，只好返回天宮，向因陀羅報告了自己的失敗。她們走了以後，天帝陷入沉思。萬相背叛了天神，但是不能殺死他，因為他是婆羅門出身，殺害婆羅門是最大的罪孽。可是天帝又不能把他拉到自己一方，思來想去，因陀羅找不到解決的辦法，終於決定不惜一切代價也要除掉萬相。他來到萬相苦修的森林中，向他投出雷霆轟鳴的金剛杵。萬相沒有防備，倒在地上死去。看著他巨大的三頭屍體，天帝自己也不寒而慄，由於苦行的威力，萬相的屍體雖死猶生，依舊光芒四射，讓因陀羅心神不寧。他找來一個樵夫，砍掉了萬相的三個腦袋。

陀濕多知道因陀羅幹了這件事之後，大發雷霆，他紅著眼睛說：「我兒子一貫堅守苦行，沒有缺陷，心地寬容，毫無罪過，竟然被天帝殺死了。我要製造因陀羅的敵人，殺死驕傲的天帝，讓世人見識見識我的威力。」他用蘇摩酒和火製造了一個可怕的怪物——巨龍弗栗多。這條巨龍一出生，就聲如雷鳴地對父親說：「您要讓我做什麼？」陀濕多大喊：「殺了因陀羅！」

弗栗多占據了人間和天國，天神焦慮不安，紛紛向因陀羅呼籲，請他去戰勝巨龍。因陀羅帶領自己的軍隊，勇敢地衝向弗栗多，巨龍見天神襲來，頓時發出可怕的咆哮聲，並從口裡噴射火焰。天神嚇得奪路逃跑，只剩下無所畏懼的因陀羅隻身向巨龍撲去。

弗栗多張開可怕的血盆大口，抓住天帝，把因陀羅囫圇吞了下去。濕婆派遣呵欠之神去巨龍那裡，結果弗栗多打了個呵欠，忍不住張開大嘴，天帝趁機把自己縮小，從巨龍的肚子裡面溜了出來。然後，勇敢的因陀羅又再度和弗栗多陷入死鬥。他高高舉起金剛杵，朝弗栗多狠狠砸去，殺死了弗栗多。

殺死魔龍

巨龍臨死前發出一聲慘叫，使天空震動。因陀羅自己也嚇得夠嗆，頭也不回地跑開了，也沒敢確認弗栗多死了還是沒死。他一口氣跨過了九十九條河，來到了世界的盡頭，跳到湖裡，藏在一節蓮藕之中。

弗栗多和他的兄長萬相一樣，都是婆羅門。這樣，天帝犯了殺害祭司的最嚴重罪行。由於這可怕的罪行，因陀羅都不敢返回自己的天國。在很長一段時間裡，他始終躲藏在蓮藕裡，修煉苦行，希望洗清罪孽。

沒有天帝的統治，天界變得一片混亂。所有的天神都互相說：「我們必須找一個人來代替因陀羅治理我們。」經過商議，大家一致認為當時統治大地的月亮王族國王友鄰王德才兼備，是最合適的人選。於是，眾神派出使者，去找友鄰王，請他登上天界，代替因陀羅作為天帝統治天國。

友鄰王誠惶誠恐地說：「我只不過是一介凡夫，怎麼有資格和能力統治長生不老的天神呢？」一開始，他並不同意。後來，梵天親自把他找去，對他說：「國王啊！我授予你甘露，以便讓你具有和天神同樣的力量。同時，我還要給你一個恩惠，任何人只要在你目光所及的範圍內，就必須受你驅使。擁有甘露和我的恩惠，你就放心地代替因陀羅統治天國吧！」

友鄰王這才勉強答應下來，登上了天帝的寶座，頭戴五十顆星辰所做的光環，輝耀四方、不可逼視。他目光所及之處，人人都要服從他的力量。一開始，友鄰王謹慎地行使天帝的權力，即使成為了眾神的首領，他依舊依照儀規，敬拜眾神；作為一個統治者，他禮賢下士，規規矩矩，一絲不苟。然而，時間過去，流亡的因陀羅依舊沒有任何音訊傳來，友鄰王覺得自己作為神首前途無量，便漸漸變得傲慢起來，拋棄了過去一切美德。他不再施捨，不再兢兢業業治理國土，被財富和權力沖昏了頭腦，讓自己沉溺在享樂中。他對治下的臣民態度也變得日益惡劣無禮，對仙人和提婆頤指氣使。天國人民憤懣不平，覺得自己真是選錯了國王，但出於梵天的恩賜，沒有人能起來反對友鄰王日漸昏庸的統治。

到了後來，友鄰王的行為越來越出格了。自從因陀羅逃亡之後，天后舍質獨自一個人在王宮裡生活。有一天，友鄰王無意之間見到了天帝之妻嬌豔的美貌，立即對她垂涎三尺。他找到舍質，用種種無禮荒唐的話語騷擾她，意欲占有天后。舍質不堪其辱，哭泣著跑出去，躲到了祭主那裡。

友鄰王知道舍質躲藏在祭主處，大發雷霆，仙人規勸他放棄邪念，友鄰王還振振有詞：「因陀羅自己也曾經霸占過仙人的妻子阿訶厘耶，我為什麼不能享有他的妻子？過去，他做過許多非法、殘忍、詐騙的事情，那個時候，你們怎麼不規勸他？」他執意要舍質來服侍自己。由於害怕他目光的威力，天神和仙人不得不來到祭主家裡，勸說祭主把舍質交給友鄰王。舍質一聽，悲傷地痛哭起來。

祭主說：「我曾經答應保護舍質，此時就不會食言。我絕對不會交出舍質。」

諸神說：「我們也知道不應當屈從友鄰王的淫威，但他能讓視線之內的人都服從他，我們別無他法。導師啊，想個辦法吧。」

祭主沉思片刻，對舍質說：「沒有辦法，現在這個惡人正在權勢頂端，只能暫時對他虛與委蛇。你懇求他，拖延一點時間，這段時間我們再想辦法。」

舍質來到友鄰王處，對他說：「我希望你能再給我幾天時間。我的丈夫不知道跑到哪裡去了，不知道他出了什麼事情，我於心不安。一旦知道他的下落，我就嫁給你。」

友鄰王看著舍質的美貌神魂顛倒，聽了這些話十分高興，就同意了。舍質回到王宮中，急忙向黑夜女神拉德莉祈禱。黑夜女神派出神諭天女，舍質跟隨著神諭天女，越過許多王國和山林，尋找因陀羅，終於在一個池塘的蓮藕孔裡發現了逃亡的天帝。

舍質對丈夫哭訴友鄰王的暴行，因陀羅安慰自己的妻子說：「友鄰只是一時得意，他任意妄為，很快就會遭到懲罰。下次他再來騷擾你的時候，你讓他坐著仙人抬著的轎子來見你。果報很快就會在他身上實現。」

舍質聽了這話，回到天宮。友鄰王果然又來糾纏她。天后對友鄰王說：「沒有比坐仙人抬著的轎子更威嚴、更豪華的儀仗了。你坐在仙人抬著的轎子上來找我吧！這樣，我便會服從你的意願。」

友鄰王一聽，大喜過望，他被情欲沖昏了頭腦，便急急忙忙命令仙人為他抬轎子見舍質。

因陀羅和舍質

恰好在這個時候，婆利古仙人去找投山仙人，對他說：「大智者啊，我們憑什麼要容忍友鄰這個無賴神首如此這般胡作非為呢？」

投山仙人說：「他的所作所為，我也看不下去了，可是他有梵天的恩惠，能夠擺布進入他視線範圍的所有人。這樣一來，即使是仙人中的魁首也無法咒倒他，我們也無能為力。」

婆利古說：「我可以變小身體，鑽進你的髮髻，這樣他無法看到我，我們可以見機行事。」投山仙人一聽，便高興起來。他們依計而行，婆利古仙人剛剛藏進投山仙人的髮髻，友鄰王就急匆匆跑來了。他被欲望驅使，心急火燎地對投山仙人喊：「快快，來為我抬轎子，我要坐著轎子去見美麗的舍質，這樣她就會屬於我了。」

投山仙人默不作聲，和其他仙人一樣，忍氣吞聲地扛起轎子，馱著友鄰王往舍質王后的住處走去。婆利古仙人小心翼翼把自己藏在頭髮中，不讓友鄰王看到。友鄰王想到很快就能得到舍質，急不可待，一個勁用驅趕大象牛羊的刺棒驅趕仙人。投山仙人心存正法，並不生氣，但友鄰王反而越發不耐煩，竟然用腳猛力踢德高望重的投山仙人的腦袋，大聲喊：「快走，快走！」

就在這個時候，藏身投山仙人髮髻之中的婆利古仙人怒不可遏地對友鄰王發出詛咒：「該死的傢伙，既然說『快走』，那你就變成一條蟒蛇到地上去爬著吧！」梵語中「快走」和「蛇」是同音的，詛咒一出口，趾高氣揚的友鄰王便瞬間委頓在地，連婆利古仙人在哪裡都沒有看到，就變成了一條蟒蛇，在地上蜿蜒爬行。

可是，憑著過去的苦行和美德，儘管變成了蛇，友鄰王還保存著意識，他懇求仙人為自己的詛咒定一個期限。看他話說得如此可憐，投山仙人動了惻隱之心，替友鄰王對婆利古求情。婆利古也可憐起這位昔日的人中英傑來，於是說：「你要變成蟒蛇一千年。一千年後，會有一位名為堅戰（Yudhisthira）的賢王誕生，他是你的後裔。當他遇上你的時候，你就能擺脫蛇形，重新升上天國。」

懲罰了友鄰王之後，以火神阿耆尼為首的眾神迎回了躲藏在蓮藕中的因陀羅。因陀羅把殺害婆羅門的罪行分散給山川河流，再度變得潔淨。梵天為他灌頂，天帝於是再度成為天國的主宰。為了感謝把他迎回天國的眾神，因陀羅分封八方，從此有了阿耆尼、蘇摩等八位護世天王。

迅行王與天乘

友鄰王登上天界後，他的兒子迅行王（Yayati）代替他治理大地。有一天，迅行王到森林中打獵，追逐一隻野鹿追了很久，口乾舌燥，急著找水喝。他發現不遠處有一口井，就走到井旁往裡面望。這一望不打緊，迅行王嚇了一跳：井裡沒有水，倒是坐著一名妙齡少女。

這個少女就是阿修羅的導師太白仙人的女兒天乘。在雲發離開她之後，她繼續陪伴在父親身邊生活。有一天，她和一群女伴去池塘裡洗澡，洗到一半，濕婆和妻子帕爾瓦蒂騎著白牛路過。少女們感到害羞，手忙腳亂地去抓衣服遮掩身體。慌亂中，天乘抓錯了阿修羅王牛節的公主多福（Sharmishtha）的衣服。兩個姑娘爭吵起來，多福就用力把天乘推進枯井裡，看也不看一眼就回到阿修羅的都城去了。

天乘坐在井裡正在發愁，突然看到一名年輕武士往井下望，於是急忙呼救說：「我是太白仙人的女兒，請拉著我的手把我拉上去吧！」

迅行王拉住天乘的右手，把她從井底救了上去。然後向她彬彬有禮地道別，回自己的國度去了。

天乘回到父親家裡，對太白仙人蘇羯羅訴說了事情的全部經過。太白仙人聽說之後，便懷著滿腔憤怒來到阿修羅王牛節面前告狀，牛節害怕得罪他，打發多福去侍奉天乘作為賠罪。心高氣傲的多福沒有選擇，只好忍氣吞聲做天乘的奴僕。

幾年之後，天乘又回到那口枯井所在的森林中玩耍，恰好迅行王為了獵鹿又來到了這個地方。他看到天乘被侍女們簇擁著，姿容妙曼，閃閃發光，宛如星辰，心裡覺得很驚奇。他走上前去，向她行禮，恭敬地問：「美人啊，為什麼我覺得你有點面熟？」

天乘微笑著說：「國王呀！幾年前就在這個地方，你從枯井裡把我救起來，你忘記了嗎？請你按照約定，娶我為妻吧！」

迅行大吃一驚，對天乘說：「我什麼時候做過這樣的約定？何況你是婆羅門，我是剎帝利，我如果娶你，就是逆婚。你應該嫁給同樣出身的仙人才對，我配不上你。」

天乘說：「當初你把我從井中救出的時候，拉了我的右手，按照正法，你已經是我的丈夫了。我既然已經被人碰過，豈能再讓別的男人接觸？我在世界上絕不選其他人做丈夫了。」

但是，迅行王害怕太白仙人發怒，還是不敢應允。天乘急忙差人去找自己的父親。蘇羯羅來到森林中，看到迅行王威武英俊，感到很滿意，就對他說：「我愛女選中你做她的丈夫，我就把她許給你。你要娶她做王后，至於種姓混亂引起的罪過，我就替你消除了。」

聽了這些話，迅行王就接受天乘為自己的妻子。太白仙人送給女兒許多嫁妝，其中也包括作為女僕的阿修羅公主多福。

迅行王帶著妻子回到自己的都城，過著天神般的快活日子。不久之後，天乘為他生下了一個兒子。可是此時多福再也忍受不住寂寞，她趁著天乘不注意，施展自己的魅力，偷偷勾引迅行王。

迅行王對多福說：「太白仙人在把天乘交給我的時候就警告過我，不要上你的床。何況，我也不能容忍自己弄虛作假。」

可是，狡黠的多福滿面笑容，說了一大番似是而非的道理，證明男人拒絕勾搭自己的女人是犯罪，迅行王聽了，動搖起來，加上多福的確美貌驚人，就沒頂住誘惑，和她勾搭成姦了。不久，多福生下一個漂亮的兒子，貌如天神，目如青蓮。

天乘聽說多福生了個孩子，就怒氣沖沖地去質問多福是不是勾引了迅行王。多福撒謊說這個兒子是和一個路過的仙人生的，天乘相信了她的話，回到王宮去了。

幾年之間，迅行王和多福生了三個兒子，和天乘則只生下兩個兒子。天乘全不知情，直到有一天她和迅行王一同外出，在森林裡看到三個貌如天神的孩子在無憂無慮地玩耍。她看到他們長得很像迅行王，不由得懷疑起來。這三個孩子看到迅行王，跑到他身邊拉著他的衣服叫爸爸。迅行王窘迫萬分，不敢回應，三個孩子便哭著去找母親了。天乘仔細一想，立刻明白了真相。她憤怒地去找多福，多福泰然自若地回答：「我可沒有撒謊，迅行王是位王仙，也是仙人啊！你按自己的意願選擇他做丈夫，我也按照自己的願望選擇他做丈夫，這有什麼錯？」

天乘氣壞了，對迅行王說：「你犯下了大錯。」就流著眼淚飛奔著離開了他。迅行王很害怕，在後面追趕她，好言勸慰，天乘全然不聽，跑到父親太白仙人那裡，訴說自己所受的委屈。蘇羯羅聽了事情經過，也很生氣，把國王召來對他說：「我已經警告過你，你卻置之腦後，為了尋歡作樂做出越軌的事情來。你等著吧！衰老會立刻征服你，你會變得老態龍鍾、手腳顫抖，再也沒法尋花問柳。」

受到詛咒，迅行王果然立刻就變成了一個老人，失去了青春年華。迅行王急忙求情，蘇羯羅說：「如果有人可以接受你的老年，和你互相交換，你就能繼續享受青春。」

迅行王於是去找自己的兒子。他對長子雅度（Yadu）說：「兒啊，請你為父著想，接受我的衰老，把你的青春給我吧，一千年後，我再把青春還給你。」

雅度噘著嘴說：「老年人不能騎象，不能驅車，不能享受女色，我才不要接受你的老年。」

迅行王又接著問了自己的次子、三子和四子，得到的都是同樣的回答。迅行王大怒，詛咒他們說：「你們是從我心中生出的，卻輕蔑地對待自己父親的不幸。你們和你們的後代都不能繼承我的王位！」

他又找到自己最小的兒子補盧（Puru）。補盧聽了父親的請求，很乾脆地說：「爹爹，你就從我身上取走青春盡情享受吧。」迅行王大喜，宣布把補盧封為王儲。他重新獲得青春，盡情享受的同時也依照正法治理國家，用祭祀取悅天神，對待人民寬厚仁慈。一千年過後，他依照約定，把青春還給了補盧，之後退隱到森林中，修行嚴格的苦行。他整整苦修了一千年後，終於登上了天堂。

沙恭達羅

補盧繼承了父親的王國十數代之後，統治大地的國王是豆扇陀（Dushyanta），他年輕、威武、英俊，具有種種美德，並且喜歡狩獵。有一年春天，豆扇陀又登上戰車，來到森林裡打獵消磨時間。他順道去拜訪了摩哩尼河邊上甘婆仙人（Kanva）的淨修林，此時正是春天，園中的樹木花團錦簇，朵朵繁花幾乎壓彎了新生的鮮嫩枝條，枝頭迴響著鳥雀的啼啾和蜜蜂輕柔的和鳴。忽然，豆扇陀發現三個淨修的女郎拿著水壺正在給幼嫩的花樹澆水，便急忙躲到了花叢裡。

其中有個少女，粗糙的樹皮衣遮不住她青春洋溢的身軀，雙眼如鹿眼般澄淨。女伴拿她打趣，不時地叫她：「喂！沙恭達羅！」

豆扇陀對沙恭達羅一見鍾情，她的一投足、一舉手都是那樣優雅，英勇的國王幾乎要為之窒息了。他心旌搖曳，猶豫著要不要立刻走出來和這幾位美貌的姑娘相見；正在此時，花間飛出一隻小蜜蜂，受沙恭達羅身上淡香的吸引，竟圍著她打起轉來。沙恭達羅急忙朝她那兩個愛笑的女友求救。可她們卻笑著說：「我們倆怎麼能救你呢？請豆扇陀來吧！因為我們的淨修林正是由國王保護的。」國王一聽，迅速地走出來，大聲說道：「我就是保護淨修林的豆扇陀。誰敢對淨修女有如此無禮的行為？」

三個嬉鬧的女郎因突然出現的國王吃了一驚，不知所措地轉頭看著他。沙恭達羅驚恐地低下頭，站在那裡，一聲不吭。她一看到英俊瀟灑、溫文有禮的國王，內心就一陣騷亂，這是她從來沒有過的奇異感覺。這時她的好友走過來，請國王到樹下的祭壇上歇一歇，沙恭達羅趁此機會，悄悄地轉到草棚裡，為這位尊貴的客人端出獻禮和鮮花。

沙恭達羅和豆扇陀

看著嬌羞含情的沙恭達羅，聰明的女友對國王講述了沙恭達羅的身世。原來，眾友仙人想要從剎帝利變成婆羅門，他修苦行的嚴酷程度讓天神都害怕了，於是他們就派了仙女彌那迦來引誘他，破壞他的道行。彌那迦生下女兒後，就把嬰兒遺棄在小河邊，返回了天庭。甘婆仙人去河裡沐浴時，看到了躺著的嬰兒，鳥獸都不來傷害她，沙恭鳥還圍在一起翱翔保護她，於是就把這個女孩子抱回家撫養，起名沙恭達羅。

沙恭達羅無聲地為國王倒水贈花，國王熱烈的目光在沙恭達羅的臉上逡巡不去。正在這時，林子外突然響起了一片嘈雜聲。原來，是一隻野象被跟隨國王狩獵的士兵驅趕，闖進了淨修林。少女們一時間大驚失色，互相攙攏著趕回茅屋中暫避；沙恭達羅走在最後，她欲行又止，含情脈脈地回頭看了國王一眼，跟著她的好友走了。國王也只得戀戀不捨地回頭離去，指揮他的士兵將這隻煞風景的大象引出法林。

沙恭達羅那一眼，令國王銷魂，他無意回城了，就讓隨從在離淨修林不遠的地方駐紮下來。

夜晚降臨，豆扇陀按捺不住，悄悄地離開自己的營地，走向那座和沙恭達羅初遇的、由蘆葦和蔓藤做成的亭子。他悄悄向亭子裡望去，果然看到沙恭達羅斜倚在一塊鋪滿了花朵的石頭上，面有病容。兩位親密女友正在用荷葉為她搧風。

「從那天第一次看到國王起，沙恭達羅就鬱鬱寡歡。」一個女友說。

沙恭達羅咬著唇，紅了臉，「因為從那以後，我總是想著他，就搞成現在這樣子了。」

「謝天謝地！你愛的人真跟你配得上。」明白了真相的兩女友放心了，她們攛掇沙恭達羅寫一封情書，藏在花裡，當作是剩下的敬神貢品，交到國王手裡。

她倆找來一張綠綠的荷葉，沙恭達羅便把詩用指甲刻在上面。國王再也按捺不住自己，衝了出來，激動地說：「愛情只使你發熱，但卻在不停地燃燒著我。」

「啊！愛情的果實這樣快就成熟了。」兩個女友滿意地笑了，找藉口離開。沙恭達羅急了，也想跟著走，被國王一把抓住。沙恭達羅連忙說：「請您鬆手！我自己做不了主，這裡到處都有仙人。」

豆扇陀說：「好姑娘！有什麼好害怕的呢？仙人的女兒是用乾闥婆的方式結婚的，尊敬的甘婆大仙是深通法典的，他不會生氣的。」

沙恭達羅掙脫了他的手，用荷花蕊做成的鐲子掉落在地上。她邁出亭子，卻聽見國王在身後含笑吟道：「好姑娘！你無論走得多麼遠也走不出我的心，就像黃昏時刻的樹影拖得再長也離不開樹根。」

沙恭達羅的情書

聽到這席話，沙恭達羅心中歡喜不已，卻又不好意思再回亭中去，就躲到了路旁的花叢中，想聽聽國王還會說些什麼。她看到國王彎腰拾起鐲子，放在自己的胸膛上，那樣子就如擁著自己心愛的姑娘一般。「哎，這不是她的荷花蕊鐲子嗎？呵，一碰到它真舒服啊！是它的力量使我在愁苦中把信心建起！」聽到這深情的話語，沙恭達羅又轉了回來。國王看到她，大喜過望，趕忙迎了上去。他們通過乾闥婆的方式偷偷結合了。

然而，沒過多久，狩獵季節過去了，國王帶著他的人馬班師回朝。一對相愛的人依依不捨地離別，剩下的便是惆悵和長久的守望。

這天沙恭達羅坐在茅屋中，又在怔怔地出神，思念著她的心上人。脾氣奇差無比的敝衣仙人，恰好在這個時候走進茅屋來看望甘婆和沙恭達羅。沙恭達羅絲毫沒有覺察到仙人正走進屋來。敝衣仙人向沙恭達羅行了禮，又連著問候了兩聲，可是沙恭達羅竟都沒聽到。敝衣仙人立即怒火中燒，拂袖而去。

正好這個時候沙恭達羅的兩個女友回來，她們倆見敝衣仙人從茅屋中走出來，氣得連邁步都有點發抖，一邊走一邊對還在發呆的沙恭達羅詛咒說：「你心裡只有你那個人，別的什麼都不想念，你那個人絕對不會再想起你來。」

兩個女友失聲叫道：「糟了！」她們倆迅速放下手中的花，跪請敝衣仙人息怒。敝衣仙人說：「我的話既然說出去，就不能不算數。但是，只要她的情人看到他給她作為紀念的戒指，我對她的詛咒力量就會消失。」說完頭也不回地走了。

女友鬆了口氣，相互說：「現在可以放心了。國王曾經把一枚刻著自己名字的戒指套在沙恭達羅的手指上，說是作為紀念。希望就寄託在這枚戒指上面了。」

國王離開後沒幾天，甘婆仙人就回來了。他一進淨修林，就覺察出異樣來。等進到屋中，見到已然懷孕的沙恭達羅，一下子就明白了事情的緣由。作為父親，他非常滿意女兒的這門親事。他熱烈地擁抱了自己親愛的女兒，又大聲為她祝福，並且對她說：「我將擇日找一些仙人陪著你，把你送到你丈夫那裡去。」沙恭達羅聽到這番話，真是如釋重負。

在沙恭達羅啟程的那天，她和兩名好友抱頭痛哭，難捨難分。兩名好友告訴沙恭達羅：如果那位國王一時想不起她來的話，就把鐫著他名字的戒指拿給他看。

豆扇陀國王回到京城後，日理萬機，為他的臣民辛勤工作。敝衣仙人的詛咒似乎發生了作用，國王完全不記得沙恭達羅。這一天，使者向他通報，淨修林中的苦行者帶著女人來了。

國王吃了一驚，走進招待廳，迎面看到了沙恭達羅。豆扇陀的心猛地一跳，為這姑娘的美暗暗讚歎著。沙恭達羅透過面紗，悄悄地望著自己日思夜想的心上人，可是看到他對自己並沒有另眼相待，卻又覺得無比蹊蹺。難道這中間出了什麼差錯？

國王朝護送沙恭達羅來京城的兩個甘婆仙人弟子鞠了一躬，謙恭地說：「請問甘婆大仙有何見教？」

甘婆仙人的弟子回答說：「仙人說，由於雙方同意，你已經娶了他的女兒，這件事情，他衷心喜悅地同意。這次派我們來，是護送你那已懷孕的妻子回到你的身邊。」

國王臉上驚疑不定，過了好一會才說道：「這是怎麼一回事呢？我以前同這位小姐結過婚嗎？我怎麼全然想不起來有這麼一回事？」

一聽這話，沙恭達羅滿懷柔情的心如同被一桶冷水劈頭淋下，渾身就像掉進了冰窖裡。

仙人拉過沙恭達羅，取下她的面紗說：「不必害羞，這樣好讓君王認出你來。」沙恭達羅千嬌百媚的模樣讓所有在場的人傾倒，猶疑的國王一面驚豔於沙恭達羅的美貌，一面卻仍然不承認他們之間的婚約。「我想了再想，我實在想不起來曾同這位小姐結過婚。我怎麼會是她的丈夫，她顯然已經有了身孕，我要怎樣對待她呢？」

沙恭達羅聽到這，臉色霎時一片死灰，她傷心地對國王說：「夫君呀，以前在淨修林裡，你信誓旦旦，引誘我這個天真無邪的人，現在卻用這些話來拒絕，這難道合理嗎？」豆扇陀大叫起來：「住口，住口！你處心積慮想盡方法來誣衊我的家聲，毀壞我的名譽！」

「如果你真疑心我是別人的妻子的話，那麼我就用一個標記來破除你的疑慮。」說著，沙恭達羅顫抖著舉起右手，想要把當初國王為賠禮道歉而贈送給她的指環展示給國王。可是，當她摸向戴著指環的手指時，才發現她的指環不知什麼時候已經脫落不見了。

沙恭達羅這一下欲哭無淚，國王盯了她一眼，輕蔑地哼了一聲：「女人真會急中生智呀！」

沙恭達羅仍抱著一絲希望：「你忘記了嗎？有一天，在蔓藤亭子裡你用手去捧那些積聚在荷葉杯裡的水，就在這時，有頭小鹿走來了，你說：『這一個應該先喝水。』於是就給牠水喝。但牠卻不從生人手裡喝水。可是我手裡捧了水，牠就信任地喝了。同時你笑著說：『所有的東西都信任自己的夥伴，你們倆都是林中的居民。』」

國王依舊沒有半點反應，他冷笑道：「我不會被你的甜言蜜語所迷惑。」

聽了國王這話，沙恭達羅簡直怒不可遏了，她上前一步，大聲怒斥：「卑鄙無恥的人！你以小人之心度君子之腹，誰還能像你這樣披上一件道德的外衣，實在是一口蓋著草的井！」

她咒罵自己的命運，失聲痛哭。突然天女廟旁閃起了一道金光，樣子像一個女人，把她高高舉起，就一起消逝得無影無蹤。原來，聽到了沙恭達羅悲慘的哭訴，她的生身母親——天女彌那迦再也不忍心，於是降臨凡間，帶著女兒回天國去了。

眾人都驚愕不已。過了良久，國王長歎一聲，說道　：「現在想它還有什麼用處呢？請休息吧！」他這樣說著，便回轉到後宮去歇息。

沙恭達羅走了，國王也恢復了他平日裡繁忙的政務生活。這天，巡邏的士兵逮到了一個漁夫。這個漁夫明明窮困潦倒，可是手中居然有一枚刻有國王名字的寶石戒指，他想將它在集市上賣個好價錢。士兵認為這一定是漁夫偷來的，漁夫卻爭辯說，有一天他捉住了一條金色鯉魚，剛剖開魚肚子就看到這個寶石戒指。雙方爭執不下，士兵就把戒指拿去給豆扇陀看。

國王接過戒指，看到它的瞬間，幾乎五雷轟頂：他記憶的大門打開了！那段完全被他遺忘的生活，呈現在腦海裡。「沙恭達羅！沙恭達羅！」他深情地呼喚著愛侶的名字，痛悔自己一時糊塗，拒絕了沙恭達羅的到來，致使她至今下落不明。從那以後，國王的生活失去了平靜：他食不知味，睡不安寧，日夜沉浸在對沙恭達羅的思念中。他仿照淨修林裡沙恭達羅住的房子，在王宮裡也建了一座蔓藤涼亭，把他親手畫的沙恭達羅畫像搬到了這裡。他時常躺在涼亭裡，手裡攥著那枚珍貴的戒指，思緒萬千，滿面愁容。

日子還是這樣一天一天地流走了。天國發生大戰，天帝派御者來請豆扇陀去助戰，他使用平節箭幫助因陀羅打敗了阿修羅，為天帝贏得勝利。豆扇陀完成了使命，乘天車回國。途經噴出像暮雲一般金流的金頂山，那裡有仙人摩利支的苦行林，豆扇陀決定下車禮拜。

他步下天車，漫步走進這座仙境般的淨修林，在苦行林中，國王偶然看到兩個女苦行者看管著一個孩子。那孩子正在用手打一隻小獅子，並把正吃著奶的小獅子拉向自己身邊。

「張開嘴！喂，小獅子！張開嘴！我要數你的牙。」小傢伙沖著獅子大聲嚷嚷，那樣子蠻勇可愛。國王一下子喜歡上這個淘氣孩子，不由得羨慕起這個孩子的父母來。

「孩子呀！把這小獅子放了吧。我給你一件玩意兒。」一個苦行女繼續勸說道。

「在什麼地方？讓我看看！」那孩子說著，伸出手來。國王這樣近距離地看到他的手相，臉色都變了。只見那孩子的指頭間聯繫著一幅薄薄的肉網，這分明就是一個轉輪王才能具有的手相！

苦行女向旁邊望了望，看到了國王，就朝他招招手：「先生！請你過來，把那頭小獅子從這個頑皮的孩子手裡解救出來吧！」

國王聽到這話，就走上前來，微笑著撫摩這調皮的孩子，將他與小獅子分開。他痴痴的凝視著孩子，手輕輕撫過他的後背。這時苦行女突然覺得奇怪起來：孩子和陌生人雖然沒有關係，但是長得樣子卻很相似。

豆扇陀這時微笑著低下頭，對孩子說道：「你爸爸在淨修林裡居住，他的樂趣就是保護牲畜。你卻違反了淨修林的規矩——」

「先生呀！這不是仙人的孩子。」國王聽到這兒，頓了一下：「那他姓什麼呢？」「他姓補盧。」國王的腦子頓時像被巨浪席捲而過般，一片空白。他強顏歡笑，對女苦行者說：「沒錯，補盧的後裔都會在統治大地多年後，隱居到林子裡去修行。但是這個聖地是天仙修行的地方，並不是凡人可以隨便進來的。」女苦行者回答說：「正如先生所說。這個孩子的母親因為同天女有關係，所以才來到這座苦行林。」國王的手指微微地顫抖起來，他站起身來，急切地問道：「那她是哪一位王仙的夫人呢？」

沒想到這位苦行女的臉色竟一下子沉了下來：「他遺棄了自己的合法夫人，誰願意提到他的名字呢！」說著，她就過去牽起孩子的手，要回到茅屋中去。國王著急地想跟上去，卻不知如何開口留下他們。他們才走了幾步，突然國王看到戴在孩子手上的一個青草手圈鬆開滑落到了地上。他拾起它，說：「孩子手上的青草手圈掉了。」

苦行女急忙回頭喊道：「不要動，不要動！——哎，你怎麼竟拿起來了！」「我為什麼不能拿呢？」國王一邊說著，一邊將手圈重新套回到孩子的手上。

「哦，你不知道！這個名叫『不可克服者』的神草大有威力，是居住在這裡的大仙摩利支給孩子戴上的。如果掉在地上，除了他父母和他自己以外，誰也不能拾。若是拾了，它就會變成蛇咬他……難道，你竟是沙恭達羅一直等候的人嗎？」苦行女遲疑地打量著國王。

「沙恭達羅？孩子的母親真是叫作沙恭達羅嗎？」國王的聲音因為激動而變得高昂而顫抖。

「是的。這正是我媽媽的名字。」孩子抬起頭脆生生地說道。國王一把抱起孩子，大聲說道：「兒子呀！你同我一起去使你媽媽高興一下吧！」

「鬆開我！豆扇陀才是我的爸爸，你不是。我要去找我媽媽。」

「你反駁我也讓我高興！」國王一邊說著，一邊緊抱著他向茅屋大步走去。苦行女跟隨著他們一同進了屋。

他們一起穿過廳堂，剛邁進屋後的小花園，就見沙恭達羅正提著一壺水在澆花。她穿著深灰色的衣服，頭髮束成了一條辮子，可是容貌依然明豔不可方物。孩子掙脫了國王的懷抱，向著母親奔過去。「媽媽！媽媽，這裡有一個生人叫我『兒子』。」

沙恭達羅渾身一震，過了好一會兒才慢慢轉過身來，眼中已是淚水盈眶。朦朧中，只見她那日思夜想的豆扇陀正一臉愧疚看著自己。他緩步走上前來，雙手扶住心愛的人，動情地說：「親愛的！我待你太粗暴了，但是粗暴已經轉變成柔情。我希望你能原諒我。」

「媽媽，這是誰呀？」年幼的孩子仍不明所以，他輕輕扯著媽媽的裙角。「孩子呀！你去問一問命運吧！」說完，沙恭達羅忍不住掩面轉身。國王就跪到了沙恭達羅的腳下。「親愛的！我以前心裡糊塗，遺棄過你，請你把不愉快的感覺從心頭清掃掉。一時迷糊的人遇到喜事往往就是這樣，就像一個盲人會懷疑投到他頭上的花環是毒蛇而把它擲掉。」沙恭達羅趕緊轉身，將自己最親愛的丈夫扶起。國王反握住她的手，將她拉向自己的懷抱。沙恭達羅因此觸到了他手上的戒指。「夫君，這不是你贈給我的那個戒指嗎？它竟然失而復得了！」沙恭達羅喜極而泣。

「是呀，正是奇跡般的找到戒指，我的記憶才恢復了。」豆扇陀回答說，把那枚幫他恢復記憶的戒指重新戴到沙恭達羅的手指上。這對幾經磨難的夫妻終於破鏡重圓了。

德高望重的摩利支仙人也來到了花園裡，為這光彩照人的一家人祈福：「好哇！陛下，你看到沙恭達羅給你生的這個兒子，心裡高興嗎？你要知道，由於他英勇的天性，他會成為一個轉輪聖王。他會成為世界的棟梁，去征服包括了七個大洲的世界。」

國王領著他心愛的家人一同出門，登上天車，回到自己歡樂的家園。豆扇陀和沙恭達羅生下的兒子命名為婆羅多（Bharata），他的直系後裔後來則被稱為婆羅多族。再後來，這個王族又被稱為俱盧族（Kaurava），《摩訶婆羅多》中的各族英雄都誕生在這個王朝體系中，婆羅多族也成為了今日印度民族的先祖。至今，印度在梵文中的稱謂，仍然是「婆羅多」。

第 15 章

羅摩的奇幻旅程

印度神話中曾出現過三個羅摩，他們是大力羅摩、持斧羅摩和羅摩旃德拉。這三個羅摩都和毗濕奴有一點關係，都是他或多或少的化身之一。但一般人們說起羅摩，指的都是羅摩旃德拉，也就是《羅摩衍那》中的羅摩。

羅摩是毗濕奴的第七個化身，他在十首魔王羅波那橫行大地時降下世間，為的就是誅殺這個十惡不赦的羅剎王。他的故事主要記載在古代印度大史詩《羅摩衍那》中，《羅摩衍那》書名的意思就是「羅摩的旅行」或「羅摩傳」。

上古時代羅剎魔王羅波那憑藉梵天的恩賜橫行大地，他得到祝福不會死於任何神、阿修羅、半神手下，但是他過於傲慢，看不起人類，沒有把人類算在自己的願望裡，因此大神毗濕奴下降到凡間，化身為阿逾陀王子羅摩。

當時統治大地的是太陽王朝（甘蔗王族）的國王十車王，他定都阿逾陀城，把國家治理得井井有條，繁榮昌盛。臣民擁戴他，好像光輝的群星圍繞著太陽一樣。國王年邁無子，大臣便建議國王向天神求嗣。十車王採納了眾人的意見，舉行了盛大的馬祭典禮。

毗濕奴聽到國王的祈求，就出現在祭火裡，把自己化作一杯米乳，交給十車王的王后和妃子去喝。王后喬薩厘雅（Kaushalya）把粥喝了一半，生下一個英俊的兒子羅摩，為此，他有毗濕奴一半的力量。羅摩的全名是羅摩旃德拉，意思是「美好如月的」（雖然名字裡有月亮，羅摩實際上還是太陽王族的後裔）。

妃子吉伽伊（Kaikeyi）喝了四分之一的米乳，生下兒子婆羅多（Bharata），他有毗濕奴四分之一的力量。另一妃子須彌多羅（Sumitra）也喝了四分之一，生下兩個兒子羅什曼那和設睹盧祇那（Shatrughna），他們各有八分之一的力量。十車王這四個兒子都長得俊美瀟灑，而且聰明睿智，品德高尚，但羅摩在他們中間最優秀。羅什曼那總是跟隨大哥羅摩，就像設睹盧祇那喜歡和二哥婆羅多在一起。羅摩十六歲的時候，眾友仙人特地把羅摩和羅什曼那領到淨修林去教養，傳授他們箭術和作戰的本領，以便將來他們能除妖滅怪。

鄰近的毗提訶國（Videha）遮那迦王（Janaka）也沒有後代。有一天，他在犁地的時候，從犁溝裡出現一個美麗的女嬰。國王把她當作自己的女兒撫養長大，起名「悉多」。悉多成年後，遮那迦王考慮為悉多找一位真正的英雄做丈夫。他有一張家傳神弓，相傳是濕婆當年所擁有的，傳給了眾神，又落到了塵世。人間無人能拉開這張神弓。遮那迦王宣布，有誰能把他家祖傳的濕婆弓拉開，便選他為婿。許多的國王和武士都來到毗提訶國的國都密提羅，想要得到悉多青睞。眾友仙人帶著羅摩兄弟也參加了比試。但是，與會的英雄豪傑當中只有羅摩一人能把弓拉滿，然後因為用力過大，竟然把弓折斷了，在座的人無不為之瞠目結舌，悉多也把自己的一顆芳心送給了他。遮那迦王遵照諾言，把悉多嫁給了羅摩，把自己親生的女兒許配給羅什曼那。另外，他還把弟弟所生的一對女兒許配給了婆羅多和設睹盧祇那。

羅摩帶著悉多回到故國，途中還打敗了著名婆羅門武士持斧羅摩。人民看到他帶回如此美麗的新娘，都感到萬分歡樂。幾年之後，十車王覺得自己年事已高，準備自行退位，立羅摩為王，因為他具備一切君主的品德。他精通正法，忠誠、正直又善良，沉著剛毅，愛護平民，在百姓中聲望頗高。他的這些品德就像是太陽那樣發出萬道金光。老百姓聽說羅摩將成為國君，許多人從四面八方湧到城裡來，要親自看看羅摩的灌頂大典。

放逐

然而，就在此時，小王妃吉伽伊在駝背侍女的煽動下，出於自私和邪惡的念頭，去請求十車王改變立羅摩為君的主意。過去，吉伽伊在一次大戰中，曾救過十車王的命。當時國王答應給她一個恩惠，將來無論吉伽伊提出什麼請求，國王都得答應。吉伽伊提出，要立吉伽伊親生的兒子婆羅多為王，把羅摩放逐到森林中十四年。

當十車王聽到吉伽伊提出的請求時，驚恐萬狀。他請妻子放棄這邪惡的念頭，但吉伽伊卻硬得像塊鐵。她說國王如果不照辦，就是一個背信棄義的人。十車王難過加上氣憤，不由得昏倒在地。羅摩見此情景，不願意使父親陷於難堪的境地，便自動做出犧牲，一切都按吉伽伊提出來的那樣辦，自願動身去森林。

羅什曼那十分愛自己的哥哥，他決定和羅摩一塊去過流放的生活，悉多愛自己的丈夫，也要跟隨去流放，以便和丈夫分擔憂愁。儘管羅摩多方攔阻他們，但他們都說自己決心已定，沒有別的選擇了。

羅摩離開都城阿逾陀，全城百姓都出來相送，由於和有德的王子分別，許多人痛哭流涕，大罵吉伽伊鬼迷心竅，十車王年老昏聵。他們跟隨在羅摩身後，送了一程又一程。羅摩渡過了恆河，才告別了送別的人民。十車王由於受了這次刺激，不思茶飯，鬱鬱不樂，羅摩離開六天後，便因為悲傷過度離開了人世。

吉伽伊所生的婆羅多王子當時住在祖父家。十車王死去後，吉伽伊把他召回來，叫他趕快繼承王位。可是，當婆羅多知道羅摩因母親遭到流放時，便大哭起來，對母親說：「你做了多麼可怕的事情！你貪圖財富，殺死丈夫，毀滅家族，叫我落下罵名！」母親吉伽伊被兒子訓得滿臉慚色，無話可說。可是國不可一日無君，大臣都請求婆羅多登基為王，他執意不肯，並且要把哥哥羅摩找回來。

羅什曼那在山林中見到婆羅多領著大隊人馬趕來，以為他想要來殺人滅口，勃然大怒，要上去迎敵。羅摩攔住了他，認為婆羅多不會是這樣的人。果然，婆羅多看到羅摩已經變成了苦行者的裝束，身穿鹿皮，手持弓箭，便跪在他面前，抱著哥哥的腳失聲痛哭起來。他請求羅摩馬上回去登基。羅摩接到父親去世的噩耗萬分悲痛，但他還是拒絕回阿逾陀都城。他擁抱了弟弟，對他說：「我不能違背在父親生前許下的諾言。」

婆羅多沒能說動羅摩，只好把羅摩的鞋子帶回去，他不願意回到都城，就居住在一個小村落裡，把羅摩的鞋子供在座位上，也學著羅摩穿樹皮衣服，過著苦行生活，代羅摩管理國家，想等將來羅摩流放期滿後，把王位歸還給他。

羅摩為了避免百姓和婆羅多再次找上門來，便帶領妻子、兄弟進入一片人跡罕至的森林，與那些穿樹皮衣，吃根莖、野果為生的婆羅門仙人為鄰。在林中，他們結識了金翅鳥王闍吒優私（Jatayu），鳥王是十車王生前的好友，他答應要盡一個父親的職責、像對待自己兒媳一般來照拂悉多。

仙人接待羅摩、悉多和羅什曼那

悉多遭劫

有一天，林中來了一個羅剎女妖首哩薄那迦（Shurpanakha），她是羅剎王羅波那的妹妹。她見羅摩英俊漂亮，對他一見傾心，變成一個絕色美女，想要勾引羅摩。羅摩感到好笑，便隨口開玩笑說他的弟弟羅什曼那比他更年輕英俊，想把首哩薄那迦打發走。女妖信以為真，便去找羅什曼那。羅什曼那可不像哥哥脾氣那麼好，他見首哩薄那迦糾纏不休，拔出刀子便割下了女妖的鼻子和嘴唇。女妖捂著臉，跑去找她的哥哥十首王羅波那。羅波那見妹妹那副狼狽樣子，氣得咬牙切齒，問妹妹是誰幹下的好事。首哩薄那迦向哥哥哭訴自己的遭遇，把自己被割掉鼻子和嘴唇的事從頭到尾說了一遍。末了，她要十首立刻為她復仇。為了打動好色的羅波那，她還說羅摩的妻子悉多長得像天仙一樣漂亮，如果羅波那能殺死她的丈夫，那麼，他便可以得到這位美人來增添後宮的光彩。

羅波那一聽果然動心。他首先去找老羅剎摩哩遮（Maricha）。這個老羅剎過去在眾友仙人的淨修林裡和其他羅剎一起為非作歹，被羅摩打敗。羅摩出於憐憫，沒有殺他，只是把他扔進了大海。摩哩遮逃得一命之後，再也不敢做壞事，在牛耳聖地修持苦行。羅波那找到他，命令他和自己一同去劫持悉多。摩哩遮知道羅摩的威力，害怕起來，勸說十首王不要招惹阿逾陀王子。沒想到十首王聽了摩哩遮的話，反而更加憤怒，罵道：「如果你不跟從我，你就必死無疑！」

摩哩遮無可奈何，心想反正是個死，還不如死在羅摩這位英雄手中。他和羅波那飛到羅摩在林中居住的茅舍前。羅剎王命令摩哩遮變化成一頭金鹿，樣子逗人喜愛，頭上的角是寶石的，身上斑斕的毛髮也像是寶石做成的。果然，悉多一見這頭金鹿，十分歡喜，她要羅摩把牠捉來。羅摩想要滿足愛妻，便讓羅什曼那保護好悉多，自己追蹤著金鹿一直往深林中跑去。摩哩遮施展幻術，羅摩總追不上牠，他醒悟過來這是羅剎變化的，便搭上弓箭，把金鹿射倒。摩哩遮倒在地上，臨死前，裝著羅摩的聲音，淒慘地喊道：「悉多！羅什曼那！」羅摩一聽，知道不好，便急急忙忙往回趕。

悉多聽到森林深處的喊聲，擔心羅摩出了什麼事，便催羅什曼那前去救援。羅什曼那說：「哥哥讓我保護好你，我不能隨便離開。」悉多擔心羅摩，哭哭啼啼，懷疑起羅什曼那的動機來。羅什曼那沒有辦法，只好到深林中去了，吩咐悉多不要隨便走出他臨走時畫下的魔圈，這個魔圈能夠保護悉多不受侵害。

羅什曼那一走，羅波那便把自己變成一個英俊的苦行者，出現在悉多的面前。悉多一看對方是個仙人，便失去戒心，走出魔圈用野果招待他。羅波那不理會這一切，用一番甜言蜜語讚歎悉多的美貌，然後又說自己如何富有、家裡如何舒適，他要悉多離開羅摩，不用再過清貧的苦行生活，只要跟著他，就會過著天后一般的日子。悉多聽到這些荒唐的話，迎頭罵了羅剎王一頓，說：「女人喝過了蜜，怎麼還會想要喝大麥酸粥？世界上哪裡有這樣的怪事？」羅剎王惱羞成怒，顯出了本相，悉多嚇得轉身就跑，羅波那一步上前，扯住悉多的頭髮，強行把悉多抱上雲車，飛向藍天。

鳥王闍吒優私正在睡覺，聽到悉多在半空中的呼救聲，便飛上天空攔住了羅波那的去路。羅剎王大怒，與鳥王展開了凶猛的搏鬥。鳥王砸碎了羅剎王的雲車，羅剎王則割斷了鳥王的翅膀，使他一個筋斗栽落到地上。羅剎王抱起悉多再次飛向天空。當他們飛過一座大山時，悉多看到山頂上有五隻猴子，便摘下自己的首飾扔下去給猴子，請求他們為自己報信。羅波那挾持悉多飛過了茫茫大海，降落到他的國土——楞迦島。

羅摩射殺金鹿後，回程路上遇到了羅什曼那。他們回來不見了悉多，知道自己中了妖魔的調虎離山之計。羅摩十分著急，立刻和羅什曼那一同出發去尋找悉多。在路上，他們見到了奄奄一息的鳥王，他斷斷續續地講了自己為了救悉多和十首羅剎王搏鬥的經過。羅摩還來不及問羅剎王的去向，鳥王便氣絕身亡。兄弟倆為鳥王舉行了葬禮，繼續趕路。他們遇到了拾到悉多首飾的猴王蘇格瓦和哈奴曼，哈奴曼建議羅摩和蘇格瓦達成同盟：羅摩憑藉手中天下無敵的弓箭為蘇格瓦奪回王位，而蘇格瓦重返王位後，幫助羅摩尋找妻子。於是，蘇格瓦和波林決鬥的時候，羅摩躲在暗處，在兩隻猴子打得勝敗難分之時射了波林一箭。波林命殞，蘇格瓦得以重新登上猴王寶座。他派出猴子大軍，讓他們到四面八方去尋找失蹤的悉多。

悉多看到哈奴曼

哈奴曼找到了印度大陸的南端。他從鳥王闍吒優私的弟弟商波底（Sampati）那裡探聽到悉多被劫持到了楞迦島上，便搖身變成巨猴，縱身一跳，越過波濤洶湧的大海。到了楞迦島，他鑽進羅波那宮殿，在後花園找到了悉多。他親眼目睹羅波那威逼利誘悉多，但悉多對羅摩忠貞不渝，寧死不從羅剎王。哈奴曼把羅摩的信物戒指交給悉多，放火大鬧了一番楞迦城。之後，悉多也將自己的信物寶石託哈奴曼帶給羅摩。他再度跳過大海，回去向羅摩兄弟和蘇格瓦報告消息，把探路的情況一五一十講了一遍。然後，猴王立即發軍，和羅摩一同向楞迦進發。猴子均奮力爭先，個個摩拳擦掌，揚起的塵土遮天蔽日。

他們一路來到大地盡頭，看著煙波浩渺的大海，猴子不知如何是好，有的說要造船過去，有的要徵用海邊漁夫的船隻，但羅摩知道這樣一支大軍沒法用船運過海去。焦急之下，羅摩發了狠，對著大海威脅要把海洋用自己的箭矢燒乾。海神伐樓那急忙現身，告訴羅摩可以讓匠神陀濕多的兒子、能幹的猴子那羅（Nala）在海上架築橋樑。於是，由那羅負責，大隊的猴子在大海上造起橋來，牠們搬材運料，熙熙攘攘，十分熱鬧，在海洋上硬是造起了一座寬十由旬、長一百由旬的大橋，直通楞迦島。這座橋命名為那羅橋。

羅波那聽到羅摩率領猴軍要渡海的消息，召開會議，商討對策。羅剎都主張羅波那和羅摩開戰。只有羅剎王善良的弟弟維毗沙那說：「羅摩有正當的理由來攻打我們，自從哥哥把悉多搶來，楞迦城裡出現了種種不祥的徵兆，這都是因為哥哥違背正法的行為所致。羅摩和猴軍是正義之師，一定會打敗羅剎軍隊，毀滅楞迦城。王兄啊！你如果還珍視我們的人民，就送還悉多，和羅摩講和，以免招來大災難吧！」沒想到羅波那聽了這番話竟然勃然大怒，罵弟弟是敵人的喉舌，甚至威脅維毗沙那說，如果他不是自己的弟弟，一定會動手殺了他。

聽了這些刺耳的話，維毗沙那一氣之下，離開了羅波那，帶著自己的四個大臣，渡海投奔了羅摩。羅摩兄弟熱情接待了他，把他灌頂為羅剎王。

羅摩架橋

海上架橋完畢，猴軍蜂擁而過。羅剎王一面急忙派兵迎敵，一面叫了一個羅剎施展幻術，假造羅摩的頭顱，提去誆騙悉多。他謊稱悉多的丈夫在渡海時已被殺死。悉多不知是計，哭得死去活來。有個同情她的羅剎女，暗暗把實情告訴了她。她才收住了眼淚。

楞迦之戰

攻城戰開始了。羅摩派猴軍統領尼祿（Nila）攻打楞迦城東門，鴦伽陀（Angada）率軍攻打南門，哈奴曼攻打西門，他自己和羅什曼那攻打羅剎王親自把守的北門。猴軍像波濤一樣喧嘩，羅剎也吼聲震天。楞迦城牆上和壕溝裡都爬滿了猴子。他們用大樹猛砸楞迦城門。開始，猴軍略占上風，後來，羅剎王兒子因陀羅吉特使出隱身術，發出一支支利箭，使人無法防範，結果羅摩兄弟均被射倒。戰事急轉直下，猴軍敗下陣來。羅剎王高興得緊緊摟抱自己的兒子。接著，他命令羅剎女駕起雲車，把悉多帶到戰場上去觀看。悉多在空中看到猴軍戰敗的慘景，還看到羅摩兄弟中箭躺在地上，已失去了知覺。悉多放聲大哭，她眼前一片漆黑，昏了過去。

羅摩兄弟被因陀羅吉特發射的蛇箭所傷，中了此箭，身子被大蛇緊緊纏住。在這生命攸關的時刻，羅摩真身毗濕奴的坐騎金翅鳥王迦樓羅飛來了。他是那迦的天敵，大蛇一見立刻逃遁。金翅鳥用翅膀拂拭羅摩兄弟的面孔，他們便有了氣息；再一拂拭，他們的傷口也癒合了。羅摩醒來，看到金光燦燦的迦樓羅，十分驚訝，問道：「你是哪一位尊神？」迦樓羅說：「我是迦樓羅。我曾是你的坐騎，也曾在你頭上飛揚過，你忘記了嗎？」羅摩不明所以，迦樓羅向羅摩說明他是毗濕奴的化身，然後向他行禮，回到天界去了。

新的戰鬥又開始了。哈奴曼表現得十分勇敢，他擊斃了兩員魔將。尼祿也擊斃了一員魔將。十首羅剎王羅波那親自出馬，他用箭射倒了尼祿和羅什曼那。當他用箭射哈奴曼時，神猴把自己的身子縮得很小，使羅剎王箭射空了。哈奴曼跳起來，當胸給了羅剎王一拳，使羅波那跪倒在地上，身子不停地晃動。羅波那跳上雲車，在空中飛騰，哈奴曼便叫羅摩騎在他脖子上，也飛在空中，對羅剎王展開攻擊。羅波那招架不住，只好敗退回到楞迦城。

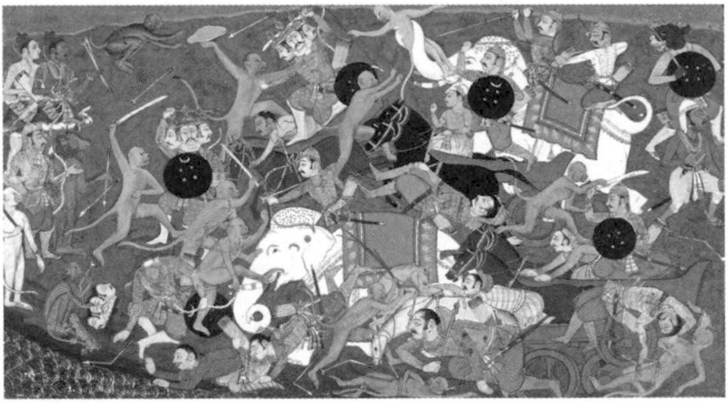

楞迦大戰

形勢對羅剎王不利，羅波那想起了他那個有神力、卻被梵天捉弄長睡不醒的弟弟鳩槃羯叻拿。羅波那便命令羅剎快去把鳩槃羯叻拿喚醒，好讓他上陣破敵。鳩槃羯叻拿酣睡得死沉，他直挺挺地躺在那裡，羅剎使勁呼喚，也無法把他喚醒。於是，他們抬來了大鼓，用力擊起鼓來，還吹響海螺，仍然無法把他吵醒。羅剎推他身子，用石頭砸他，均毫無用處。最後，羅剎牽來一千頭大象，趕著象在惡魔身上踩踏。這時鳩槃羯叻拿感到渾身癢癢，才醒了過來。羅剎便輪流不斷地送上食物，讓他吃個飽。同時告訴他，楞迦城受到羅摩帶領的猴軍圍困，他的哥哥戰敗了，楞迦城危在旦夕。

鳩槃羯叻拿聽了事情的前因後果，很不高興地譴責哥哥強搶悉多，造成今日的局面。不過，他還是立刻要求參加戰鬥。羅剎王大喜，用好言鼓勵了他一番。這惡魔一邁腿，便跨出了楞迦城牆，他高聳入雲，發出了令人戰慄的吼聲。猴軍聽到這吼聲紛紛後退，鴦伽陀大聲呵斥，才穩住了陣腳。哈奴曼和鴦伽陀向惡魔進攻，均被他蠻力掃倒。成千上萬的猴子爬上了惡魔那山嶽一般的身軀。惡魔則像抓跳蚤似的，把猴子一個個抓過來，塞進他的大嘴裡。一時之間，猴子被他吞吃了不少。猴王蘇格瓦氣憤不過，衝上去戰鬥，也被惡魔生擒活捉。蘇格瓦用牙咬，用爪子抓，好不容易才從惡魔腋窩裡掙脫出來。羅什曼那向惡魔發出七支利箭，均射中惡魔心窩，但他卻毫不在乎。

羅摩射出了一支神箭，把惡魔的一條胳膊射斷，痛得惡魔哇哇大叫起來。羅摩再搭上一支神箭，又射掉惡魔另一條胳膊。最後，他又射斷了惡魔的雙腳。惡魔張開大嘴，向羅摩反撲。羅摩又射出一支威力更大的箭，惡魔的腦袋便滾落到地上。這顆頭顱像塊巨石，砸碎了楞迦城門。猴軍歡呼蹦跳起來。

羅波那聽說弟弟被殺，十分恐慌，他決定和羅摩決一死戰。他派出全部魔兵魔將，但一一被哈奴曼、鴦伽陀、尼祿等殺死和打敗。羅剎王又派最信任的兒子因陀羅吉特出戰。因陀羅吉特是羅剎中的第一勇士，曾經擊敗過天帝因陀羅，他名字的意思就是「戰勝天帝者」。因陀羅吉特雖很不滿意父親劫持悉多招來戰火，但是大敵當前，他依舊全心全意用在了殺敵上。

因陀羅吉特上陣後施展隱身術，射出像蝗蟲一樣的箭雨，無數猴子倒斃在塵埃中。羅摩兄弟也被射倒。主帥受傷，猴軍處於一片混亂之中。熊羆的首領閻婆梵（Jambavan）告訴哈奴曼說：「喜馬拉雅山中有一座藥山，採回山上的藥草，便能起死回生，治療箭傷。」哈奴曼一聽，便跳到空中，向喜馬拉雅山疾飛而去。他找到了藥山，可是怎麼也找不著藥草，仙草都鑽進地裡去了。哈奴曼焦急萬分，他乾脆捧起藥山，飛回楞迦島。羅摩兄弟和已被射斃的猴軍，嗅到仙草的清香，便都活了過來。

猴軍又向楞迦城發起了攻擊。羅摩兄弟與因陀羅吉特展開了一場對射。但因陀羅吉特會隱身術，無法命中他。維毗沙那識破了侄兒的招數，告訴羅什曼那戰勝因陀羅吉特的祕密。羅什曼那按照維毗沙那指示，先射殺了因陀羅吉特的四匹黑馬，接著又射死了他那善於駕馭的車夫，逼得因陀羅吉特自己駕車。這時，羅什曼那便射殺了這個英勇的羅剎王子。

十首羅剎王聽說兒子死了，又悲又怒，提著刀要去殺悉多解氣，但被好心的羅剎女勸阻住了。羅波那親自出陣，要為兒子報仇。他和羅摩各自施展本領，殺得天昏地暗。羅剎王身軀高大，他的怒吼聲如發狂的獅子。羅摩毫不畏懼，越鬥越勇。戰到後來，雙方身上都插滿了箭，像刺蝟一般。羅摩射下了羅剎王的首級，頭顱滾落塵埃。但羅剎王胸膛裡又長出一個腦袋來，羅摩張弓再次把頭顱射了下來。可是，羅剎王又長出了新腦袋。羅摩射了一百次，羅剎王腦袋長了一百次，始終無法把他殺死。

這時，天帝御者摩多梨（Matali）駕駛套著棕紅色神馬的天帝戰車來到戰場，停在羅摩身邊，請他登上這輛常勝戰車去作戰。羅摩登上戰車，憤怒地衝向羅波那，摩多梨提醒羅摩應祭起梵天法寶來對付羅波那。羅摩依言而行，他舉起神弓，祭起法寶，一箭便射穿了羅波那的胸膛，不可一世的羅剎王倒地死了。空中的天神大聲歡呼，陣陣花雨飄灑而下，落到羅摩的身上和戰車上。

羅波那被羅摩殺死

羅摩率猴軍進駐楞迦城。維毗沙那正式成為羅剎王，安撫戰死的羅剎包括羅剎王的妻兒。他們為羅波那舉行了盛大的葬禮，羅波那的正妻、摩耶修羅之女曼陀特哩（Mandodari）陪伴丈夫上了火葬堆。

羅摩派哈奴曼去把悉多接來。悉多聽到羅剎王已死，羅摩獲勝，喜不自勝，沐浴更衣，來見羅摩。羅摩見悉多來了，他的歡喜、悲傷、憤怒也一齊湧上心頭。他對悉多說：「我是用戰鬥把你奪回來的，因為你是我的妻子，因此不應當待在羅波那的花園內終老。然而，我這樣的人，又怎麼能把一個受敵人玷汙的妻子領回家門呢？你走吧！願意上哪兒去，便上哪兒去！」

悉多萬萬沒料到羅摩會說出這樣的話，她渾身顫抖，傷心地哭泣起來。她抹著眼淚，對羅摩說：「我所愛、所鍾情的，在這世界上只有一個人，那就是你，羅摩。如果你懷疑我對你的愛，為什麼你還要遠渡重洋來救我？我此生都沒有失過節，這千真萬確。你懷疑我的貞潔，我又有什麼辦法呢？只有自焚能證明我的清白了。」

羅摩轉過臉，不聽她的話。悉多大聲地悲啼起來，她讓羅什曼那抱來一堆木柴，燃起了熊熊大火。縱身跳入火裡，身影消失在烈焰之中，所有人看到這個情景，都忍不住大放悲聲。

這時，奇跡出現了，火神把完好無損的悉多從火中托出來，她絲毫沒有受到傷害，連頭髮都沒有焦枯。阿耆尼對羅摩說：「她是清白的。在羅刹王的王宮裡，她堅貞不屈，並沒有丟你羅摩的臉！請你接納悉多，把她帶回去吧！」

羅摩萬分高興，走上前擁抱了自己的妻子，對大家說：「我就知道事情會變成這樣，因為我從來沒有懷疑過悉多的貞潔。不過，只有通過這種方式，我才能讓大家知道，她從身體到言行都純潔無瑕，現在全世界都和我一樣明白她的清白了，她的名聲和我的名聲就能得到保全。」悉多理解羅摩的苦衷，原諒了他。

此刻，恰好羅摩流放十四年的期限已滿。於是，他同猴王蘇格瓦、神猴哈奴曼、羅刹王維毗沙那及眾猴軍，乘坐十首羅剎王的雲車，返回阿逾陀城。全城百姓都出來歡迎他。在這十四年中，婆羅多克勤克儉、盡心盡力地治理國家，王座上一直供奉著羅摩的鞋子。他自己渾身塗泥，只吃果實與根莖。羅摩很是感動，他把弟弟緊緊地摟抱在懷裡。然後，他會見了母親和眾大臣。他原諒了在自己面前懺悔的吉伽伊，像對待自己母親一樣善待她。

人們選了個好日子，讓羅摩灌頂為王。猴王蘇格瓦、羅剎王維毗沙那、神猴哈奴曼參加了所有的慶典，然後，才一一辭別回去。羅摩也都厚贈了他們，衷心感謝他們的支援與幫助。羅摩登基後，國泰民安，風調雨順。他和悉多的愛情也歡樂融洽。

蟻垤仙人

但是過了幾年，羅摩問大臣，外面的百姓都在談論什麼？大臣支支吾吾，最後才鼓起勇氣說，外邊的人們都在議論悉多，她在羅剎王宮裡居留的時間那麼久，天曉得是不是保住了貞潔？國王還和這樣的女子整天待在一起，是多麼寬容啊，簡直近似愚蠢。

羅摩十分苦惱，他請來了三個弟弟，對他們說：「我是一國之君，百姓的議論我不能不管。人人都這樣說，讓王室的威信遭到破壞，臣民會用懷疑的目光看待國家頒布的法令。為了維護在百姓心中的聲望，現在只有把悉多遣出宮廷，遺棄在恆河岸邊了。」他要羅什曼那去執行命令，羅什曼那心裡很不痛快，但國王的命令又不能不執行。他帶著悉多來到恆河岸邊，悉多還不明真相，歡歡喜喜，問弟弟要帶著她去哪裡。羅什曼那再也忍不住，對她說：「哥哥拋棄你了！」便把嫂嫂放在河邊，頭也不敢回地跑回了京城，一路走一路流淚。

悉多這時已懷孕了，她隻身一人在荒野之中，又悲傷又驚恐，放聲哭泣起來。幸好，一位在林中修行的蟻垤仙人（Valmiki）聽到了她的悲啼聲，便收留了她，待她像親生女兒那樣。

蟻垤仙人

羅摩趕走了悉多，自己也沒有得到快樂，日日夜夜，他思念悉多，孤獨寡歡。他忍著極大的痛苦專心治國，以自己的才幹和工作精神使國家很快地振興起來。羅摩的國家成了理想之國，人們稱之為「太平盛世」。

一群婆羅門仙人遭到惡魔後代羅婆那（Lavanasura）的侵害，他們前來請求羅摩幫他們剷除惡魔。羅摩便派四弟設睹盧祇那出征。當他路過蟻垤仙人居住的淨修林時，還特地去看望了嫂嫂。就在那天晚上，悉多生下了一對孿生子。蟻垤仙人為他們起名為俱舍（Kusha）和羅婆（Lava）。

設睹盧祇那殺死羅婆那後，建造了一座叫摩圖羅（Mathura）的城池。羅摩便把他封作那裡的國王。

羅摩為祈求國泰民安，舉行盛大的馬祭典禮。邀請了四方客人，其中有猴王、羅剎王。蟻垤仙人趁機帶了悉多生的兩個兒子前來。在典禮上，蟻垤仙人命兩個孩子唱他編寫的《羅摩衍那》的故事。羅摩在聽故事時，已聽出這兩個歌童是他親生的兒子，他回想起和悉多的愛情，便請求蟻垤仙人將悉多領回來。悉多來了，羅摩要她當眾表明自己的貞操，他才要收留她。悉多心中充滿痛苦，她對羅摩說：「你一再懷疑我的貞潔，要到什麼時候才是盡頭？」說罷，她雙手合十，向生出自己的大地祈求說，如果她是貞潔的，請母親來把她接走。話音剛落，大地裂開，大地母親升出地面，把悉多緊緊摟在自己的懷裡，她們沉入地下從裂縫中消失了。羅摩這時才知道，自己錯待了悉多，可是悉多再也不會回來了。

羅摩永遠失去了悉多，悲傷不已。他下令製造了一座和悉多一模一樣的金像，日夜放在身邊。他派婆羅多和自己親生的二子征服了美麗的乾闥婆國，派羅什曼那和他的兩個兒子遠征迦羅波特國（Karupada）。他把羅什曼那的兒子分封在外地，把自己的兩個兒子立為南、北二王。

羅摩統治王國多年，國家繁榮興盛，人民生活安樂。

當他得到死神通知，說大業已經告成，要他回到天宮復位時，羅摩辭別了百姓，離開了阿逾陀城，走向薩拉伊河畔，投身入水。他的三個弟弟也隨他一同拋棄了凡體，升入天庭。兄弟四人再度化為毗濕奴大神，天神都來向他道賀。

羅摩的故事千百年來被廣為傳頌，他和悉多都成為印度傳統道德的典範。他們的傳說還搬上舞臺演出，深受觀眾歡迎。這正好應了《羅摩衍那》的作者蟻垤仙人兩千多年前說過的那句話：「只要在這大地上，青山常在水常流，《羅摩衍那》這傳奇，流傳人間永不休。」

第 16 章

持斧羅摩

持斧羅摩是毗濕奴的第六個化身。他和毗濕奴幾乎所有其他的化身都不同，他是一個有著武士氣質的婆羅門，為了把驕傲蠻橫的剎帝利從大地上消滅而出生。他的故事將兩大史詩從時間上串聯了起來（他曾向羅摩挑戰，同時也是《摩訶婆羅多》中老武士毗濕摩的勁敵和太陽神之子迦爾納〔Karna〕的師父），頗具傳奇色彩；雖然他是毗濕奴的化身，但他本人卻是濕婆的崇拜者。從他身上可以看到濕婆的諸多特性，不但野蠻的外表打扮（一個持著濕婆贈與的巨斧、綰著苦行者高髻、只穿戴獸皮的男人）和濕婆很類似，而且他所表現出的那種憤怒的復仇者性格，也和濕婆的本質更加接近。因此，與其說他是毗濕奴的化身，還不如說他更像是濕婆的化身。

傳奇的出身

持斧羅摩的出生頗具傳奇色彩。他出生在聲名顯赫的婆利古仙人家族裡，祖父是仙人哩闍迦，祖母是曲女城國王、月亮王族支系出身的伽亭王的女兒薩蒂耶婆蒂。由於一個誤會，薩蒂耶婆蒂生下了一個身為婆羅門、做起事情卻像武士的兒子——食火仙人迦摩陀迦尼，雖然是婆羅門，食火仙人卻像剎帝利一樣習武，喜歡練習射箭，年輕時甚至還曾企圖射落太陽，嚇得太陽神不得不以凡人形象出現，贈送他陽傘和鞋子求他手下留情。成年後，食火仙人娶了國王哩奴的女兒哩奴迦做妻子，他們先後生下了五個孩子，最小的一個即是毗濕奴化身的持斧羅摩。持斧羅摩很像父親，是個心如鐵石、行動堅決的人；雖然是婆羅門，但也具有武士的各種素質。在熟悉吠陀和各種經卷的同時，他也熟諳各種武藝，他使用斧頭和弓箭的技藝，大地上沒有任何剎帝利武士能比得上。

持斧羅摩修行了很長時間的苦行，以求得濕婆手中的武器。濕婆被他感動，出現在他面前說：「我可以把這些武器給你，這些武器會把不配持有自己的人燒成灰燼。你首先需要淨化自己的靈魂，讓自己變得更加強壯，成為配得上這些武器的強者才行。」於是，持斧羅摩修習了更加嚴酷的苦行，磨煉自己的武藝。有一天，因陀羅的車夫下凡來，請持斧羅摩上到天界，幫助眾神誅殺阿修羅。持斧羅摩欣然前往，在天國的戰場上建立了赫赫功勳。濕婆認為持斧羅摩已經足夠強大，於是高興地把自己的武器都送給了持斧羅摩，其中有一把明亮鋒銳的斧頭，持斧羅摩因而得名。

持斧羅摩

食火仙人和妻子帶著兒子隱居在森林裡修煉苦行。食火仙人通過苦行獲得了聖牛須羅毗，無論他們想要什麼，神奇的須羅毗都能為他們提供。有一天，持斧羅摩的母親哩奴迦為了沐浴，前去泉眼打水。在返回的路上，她看到一對愛侶在池塘中嬉戲調情，不禁心有所動。回家之後，她的丈夫食火仙人察覺出她的動搖，看到她已經失去聖潔的光彩，不禁勃然大怒，要求兒子將她殺死。除了持斧羅摩，四個兒子沒有一個答應他的要求，食火仙人更加憤怒，狠狠地詛咒這幾個兒子，把他們都變成了白痴。

輪到持斧羅摩時，他毫不猶豫地立即揮斧砍下母親的頭顱。食火仙人看到這情景，終於消了氣，對他的小兒子感到滿意，便讓持斧羅摩請求一個恩惠。持斧羅摩放下斧頭，拜倒在父親身前含淚說：「請您寬恕母親，使她即刻純潔無瑕地復活，請您寬恕我的兄長，讓他們恢復理智吧！」食火仙人深受感動，滿足了兒子的願望，一家人再度和和睦睦地生活在一起。

屠戮剎帝利

然而，寧靜的日子沒有持續多久。有一天，當時統治大地的國王千臂阿周那（和《摩訶婆羅多》裡的阿周那（Arjuna）不是同一個人）來到淨修林裡。這位國王來頭可不小，他出身於月亮王朝的雅度族支系。青年時代，他侍奉著大威能的仙人達陀陀哩耶，這位仙人是阿陀利仙人和阿那蘇耶的兒子，月神蘇摩的弟弟。他身上集中了梵天、毗濕奴和濕婆三者的力量。達陀陀哩耶受到阿周那的禮遇，高興地給他恩惠：讓這位國王走上戰場時能夠呈現千臂的形象，領導軍隊作戰戰無不勝，但是，如果有朝一日他忘記了對婆羅門的尊重，便必死無疑。阿周那得到仙人護佑，征服了大地，他前來拜訪食火仙人時，已經統治大地整整八萬五千年了。

持斧羅摩的母親哩奴迦一人在家，她按照禮儀熱情接待了阿周那國王。她不斷用來自須羅毗的食物和飲料招待千臂阿周那，沒想到源源不斷的豐饒食品和禮供，反而引發了阿周那的貪欲，他想要得到這頭能夠滿足主人一切願望的神牛。他對食火仙人的妻子說：「喂，聖潔的夫人，這樣的乳牛怎麼能夠由一個婆羅門擁有呢？只有剎帝利才能夠保護牠，並且好好利用牠的神奇。你把這頭牛給我吧！我會給你相應的報償的。」

哩奴迦當然不答應。但是，千臂阿周那自恃武藝高強，完全不把女主人的抗議和懇求放在眼中。他強行擄走了神牛，不僅如此，還推倒了食火仙人家周圍的樹木炫耀武力。

沒過多久，持斧羅摩回到家中，見家裡一片混亂，母親無助地倒在地上抽泣。問明原委之後，持斧羅摩勃然大怒，拔出斧頭、帶著弓箭全副武裝一路飛奔，追上了正趕著牛往京城走的千臂阿周那，兩人之間好一場大戰。最後，持斧羅摩砍掉了阿周那的所有手臂，殺死了這個貪婪的國王，把牛帶回家。

持斧羅摩殺死千臂阿周那

但事態反而變得更加嚴重了。國王的兒子聽說父親死在一個隱居的仙人手下，立刻發動大軍，浩浩蕩蕩沖著隱修林而來。此時只有食火仙人一人在家，被復仇之火燒得失去理性的剎帝利王子，就對這個手無寸鐵的老人下手，殘忍地殺死了他。

持斧羅摩回家時，看到父親的屍首，悲憤得仰天怒吼。他發誓，要用手中的斧頭將傲慢的剎帝利種姓從大地上根除。從此，這位仙人之子就成了一個無情的劊子手，他先是殺進都城，殺死了阿周那的兒子，之後又接連和剎帝利之間爆發了二十一次慘烈無比的戰爭，每一次持斧羅摩都屠戮了不計其數的剎帝利。大地血流成河，剎帝利的血甚至形成了五個血湖。持斧羅摩精疲力竭，殘存的剎帝利心驚肉跳。他已升入天堂的祖父哩闍迦仙人也看不下去了，出現在孫子面前說：「夠了，持斧羅摩！所有的國王和所有的武士都被你殺乾淨了，你已經實現了你的誓言。停手吧！」持斧羅摩此刻也感到心灰意懶。他放下了斧頭，不再殺戮，隱居到摩亨陀羅山（Mahendra）中。不過，在此之前，他也已為自己毫無慈悲的屠殺感到愧疚，就問仙人如何贖清自己殺生的罪孽。眾友仙人對他說：「最大的功德莫過於施捨土地給婆羅門了。你把大片的土地施捨給窮困無地的婆羅門吧！這樣，你就能得到潔淨了。」

持斧羅摩大戰剎帝利

然而，持斧羅摩孑然一身，哪裡有什麼地產可供施捨。他懷著愁緒，來到了大地的盡頭、今日印度最南端的科摩林角，看著白浪滔天的大海，坐下來修習苦行。很久之後，海洋之王伐樓那出現在他面前，問他想要什麼東西。持斧羅摩說：「我想請大海後退，讓新的土地露出水面，這樣，我就有土地能夠施捨給婆羅門了。」伐樓那說：「那好吧！你拿起你的斧子，能扔多遠就扔多遠，我就退出你斧子所到的距離。」持斧羅摩掄起他的戰斧，使足了力氣從水面上扔出去。戰斧飛出了不可思議的距離，落地時竟然離持斧羅摩站著的地方四百里之遠。而伐樓那也就按照約定，把海洋向後退去四百里，露出了大片土地。這就是今天印度西海岸康坎地區的由來（康坎從馬拉巴爾延伸至坦米爾語地區，包括孟買等地，其中喀拉拉邦占其主要部分）。持斧羅摩把這些土地送給六十四個婆羅門家族，洗清了自己的罪孽。因此，他也被尊為喀拉拉邦的奠基者。直到如今，那裡的人民還把那片土地稱為「持斧羅摩之地」。

不老不死之人

持斧羅摩活得很長。當年他向父親要求讓母親復活時，父親十分高興，祝福他永生不死。因此，他成為世界上八個「永生者」（Chiranjivi，音譯欽蘭吉維）之一，也就是肉體凡身成為不老不死的人。持斧羅摩就像他所崇拜的濕婆那樣，手持弓箭和斧頭，身披獸衣，長時間在森林中修煉苦行。

在持斧羅摩還活著的時候，毗濕奴的第七個化身——太陽王族的王子羅摩旃陀羅，在阿逾陀城降生了。這位年輕王子做的第一件驚人大事，就是在悉多的選婿典禮上折斷了濕婆的神弓。消息傳到持斧羅摩耳中，他感到怒火中燒，認為此事是對濕婆的不敬和對他本人的侮辱，就從隱居之地出來，直奔阿逾陀城，向羅摩挑戰。兩個毗濕奴化身之間開始了一場精彩的角力，但也許羅摩身上的毗濕奴特質更多一些，最終他擊昏了持斧羅摩。持斧羅摩醒來之後，心甘情願地承認羅摩比他更為高強，再度回到了山中。

也有人說，持斧羅摩和黑天、羅摩都不同，只能算毗濕奴的阿毗娑化身（Avesha Avatar），意思就是無形化身；僅僅是當持斧羅摩在發誓殺掉所有的剎帝利時，毗濕奴的精神進入他的靈魂。他不是毗濕奴以自身下凡形式出現的人格化身，當他完成殺戮所有剎帝利的任務時，毗濕奴的精神也就離開了持斧羅摩，他再度成為凡人。由於這個緣故，持斧羅摩無法戰勝羅摩，也沒有得到人們的廣泛崇拜。

這位強硬的老仙人又繼續活了很長時間，羅摩回到了天界，他還活著；人間改朝換代，他還活著；毗濕奴的第八個化身黑天降臨大地，他還活著。雖然歲月流逝，但他火爆的脾氣並沒有改變。有一次，他決定把所有財產都贈給婆羅門，包括地產、牲畜和財寶。仙人婆羅墮遮（Bharadwaja）的兒子德羅納（Drona）聽到消息，也跑來想分一杯羹，沒想到來得晚了一步，持斧羅摩已經把財產都分光了。為了補償德羅納，持斧羅摩把自己的所有武器、法寶和武藝都傳給了他，於是德羅納也成了以勇武和武藝著稱的婆羅門。後來，德羅納成為《摩訶婆羅多》中英雄般度五子（Pandavas）的武術教師，把來自持斧羅摩的武藝向王子阿周那傾囊相授。此外，《摩訶婆羅多》裡最偉大的英雄毗濕摩年輕時，也曾向持斧羅摩請教過武藝，作為叔祖，他把這些武藝也傳給了阿周那。持斧羅摩對剎帝利的仇恨由一個名為阿周那的國王而起，最後他卻成了另外一個名為阿周那的王子的師祖，這是他無論如何沒有想到的。

持斧羅摩又回到自己的山林裡修煉苦行。多年後，有一天，森林裡來了一個年輕人，容貌英俊，舉止果斷，穿戴著金色盔甲。他自稱名為迦爾納，是一個婆利古族的婆羅門後裔，想要向持斧羅摩學習武藝。持斧羅摩考察了他一番，認為這個年輕人的臂力、謙恭和對老師的順從都令人滿意，於是高興地收他為徒，把自己在弓箭上的心得，和使用威力無窮、一擊必殺的梵天法寶的方法都教給了迦爾納。

有一天，持斧羅摩覺得困倦，就把頭枕在迦爾納膝蓋上睡午覺。他正在熟睡的時候，有一條食肉的爬蟲爬了過來，一口咬在迦爾納身上。迦爾納害怕驚醒師父，於是忍住疼痛，一聲不吭，一動不動。持斧羅摩醒過來，看到弟子大腿上血流如注，卻還在朝自己微笑，不由起了疑心。他對迦爾納說：「說實話吧，孩子，你不是婆羅門吧？一般的婆羅門根本不能忍受這樣的痛楚。你到底是誰？」

迦爾納的臉紅了起來。過了半晌，他才低聲說：「對不起，我欺騙了您，我其實不是婆羅門，也不是剎帝利，我是車夫的兒子。可是，我聽說您只收婆羅門或者奉行苦修的剎帝利為弟子，只好隱瞞了自己的身分。」

原來，迦爾納是般度族貢蒂（Kunti）王后少女時期和太陽神蘇利耶生下的私生子，阿周那王子的哥哥。生下這個孩子後，貢蒂十分害怕，就把孩子的搖籃放在河流裡任其漂流，結果這孩子就被一對身分微賤、沒有兒女的車夫夫婦撿去做養子。迦爾納不知道自己的身世，一直以為自己也是個車夫種姓的人。當時般度族和俱盧族彼此敵對，迦爾納是俱盧族首領難敵的朋友，為了幫助他，便特地前來向持斧羅摩求教。

持斧羅摩明白真相後十分憤怒。他說：「車夫之子啊，梵天法寶使用的方法，你是用欺騙的手段得到的。為了這個緣故，將來你命危之時，想要使用這個法寶，就會忘記它的口訣。」迦爾納聽了，一言不發地向持斧羅摩鞠躬，然後難過地離開了摩亨陀羅山。持斧羅摩再度獨自一人了，他留在寂靜的山林中。人們傳說，這位老仙人依舊等待著。時間流逝，歲月過去，但他仍然活著，直到劫末。在那個時代，持斧羅摩，這位偉大的婆羅門武士，將等來自己最後一個弟子——毗濕奴的最後化身、誅滅一切邪惡的白馬武士迦爾吉。他將把自己所有的武藝傳給迦爾吉，而後者將使用這些力量，為大地驅除黑暗，帶來光明和新生。

第 17 章

黑天

黑天是毗濕奴的第八化身，為了戰勝他邪惡的舅舅暴君庚斯（Kansa）而降生，但他在凡間的意義遠不僅限於此。在毗濕奴的所有化身中，黑天最富於奇異誘人的魅力，甚至連他的名字「Krishna」，也有「富於吸引力」的意思。如果說羅摩代表至高的道德模範，黑天就是人生下的神。他身上體現了林林總總的可能性，超越任何凡人想像疆界的神奇和複雜。他是一個武藝超凡的英雄，也是擁有永不衰老美貌的風流多情浪子；他是一個傳播至高真理的哲學家，也是一個天才的軍事戰略家。他是王子和戰士，也是牧童、音樂家、孩子。他同時具有兒童的頑皮狡黠、武士的勇猛無敵、政治家的深沉心機、智者的悲憫和至高靈魂的深不可測。他被所有英雄崇敬，被敵人憎惡，也被人間少女、婦人、女神狂熱地愛慕。

據說在世界的第二個時代結束和第三個時代開始的時候，人口不斷繁衍，終於到了讓大地女神不堪重負的地步。她逃上天界，向眾神哭訴，於是天庭決定在大地上展開一場前所未聞的戰爭，減少人口——這就是後來《摩訶婆羅多》中描述的令所有國家捲入的俱盧之野大戰。為了達到這個目的，天神紛紛讓自己的化身下降到凡間。

當時，大地上統治著摩圖羅國的國王名為優耆羅舍那（Ugrasena），意思是「猛軍」。他出身於婆羅多族的旁系雅度族，是一位賢良仁厚的君主。他有一位美麗的王后，但兩人膝下無子。有一天，王后到森林中散步，被一個路過的阿修羅看到了。這個阿修羅被王后的美色吸引，化成優耆羅舍那的樣子強暴了王后。王后回宮後發現自己已經懷孕，十分害怕，沒敢把真相告訴優耆羅舍那。十個月後，阿修羅和王后的兒子庚斯誕生了，優耆羅舍那不知底細，把這孩子當成自己的親生兒子，百般疼愛。然而，當庚斯長大之後，他邪惡的本性就日益暴露出來，他成為了一個狡黠、殘暴、凶狠的怪物，逼著父親退位，自己登上了王座。他殘酷無情地壓迫自己的人民，肆意發動戰爭，征服了世界的各個部洲，犯下無數罪行。摩揭陀國（Magadha）的國王妖連（Jarasandha）也是個勇武凶狠的君主，他把女兒嫁給庚斯，兩人狼狽為奸。

降生凡間

庚斯犯下的種種惡行令大地顫抖。四處漫遊的那羅陀仙人實在看不下去，就來到毗濕奴的天界，勸說毗濕奴下凡剷除這個惡人。毗濕奴沉思良久，說：「好吧！」就把自己的一根黑色頭髮拔下來，同時從身下的龍王舍沙身上取下一根白色毛髮，放入凡間，托生在庚斯的妹妹提婆吉（Devaki）一家。

庚斯的妹妹提婆吉嫁給了富天（Vasudeva），庚斯一向看自己這位品德高尚的妹夫不順眼。有一天夜裡，那羅陀仙人來到庚斯的夢中，警告他說：「你的好日子不多了，不久之後，提婆吉生下的孩子就會要你的命！」

庚斯十分害怕，他派人把提婆吉和富天夫婦看管起來，監視提婆吉的生育。提婆吉每生一個孩子，他就趕到現場，把這孩子當場殺死，絲毫不顧及提婆吉和富天的痛哭哀求。就這樣，庚斯接連殘殺了提婆吉的六個兒子。不久之後，提婆吉又一次懷孕了，這第七個孩子正是舍沙的化身大力羅摩。毗濕奴施展神力，把提婆吉腹中的孩子悄悄轉移到了富天另外一個妻子羅希尼胎中，從而逃過了庚斯的毒手。富天把羅希尼託付給自己的好友、牧牛人難陀（Nanda）照顧。不久之後，羅希尼在難陀那裡生下了大力羅摩。

庚斯一直以為提婆吉的第七胎流產了，但稍後提婆吉再次懷胎時，他感到十分恐懼，乾脆把富天夫妻徹底關押在大牢中。提婆吉分娩當晚，王宮中充滿了魔法，諸神降臨庚斯的王宮，歡呼毗濕奴的化身降生為富天之子黑天。黑天一出生，捆綁囚徒的繩索便自動脫落了，所有的守衛都陷入神祕的沉睡。富天抱著孩子逃離了王宮，急匆匆把嬰兒送到牧人的居所，把黑天和難陀的妻子耶輸陀（Yashoda）剛生下的女嬰掉包。第二天，庚斯來到牢房，一如既往地舉起嬰兒，不顧妹妹苦求將她砸死，沒想到這女嬰其實是受了詛咒必須下凡化為人身一次的幻想女神（Yogamaya）。在庚斯把孩子往地上摔的同時，女神掙脫了肉體束縛，浮現在空中哈哈大笑，告訴庚斯說：「你的邪惡暴行即將得到懲罰，提婆吉的第七個兒子和第八個兒子已經逃脫了你的毒手，不久之後，他們就會來結束你的統治！」一驚恐萬分的庚斯這時才知道事情不妙，他裝模作樣地向妹妹請求原諒，但一轉身來到王宮後，就發布了一道殘忍的旨意，命令殺死全國的嬰兒。

於是，牧人難陀夫妻和羅希尼不得不帶著大力羅摩和初生的黑天離開故國，一直逃往俱鳩羅。在那裡，他們終於得以暫時脫離庚斯的勢力範圍，過上平靜的日子。但是不久，庚斯就知道黑天隱身在牧人之中，他不斷派出妖魔殺手，想要趁黑天成年之前殺死他。其中有一個女妖，她化成一個美麗的牧牛姑娘，裝作疼愛黑天的樣子，把他抱起來給他餵奶，想要毒死他。沒想到還是嬰兒的黑天，就已經具有種種不可思議的魔力，他不但沒有中毒，反而吸乾了這個女妖的精髓，她倒在地上現出原形死去，令牧民都驚駭不已。

黑天和大力羅摩在養母家

小時候的黑天是個十分調皮可愛的孩子，他經常和哥哥大力羅摩一起四處頑皮搗蛋，搞惡作劇，偷糖果和牛奶。牧牛姑娘都跑到黑天養母耶輸陀那裡投訴他，她們說：「親愛的耶輸陀，你為什麼不好好管束頑皮的黑天。他和大力羅摩把我們存好的酸乳酪和黃油偷去，拿給猴子吃。我們當場抓住他們時，他們只是展開迷人的笑臉說：『為什麼要說我們偷東西？我們家又不缺黃油和酸乳酪！』真是拿他們沒辦法。倘若他們偶爾找不到收藏好的黃油和酸乳酪，就把我們的嬰孩弄哭，然後拔足逃走。」耶輸陀聽罷所有投訴，正想懲戒一下孩子，一眼看見黑天坐在自己旁邊，一副可憐相，便心軟地微笑起來，不忍心懲罰他了。

即使是在惡作劇中，年幼的黑天也不斷展現出種種奇跡。他像所有小孩一樣趴在地上吃泥土玩，正巧被耶輪陀看見，黑天狡辯說自己什麼也沒有吃，耶輪陀生氣地掰開他的嘴，卻大吃一驚：她在黑天張開的嘴巴裡看到了整個宇宙。

黑天降伏蛇王

庚斯從來沒有放棄謀殺黑天的企圖，但這企圖也從來沒有得逞過。黑天和大力羅摩經常在遊戲中就挫敗了庚斯的殺手。有一天黑天跑到一個池塘游泳，庚斯的朋友五頭蛇王迦梨耶（Kaliya）藏在深潭中，纏住了黑天，想要淹死他。沒想到黑天一點也不害怕，他被大蛇拖來拖去，還高興地哈哈大笑。人們聽說黑天被大蛇纏住了，急忙跑到池邊，耶輪陀看到這情景，急得哭了起來。大力羅摩生氣地對黑天喊道：「別玩了，你把媽媽都惹哭了！」黑天一聽，立即掙脫了迦梨耶的束縛，提起蛇王的腦袋在他的尾巴上興高采烈跳起舞來。結果迦梨耶被踩得哇哇大叫，他的妻子急忙出來向黑天討饒。黑天放過了他，讓迦梨耶住到大海裡去了。

少年兄弟

黑天逐漸長大，成為俊美的少年牧童。他膚色黝黑，好似雨雲，頭上戴著孔雀翎，穿著黃綢衣服，一邊在草地上漫步，一邊吹著心愛的牧笛，一舉一動都具有驚人的優雅。他的笛聲具有魔力，當他在月明之夜悠悠吹起牧笛時，所有的牧女一聽到便不能自已，忘記手邊的活計，自動聚集在他身邊，聽著他悠揚動聽的笛聲翩翩起舞，一直舞蹈到天明。所有跳舞的牧女心中都會升起渴望，想和黑天一起跳舞，他於是變出無以數計的幻影，和每個牧女都相互拉著手，於是每位姑娘都覺得自己幸福得不得了。

在所有的牧女中，黑天最鍾愛的初戀情人叫做羅陀（Radha），是一個美麗而可愛的姑娘。所有的牧牛姑娘中，唯有羅陀，黑天是用自己的真身和她共舞的。他們像所有凡間情人一樣，在河流裡泛舟，在森林中躲雨，在月下起舞，在黃昏盪鞦韆。他如此具有紳士風度，情願為他深愛的羅陀洗腳；有時候為了遊戲，他們甚至互相換著穿衣服，然後取笑對方。他們偶爾也會吵嘴、嘔氣、嫉妒，但他們是如此痴情，最後總是和好。後世的詩人為他們的愛情譜寫了許多優美而溫情的不朽篇章。

黑天和牧女

大力羅摩和黑天從小就形影不離，無論玩耍還是降魔都在一起，因為本來他們的靈魂就是一體的。不過，大力羅摩的性格和黑天完全不同，他膚色潔白，脾氣剛烈、正直、暴躁，他不像黑天那樣心機深沉，也不太喜歡和女孩子在一起，他喜歡喝酒，以犁作為武器。有一次，他喝了太多的酒，就對著遠處的亞穆納河喊道：「喂，河神，我走不動路了，你流到我這裡讓我洗個澡吧！」亞穆納河無動於衷地向前流著。大力羅摩生氣了，他抓起犁來，跑到河道裡，用力犁來犁去，河水決堤，四處漫流，河神只好出來向大力羅摩道歉。這樣的大力羅摩，只有對弟弟才會顯露出難得的溫情。他們走在一起，就像天空中的烏雲和白雲，看起來無比賞心悅目。

有一年，牧民正在準備因陀羅的祭典，黑天笑嘻嘻地對所有人說：「你們這是在幹什麼呀？天上的那個因陀羅脾氣反覆無常，令人討厭，我們明明依靠居住的牛增山提供食物和產出，這片土地本身要比因陀羅神聖。我們不要再崇拜天帝了，把祭典獻給養育我們的牛增山吧！」牧民聽了，就把所有祭品都獻給了山。因陀羅知道後大發雷霆，在黑天的家鄉降下傾盆大雨，想要淹沒這地方給這些不知好歹的放牛人一點教訓。但黑天一點也不發愁。他讓哥哥把所有的牧民和牛群都帶到牛增山下，然後竟然輕輕地一手舉起了大山，當做傘蓋遮，保護了所有的人和牛。因陀羅玩命傾瀉暴雨，連下七天，依舊拿躲在山下的黑天沒辦法，只好現身認輸，承認黑天的力量。因陀羅將黑天加冕為「群牛之主」，並且懇求他將來如果遇到自己的兒子阿周那，要給予他友情和幫助，黑天慷慨允諾。

誅殺庚斯

庚斯見派去的殺手一個接著一個都有去無回，日益擔憂，於是派出使者到俱鳩羅，說是最近要舉行一次神弓祭，屆時有盛大的摔跤比賽舉行，讓牧民都到京城裡來進貢，想要把黑天誆進自己的勢力範圍加以殺害。黑天一聽，躍躍欲試地對大力羅摩說：「哥哥，我們長那麼大，還沒見過都城是什麼樣呢，這是一次好機會，不如我們去都城開開眼界吧！」他和大力羅摩死纏活纏了難陀和耶輸陀一番，養父母拿他們沒辦法，只好同意他們去了。

兄弟二人高高興興地牽著手上路了。來到京城，街市上的婦女都被這對俊美的牧童吸引住目光，她們紛紛跑出家門，把各種名貴的綢緞、珠寶、衣服和香膏獻給黑天和大力羅摩。兩人對禮物一概來者不拒，在身上胡亂一纏，繼續高高興興往前走。他們來到王宮大門口，守衛見他們穿著很華貴，還以為是哪裡來的王子，沒加盤問就把他們放進了大門。他們在宮殿裡好奇地四處遛達，指指點點，最後跑到了放祭祀用神弓的地方。黑天見神弓巨大無比，金光閃閃的很好玩，就拿起來隨意比劃，沒想到他用勁一拉，竟然把這把大地上沒人能拉得動的神弓給綳斷了。

神弓綳斷，發出驚天動地的巨響，遠處的人都被震倒在地。黑天也嚇了一大跳，把斷弓一扔，就像闖了禍的小孩子一樣，慌慌張張拉著大力羅摩飛一般逃離了現場。

看守弓的人急急忙忙去向庚斯報告，說：「有兩個牧童打扮的少年，跑進來把弓弄斷了。」庚斯一驚，心下自忖：「看來，那個命中註定要殺掉我的孩子，已經來到摩圖羅了。我該如何是好？」他叫來驅象人，把一頭以凶猛著稱的大象放在第二天舉辦儀式的摔跤場外，吩咐驅象人看見牧童就踩死。

第二天，黑天和大力羅摩與趕著牛群來的養父母會合，一起去摔跤場。守門的大象一見他們，就像一座崩塌的大山一樣衝過來。可是黑天和大力羅摩毫無懼色，他們笑嘻嘻地拉住大象，扯牠的耳朵和尾巴，大象攻擊他們，他們就靈活地閃躲，最後大力羅摩乾脆扯下大象的牙，把牠活活打死了。然後，兄弟倆繞過大象的屍體，趾高氣揚走進了庚斯的摔跤場。

庚斯見兩人安然無恙，暗自心驚。他強行壓住心中不安，宣布：「既然牧民都來到這裡，那麼將由我的力士和牧民裡派出的代表摔跤。」他指派手下兩個最凶殘、最厲害的力士上場，點名要黑天和大力羅摩做代表和他們作戰。牧民大聲抗議，難陀說：「這兩個孩子肢體柔弱，怎麼可能是大力士的對手？」庚斯不予理睬。黑天和大力羅摩對望一眼，還是笑嘻嘻地、毫不害怕地走進場。一個接一個，那些受庚斯倚重、殺人無數的大力士，都被黑天和大力羅摩輕易挫敗，這兩個少年纖細的身體裡好像集中了全宇宙的力氣。

庚斯看著自己的力士被大力羅摩和黑天打得四肢破碎、腦漿迸出，氣得七竅生煙。他怒不可遏，站起來大聲吼道：「卑劣的牧民！占用我的土地，偷走我的財富，還在背後反對我！你們統統被放逐了！我要沒收你們所有的財富，還有牧民的頭領難陀，你要為你兒子的行為付出代價，來人啊！把他腦袋給我砍了！」

就在這當兒，庚斯突然覺得眼前掠過一道黑影。站在台下的黑天聽到他要動手殺養父，再也忍受不了了，他跳上放著王座的涼臺，揪著庚斯的脖子，把他拖了下來。庚斯的王冠滾落在泥土裡，他拚命掙扎，把鐵拳向黑天身上打去，可是黑天的胳膊就像鐵門閂一樣緊緊壓住他，讓他動彈不得、呼吸困難。黑天把庚斯摔下地來，拖著四處走，這個暴君就這樣沒了性命。

庚斯一死，屈從在他統治下多年的人民，都因為得到解放大聲歡呼起來，庚斯的黨羽四處逃竄，他的王后逃到了父親妖連王那裡。遭囚禁的老王和黑天的父母都被放了出來。優耆羅舍那跌跌撞撞來到黑天面前，流著眼淚說：「請你接受摩圖羅的王冠吧！我的縱容造就了庚斯這樣的怪物，我無顏再見我的人民了。」可是，黑天卻又把王冠戴到了老王頭上，請他繼續統治摩圖羅，讓這個國家恢復從前的富饒和平和，自己和大力羅摩則蹦蹦跳跳地找自己親生父母去了。富天和提婆吉看到自己的孩子平平安安長大，出落成這樣美麗健壯的少年，悲喜交加，抱著兩個兒子不停地落淚。

黑天殺死庚斯

殺死庚斯宣告黑天少年時代的終結，他從牧童變成了雅度族的年輕王子。他和大力羅摩都沒有回到長大的家鄉，富天把他們送到優禪尼（Ujayana）一位德高望重的仙人那裡。在那兒，黑天和大力羅摩學習了所有典籍知識，和作為王子應當瞭解的政治知識及軍事指揮本領。

遷都多門城

他們學到的東西不久就派上了用場。庚斯的遺孀跑到父親摩揭陀王妖連那裡，哭著請求他為丈夫報仇。妖連也不是個簡單人物，他的父親娶了一對雙胞胎王后，兩人一人生了一半孩子。一位女妖把兩半身體連起來，竟然活了，他於是得名妖連。妖連是濕婆的信徒，勇武蠻橫不亞於庚斯，而且他還有個很邪惡的習慣，喜歡人祭，他已經俘虜了許多國王，打算湊齊一百個就全部殺死獻給濕婆。他聽說女婿竟然被一個放牛的小孩殺死了，徵調大軍，浩浩蕩蕩殺往摩圖羅。黑天和大力羅摩學成歸來，立即組織人民抵抗妖連的入侵。付出了巨大的犧牲之後，妖連的軍隊被打敗，他本人被大力羅摩打傷，只好退回摩揭陀。可是，妖連實力雄厚，不久就恢復了元氣，再度發動戰爭，侵擾摩圖羅的國土。他一連十八次攻打摩圖羅，黑天和大力羅摩也挫敗了他十八次。然而，儘管黑天他們每次都能取勝，付出的代價也很大，無數士兵和普通人民在殘酷戰爭中失去性命，田地和建築遭到破壞，大地也變得傷痕累累。

黑天於是和父親、大力羅摩在一起商量說：「我們沒有必要和妖連打消耗戰，他不愛惜人民，我們卻視若珍寶。我們遷走吧！到一個妖連勢力無法達到的地方去過寧靜的生活。」

於是，黑天帶著族人離開了摩圖羅，來到大海邊，他選定一處吉祥富饒的土地，召喚天國的匠神陀濕多下到凡間，為雅度族的人民建造了一座壯美堅固的新城市。這座城市面朝大海，有許多用象牙和大理石裝飾的美麗城門，於是得名多門城（Dvaraka）。黑天和家人就在城市中定居下來，過了許多年平安幸福的生活。

妖連王如此強大，自然也有許多勢力依附他。他手下的大將名為童護（Sisupala），還有一個朋友叫做寶光（Rukmi），是具威王（Bhishmaka）的兒子。寶光有個妹妹，叫做豔光，是吉祥天女在人間的化身，她早就對黑天的事蹟有所耳聞，在心裡產生了對這位少年英雄的熱烈愛情，發誓非他不嫁。寶光知道妹妹的心思，可他是妖連的盟友，哪裡肯成人之美。他和童護是朋友，兩人私下裡商定，由童護娶豔光為妻。

豔光聽說哥哥要把自己嫁給童護，急忙派使者去多門城通知黑天，請他來救自己。婚禮儀式舉行當天，寶光護送豔光去童護家，半路上遇到一個神廟。豔光執意要下車去拜神，寶光心想她也跑不了，就同意了。豔光獨自走進神廟，黑天已經在裡面等著她了。他領著她從神廟後門走，登上自己的戰車，向多門城奔去。

寶光等了半天不見妹妹出來，覺得不妙，衝進神廟一看，豔光早沒有人影了；再往遠一看，豔光正在黑天的戰車上，一臉幸福嬌羞地抱著自己意中人呢。

寶光和等著豔光的童護都氣得目眥盡裂，率著大軍一路追趕黑天和豔光。恰好大力羅摩聽說黑天獨自一人去搶豔光，覺得不放心，就帶著軍隊趕來支援黑天。兄弟二人在半路會合，輕而易舉打敗了寶光和童護，帶著豔光揚長而去。在多門城，豔光和黑天舉行了盛大的婚禮。

娑陀羅吉陀的寶石

在摩圖羅的鄰國，有位叫做娑陀羅吉陀（Satrajit）的國王，他和雅度族是世交。他崇拜太陽神，蘇利耶為了褒獎自己的奉獻者，就把一顆神奇的寶石送給他。這顆寶石佩戴在善良人的身上，能散發出陽光般美麗的光輝，而且能每天自動產生黃金。娑陀羅吉陀得到這顆寶石，高高興興地戴上，來到多門城，想向朋友黑天炫耀一下。他戴著寶石走進城門的時候，城裡的居民都以為是蘇利耶下凡了，跑到王宮對黑天說：「太陽神親自來拜訪您呢！」

黑天跑出王宮，看到是娑陀羅吉陀，便非常熱情地招待他。席間，黑天稱讚了寶石幾句，然後隨口說道：「聽說這寶石要是讓心地邪惡的人戴在身上，就會為主人帶來不幸。話又說回來了，外公優耆羅舍那的寶庫裡也沒有這樣的寶藏，如果這寶石佩戴在他身上，那會是什麼光景呢？」

黑天是無心之言，娑陀羅吉陀卻聽出一身冷汗，他對黑天的話產生了誤會，以為黑天在覬覦他的寶石，要他把珍寶獻給摩圖羅之王優耆羅舍那。他再也無心留下做客，匆匆告辭回家，左思右想，覺得寶石在自己手上不再安全了，就把寶石送給了弟弟波羅濕那（Prasena）。很不巧，波羅濕那並不是個良善之輩。他戴著寶石，四處炫耀，結果有一天走到森林裡，被一隻獅子撲殺了。獅子把寶石含在嘴裡四處漫遊，遇到了曾經幫助過羅摩攻打楞迦的老熊王閻婆梵，閻婆梵殺死這隻食人獅，發現牠嘴裡有塊寶石。老熊王對於身外之物不怎麼在意，就把寶石帶回家給自己的孫子當玩具玩。

波羅濕那突然失蹤後，娑陀羅吉陀怎麼找也找不到弟弟，坐在集市中間號啕大哭：「黑天貪圖我的寶石，殺死波羅濕那，把寶石搶走了！」他這麼一鬧，流言便四散開來，人人都說黑天也被物欲迷心，成了殺人越貨的搶劫犯。

黑天聽到這些傳言，默不作聲，悄悄離開了多門城。他來到波羅濕那生前經常遊逛的地方，仔細調查，沿著蹤跡來到森林，發現了波羅濕那被獅子撕碎的殘破屍體。黑天在他身上沒有找到寶石，又沿著獅子的痕跡繼續尋找，最後終於一路找到了閻婆梵居住的洞窟。

黑天摸著黑走進洞裡，走了很長一段，看到一頭小熊，正在咿咿呀呀地擺弄寶石。黑天一走近，小熊看到陌生的人類，嚇得哇哇大哭起來。

孫子的哭聲驚動了在洞窟深處沉睡的熊王閻婆梵。他衝出來，看到一個穿著黃衣的青年正站在孫子身邊，彎腰去拿那塊寶石，便怒吼著朝黑天撲了過去。黑天見閻婆梵猶如一塊黑色烏雲撲面壓來，知道熊王活了很長很長時間，道行深厚，也不敢怠慢，拿出全副精力和閻婆梵搏鬥起來。

這一場人熊大戰可真是匪夷所思，在黑暗的洞窟裡，誰也看不清誰，就忙著拳腳相加，抱腰摔跤。搏鬥整整持續了二十一天，閻婆梵打得疲憊不堪，他心中產生了疑惑和畏懼，為什麼一個凡人能夠支持如此之久，還能占據上風？

就在此時，一縷天光照亮了老熊王的眼睛。他看著眼前和他搏鬥的這個青年，突然認出他就是很多很多年前，那個曾經率領著自己和猴軍攻打羅剎的人；眼前這個人，原來和自己曾最最崇敬熱愛的羅摩，是同一個人。

老熊王知道自己是和誰為敵了。他停止了戰鬥，被懷舊之情所包圍，心中感慨萬千，向黑天深深行禮，黑天微笑看著他。閻婆梵甘願認輸，把寶石交給了黑天，為了表示歉意，把自己的女兒閻婆梵提（Jambavanti）也嫁給了黑天。

黑天帶著新妻子和寶石來到娑陀羅吉陀的家中，說明原委。把寶石還給了娑陀羅吉陀，娑陀羅吉陀知道自己誤會了黑天，非常不好意思，於是把女兒薩底耶婆摩（Satyabhama）許給黑天為妻。

妻子們與子嗣

有一個阿修羅，名叫那羅迦修羅（Narakasura），是大地女神的兒子，生得十分強壯可怕。他四處搶掠年輕女子，把她們關在自己黑暗的地下宮殿裡，數目達到一萬六千之多。他非常貪婪，行為卑下，甚至把眾神之母阿底提十分珍視的那對來自乳海的寶石耳環都搶走了。阿底提化身成凡間母親，來到黑天身邊向他哭訴那羅迦修羅的所作所為。黑天聽後，就帶上自己的神盤，騎上金翅鳥去那羅迦修羅的堡壘，向他挑戰。經過激烈的大戰，那羅迦修羅被黑天殺死了，黑天便高高興興地走進他的密室中尋找阿底提的耳環。等他找到耳環準備出去的時候，發現這裡關押著許多女孩，黑天好奇地問她們這是怎麼了。其中一個女孩說：「偉大的英雄！謝謝你殺死了邪惡的那羅迦修羅，把我們從囚禁和奴役中解放出來，可是我們原本都身世清白，被這個壞人搶來，按照習俗，我們已經算被玷辱了。父母不會接受我們，也沒有人會娶我們這樣的人為妻。你讓我們如何在世上立足呢？」

黑天立即明白過來，他看著這一萬六千個可憐的姑娘，大聲說：「我娶你們為妻！」

他說到做到。他讓金翅鳥把這些姑娘帶回家，然後舉行了婚禮。在這場舉世罕見的婚禮上，曾經在牧人的月下出現的奇跡再次出現了：每個姑娘都覺得自己握著黑天的手，他只在對自己微笑。

前前後後，黑天一共娶了一萬六千一百零八位妻子，但在所有妻子中，他依舊最愛豔光。歲月流逝，黑天不停地降服妖魔，為人民謀福利，雅度族也日益繁榮昌盛。他也有了自己的子嗣，豔光生下了他的太子明光（Pradyumna），明光的兒子是無礙（Aniruddha）。但黑天得到雪山神女帕爾瓦蒂的恩寵，歲月無法征服他，他一直擁有驚人的青春美貌，外表永遠都是那個甜甜微笑著的雅度族年輕王子。

對戰濕婆

許多年前，伯利被毗濕奴擊敗，流放地底世界。而他的長子波那（Bana）是千手的阿修羅王。波那為人聰穎，也大方，一諾千金。很久以前，濕婆在盛會中起舞，波那以千手替他擊鼓伴舞，濕婆為了報答，答應波那成為他城池的守護者，波那於是雄霸一方，數次戰勝過天神。

波那的女兒霞光（Usha），正值青春妙齡，和黑天的孫子無礙在夢中一見鍾情。霞光有位女友，懂得法術，這位女友運用幻力，把黑天王宮裡的無礙用法力帶到了霞光的宮中，和她祕密相會。兩位年輕的愛侶躲在波那不知道的地方盡情享受歡樂，然而沒多久，紙包不住火，霞光偷偷藏了一個情人的事實還是被波那知道了。波那往霞光宮中衝去，在那裡他看見霞光與無礙正坐在一起，喁喁細語。無礙完全繼承了祖父和父親明光的漂亮外表，蓮花眼、手臂修長、一頭捲曲藍髮，與霞光堪稱天作之合。波那有點驚訝，他並不知道這位青年的身分，也深知女兒不可能找到比他更漂亮的女婿，然而，他就是不能遏止自己女兒貞潔遭到破壞的憤怒。

波那想要抓住無礙，無礙找不到任何武器，只有隨手拿起一根鐵棒，把前來捆綁他的眾士兵打得倒地不起，然後奪路而出。但波那武藝超群，懂得如何用蛇索捕追敵人，無礙剛剛奔出皇宮便被擒回。波那把無礙關起來，想要殺掉他。

黑天和家人正在為無礙的神祕失蹤著急，那羅陀仙人翩然而至，把無礙被抓的前因後果告訴了黑天。聽到這個消息後，黑天立即帶大軍趕到波那的城池下，要波那交出無礙。波那當然不願意，雙方立即開戰。黑天用利劍和神錘殺死阿修羅王的隨身侍衛，而波那施展他的千手所長，同時拾起了五百張弓、兩千支箭，但黑天毫不費力便把他每張弓一折為二，接著打碎了他的戰車，砍掉了波那的九百九十八條手臂。聽到消息，狂怒的濕婆趕到戰場保護自己的崇拜者，和黑天起了正面衝突。這是自遠古以來，宇宙間兩位最有威能的大神第一次面對面單挑，所有天神都紛紛跑來看熱鬧。濕婆向黑天投出各種兵器，黑天也擲出相應的法寶；濕婆祭起獸主法寶，黑天便以梵天法寶應對；濕婆投出風屬性的法寶，帶出猛烈颶風之際，黑天就以高山反擊，阻擋颶風之勢；濕婆以烈火進攻時，黑天則降下大雨。直至最後，濕婆投出本身的武器三叉戟，黑天便立刻以妙見神輪與之抗衡。看到濕婆怒火更甚，黑天放出催眠法寶。這個法寶能讓敵人疲憊不堪，沒多久，濕婆果然倦得停了下了戰鬥。梵天趕緊來到戰場，對兩人說：「停止戰鬥吧！大地已經無法承受你們兩個搏鬥產生的負擔了。講和吧！」濕婆和黑天聽了，各自放下武器。濕婆擁抱了黑天，對他說：「波那是我摯友，我也希望他快樂。你喜歡波那的曾祖父缽羅訶羅陀和他的父親伯利，想必你也會喜歡波那本人的，饒過他吧。」

黑天戰濕婆

黑天也誠心誠意回答道：「我知道他是伯利的兒子，因此絕對不會殺他。我曾答應缽羅訶羅陀，不會再殺他們家族的阿修羅。只是他太狂妄，所以我砍掉他九百九十八條手臂作為懲戒。」

波那默不作聲，在黑天跟前行禮道歉。他隨即讓人釋放了無礙和女兒霞光，兩人來到黑天面前，得到他和濕婆的共同祝福，從此幸福地生活在一起。黑天帶著軍隊重返多門城。臣民在城中每一角落插上旗幡與花環，打掃了大路，還灑滿了檀香和水，所有居民在親戚朋友的陪伴下，隆重地歡迎黑天得勝回來。

所有人都會愛上黑天，哪怕憎恨他的人，最終也無法停止對他的思念。他的魅力，對於愛他的人是甘露，對恨他的人是麻醉劑，無論哪一種，都會變成無法遏制的渴望。後來，黑天在俱盧之野的婆羅多族大戰中，為阿周那王子擔任御者。他為了解除阿周那心中的疑惑，對他揭示了自己的宇宙面貌，他是這樣說的：「我是所有靈性世界和物質世界的根源，一切智慧都起源於我。我是宇宙之父、之母、支柱和始祖。整個宇宙的秩序受我控制。我是超靈，居於眾生心中。我就是時間。我是創造，也是毀滅。我是萬物之根基，是息止之地，是永恆的種子。」

黑天的宇宙化身

可是這話太抽象。也許黑天和自己妻子的對話更能說明問題。有一次，黑天半是玩笑半嚴肅正經地對豔光說：「人們不知道我是牧牛童或是王子，是牧人難陀之子或是富天之子。我沒有固定人生目標，人們便稱我為浪子。一個人應以有一個妻子而滿足，但你看，我一連娶了一萬六千多個妻子。我從鄉村來到都市，不知如何作為一個有教養的丈夫來取悅妻子。哪個女子傾心於我，到頭來餘生都是在痛苦中度過。很多牧牛姑娘為我所吸引，但我隨心所欲地離開了她們，令她們整天痛哭度日。我的性格不穩定，不是可靠的丈夫，眷戀我的唯一結果，是得到空白一片的生命。你只是道聽塗說，誤信我有崇高的品格，便選擇了我為夫。以本性而言，我對家庭生活、妻子、兒女、富裕都沒什麼興趣。所有的王族，包括你的兄長都是我的敵人，為了教訓他們一頓，我才答應依照你的意願把你擄去，你在婚前已愛上我，其實我卻不愛你。即使如此啊，即使如此，為什麼，豔光，你還會愛著我呢？」

豔光當然給出了自己的回答，但是並沒有必要寫出。為什麼會為黑天所著迷，所有愛他的人心中，都有自己獨一無二的答案。他的一生都在冒險，戰無不勝，當他離開人間，他的族人陪他的肉體死亡，他的城市也沉入水中，為他殉葬。但在人們心目中，他永遠都在月下吹響他神奇的笛子，牧女圍繞著他在月光中跳舞。

第 18 章

摩訶婆羅多

《摩訶婆羅多》是古代印度最偉大的兩部史詩之一，名稱的意思是「偉大的婆羅多」，以列國紛爭時代的印度社會為背景，敘述了婆羅多族兩支後裔俱盧族和般度族爭奪王位繼承權的鬥爭。它紛繁錯雜，長達十萬頌，除了主要的情節，還有許多插話、傳奇和哲學思想的敘述穿插其中，從而使得《摩訶婆羅多》成為一座神話、宗教和寓言的偉大寶庫。

毗濕摩與安芭公主

故事的起源是恆河女神的下凡。為了拯救遭到詛咒、必須墜落凡間一世為人的八位婆蘇，她和婆羅多族的國王福身王結合，但她每生下一個婆蘇轉世的孩子，就毫不留情地把他們扔進河裡，讓他們回歸天國；福身王不明就裡，強行救下了最後一個孩子，起名為天誓。恆河女神帶著天誓離開了福身王。天誓從小就跟著太白仙人和極裕仙人學習經卷，跟著持斧羅摩學習武藝，可謂文武雙全。

自從妻子離開之後，福身王一直鬱鬱寡歡。有一次，他外出散心，突然看到有個容貌美麗形體強健的少年，手持弓箭朝恆河射箭，遊戲般的動作竟然截斷了整條河流。福身王萬分驚訝，恆河女神就在此時出現，對他說：「這孩子就是你的兒子天誓。我已經把他養育成人，你接受他吧。」說罷便回了天庭。

福身王非常高興，帶著天誓回到都城象城，把天誓封為太子。四年之後，福身王遇到一個名叫貞信（Satyavati）的美麗漁女，對她一見鍾情。但貞信的父親堅持，除非貞信將來生下的孩子能繼承王位，否則他不會把女兒交給福身王。福身王不願意為此剝奪天誓的繼承權，但又忘不了漁女，日夜長吁短嘆。天誓是個孝順的孩子，聽說此事，為了促成福身王的幸福，找到漁女的父親說：「我不要王位，請你把女兒嫁給我父王吧！」

漁夫說：「你雖然不要王位，將來你的孩子長大了，也會逼迫我女兒的後代交出王位的，這怎麼能讓我放心呢？」

天誓大聲說：「那麼，我將修持梵行，終身不婚！儘管我不會有兒子，天上的不朽世界將會是屬於我的！」在古代印度，人們對後代看得非常重要，如果沒有後代，甚至祖先都無法升上天堂，在天誓為父親犧牲了個人幸福發誓的瞬間，諸天神降臨人間，朝天誓拋撒鮮花，對他說：「你就是毗濕摩（Bhishma，發下怖誓的人）！」

從此，毗濕摩終身守節，忠心耿耿地守護了婆羅多族一輩子。

福身王雖然抱得美人歸，但始終覺得自己虧欠了兒子，不久就帶著愧疚病逝了。貞信為福身王生下了花釧（Chitrangada）和奇武（Vichitravirya）兩個兒子，毗濕摩盡心盡力地輔佐這兩位幼弟。勇武的花釧在福身王死後即位，但不久就在戰場上死在了一個乾闥婆手中。奇武繼承了王位。不久之後，奇武到了婚娶的年紀，毗濕摩為自己的弟弟四處尋找合適的妻子。他聽說迦屍王（Kashya）有三個女兒都很美貌，就前往迦屍的都城，以剎帝利的方式打敗了國王，把三個姑娘帶回去給弟弟做媳婦。這個時候大公主安芭（Amba）突然開口了，她對毗濕摩說，自己已經愛上了沙魯瓦王（Salva），兩人已私訂終身，請求毗濕摩把自己放回去和沙魯瓦王團聚。毗濕摩通情達理地同意了。沒想到安芭回到沙魯瓦王身邊後，曾在公主爭奪戰中被毗濕摩打敗的沙魯瓦，認為接受一個曾被搶走的女子是對自己的羞辱，冷酷無情地把安芭拒之門外。安芭沒有辦法，又去找毗濕摩，想讓他娶自己，但毗濕摩發過終身不娶的誓言，只能拒絕安芭。安芭回到迦屍城，她父親也嫌棄她，不讓她回家。她想要投靠到仙人居住的隱修林中，仙人卻害怕會有覬覦安芭美色的剎帝利前來破壞隱修林的安寧。不幸的安芭無家可歸，在森林裡哭泣流浪，她心想：「我一切不幸的來源都是毗濕摩。如果沒有他搶走我這回事，我現在也不至於落魄到這個境地。可我是一個弱女子，他卻是如今天下第一武士，我又怎麼能向他復仇呢？」

這個時候，在森林裡的持斧羅摩恰好遇到了安芭。他聽安芭訴說自己的遭遇，對這位公主產生了憐憫之情，決定為她打抱不平。他帶著公主去找毗濕摩，要求毗濕摩對這個女孩負責。儘管毗濕摩很尊敬持斧羅摩，但依舊不肯接受安芭。持斧羅摩說得火起，對毗濕摩說：「如果你不肯照我的話做，我今天就殺死你和你的大臣。」毗濕摩很恭敬地請求持斧羅摩寬恕，但卻堅持不肯讓步，他接受了持斧羅摩的挑戰，兩人跑到俱盧之野，在那裡硬碰硬地打了一仗。毗濕摩駕著他的白色戰車，而持斧羅摩徒步作戰。他們使用各種法寶，運用各式武器，白天打完，夜晚休息，就這麼接連打了整整二十三天。兩人對對方的招數瞭解得很清楚，持斧羅摩拋出梵天法寶，毗濕摩也拋出梵天法寶，兩個法寶彼此對撞，誰也沒有受到傷害，噴發出來的火焰和熱力卻讓前來觀戰的天神吃了不少苦頭。到了最後，他們誰也沒法戰勝誰，都打得遍體鱗傷、精疲力竭，恆河女神和保護持斧羅摩的婆利古家族的祖先一起來到戰場，勸說他們住手，兩人才甘休。

持斧羅摩把安芭叫來戰場，苦澀地對她說：「我不能戰勝毗濕摩，你只能找其他人幫忙了。」憤怒的安芭只好離開，來到森林裡獨自修煉苦行，多年之後終於博得了濕婆的歡心。濕婆許諾她下一世轉生為男子，可以殺死毗濕摩。而復仇心切的安芭聽聞之後，立刻就燃起了一堆火，自己跳進火中，了結了悲慘的一生。後來，她果然由女變男，轉世成為木柱王（Drupada）之子束髮（Shikhandi），在俱盧之野的大戰中殺死了毗濕摩。

般度五子和持國百子

奇武娶了兩個王后，但還沒有生育。貞信本想讓毗濕摩繼承王位，並娶妻生子，可是毗濕摩堅決拒絕。沒有其他辦法，貞信只好請自己和破滅仙人生的私生子廣博仙人來借種生子。安畢迦（Ambika）王后與廣博仙人同房時，因為害怕廣博仙人的醜臉，一直閉著眼睛，結果生下的持國（Dhritarashtra）是個盲人。安波莉迦（Ambalika）王后則被嚇得面無血色，結果生下的般度（Pandu）也面無血色。貞信請廣博仙人和長媳婦再生一個兒子，安畢迦王后不願再上仙人的床，就把一個女奴打扮成自己的模樣送去給廣博仙人，於是生下了身分微賤但正直聰慧的維杜羅（Vidura）。

持國長大後，娶了犍陀羅（Gandhara）的公主甘陀利（Gandhari）。甘陀利為了和失明的持國同甘共苦，就把自己的眼睛也給蒙了起來，她先後為持國生了一百個兒子，長子名為難敵，次子名為難降（Dushasana），後來難敵成為俱盧族的領袖。

由於持國是個盲人，就由般度繼承了婆羅多族的王位。般度娶了貢蒂和瑪德莉（Madri）兩位公主。有一天，般度出去打獵，看到一對鹿正在作樂，便一箭將公鹿射死。沒想到，這兩隻鹿是一對仙人夫婦變的，死的仙人詛咒般度只要與女人作樂就必死無疑。般度只好將王位讓給持國，然後帶著兩個妻子到森林裡修煉苦行。

貢蒂是黑天父親富天的姊妹。她少年時代從敝衣仙人那裡學會了一種「求子咒」，只要她願意，就可以讓任何一位天神下凡，和她生下孩子。出於好奇，她曾在結婚前偷偷用了一次，結果召喚來太陽神蘇利耶，生下了與太陽神一樣英武、一出生就穿戴金色盔甲的迦爾納。貢蒂害怕了，就將迦爾納放在一個籃子裡，放到恆河中。隨波逐流的迦爾納被身分低微的車夫升車（Adhiratha）救起，並養大成人。

後來，貢蒂看般度因沒有子嗣非常著急，就將「求子咒」告訴了般度和瑪德莉。在般度同意下，貢蒂分別與正法之神閻摩、風神伐由、天帝因陀羅生下了老大堅戰、老二怖軍和老三阿周那。瑪德莉則與黎明之神雙馬童生下了孿生兄弟無種（Nakula）和偕天（Sahadeva）。這五個孩子稱為般度五子。他們都從父親那裡繼承了神性和不同的個性。正法之神閻摩的兒子堅戰個性正直謹慎，心地寬容；怖軍像父親伐由一樣力大無窮、勇猛過人、脾氣暴躁，由於食量很大，也叫作「狼腹」（Vrikodara）；老三阿周那是天帝的兒子，從各方面都是剎帝利的典範，堅決果敢，英勇絕倫，是武士中的武士。無種和偕天則和雙馬童一樣容貌俊美，大地上無人能比。

不久之後的一個春天，般度因為無法擺脫欲望的誘惑，強行要和瑪德莉交合，結果一命嗚呼。瑪德莉認為是自己害死了丈夫，悲痛之下登上火葬堆陪伴丈夫自焚而死。貢蒂只好帶著般度五子回到王都投靠叔伯祖父毗濕摩。毗濕摩先請了慈憫大師（Kripacharya）做家庭教師，繼而又請來持斧羅摩的弟子德羅納大師教導般度五子和持國百子武藝。

經過一段時間修煉，王子的強弱逐漸顯現出來。其中阿周那和德羅納之子馬勇（Ashvatthama）是德羅納最得意的弟子。持國的長子難敵和怖軍都擅長使用鐵杵，堅戰長於車戰。無種與偕天則是用劍高手。怖軍在和持國百子遊戲的時候，經常憑著力量欺負他們。雖然怖軍當時還是個孩子，這些舉動裡也沒有惡意，但從小難敵和弟弟就因此對般度五子記恨在心；還沒有長大成人的時候，心地狹隘的難敵就幾次想要謀殺怖軍，卻被健壯得可怕的怖軍一次又一次躲過去了。

弓箭術大師德羅納出身婆羅門，少年時代曾是般遮羅國（Panchala）的木柱王的朋友，木柱王答應德羅納，自己繼承王位後一定會為德羅納在朝中謀個職位。可是等到德羅納從持斧羅摩那裡學成出師、去找做了國王的木柱時，木柱王卻嫌棄起這個窮朋友來，翻臉不認人，把德羅納趕出自己的國家。德羅納帶著兒子馬勇流亡到象城，被毗濕摩聘請為王室教師，他把一身本領都教給阿周那。阿周那為了報答他，帶兵俘虜了木柱王，逼他在德羅納面前道歉。木柱王甚感屈辱，同時又很傾慕阿周那的英武，回國後修煉苦行，天神於是賜給他一個註定會殺死德羅納的兒子猛光（Dhrishtadyumna）和註定會嫁給阿周那的女兒黑公主（Draupadi）。

歲月流逝，般度五子和持國百子業已成年。在一年一度王子間的比武大會中，阿周那技壓群雄，表演了精湛的弓箭術和武器技巧，得到了大家一致讚賞。難敵和他的弟弟則嫉恨不已。就在此時，一個英俊年輕的陌生武士走進會場，向阿周那挑戰。他把阿周那做過的所有事情都做了一遍，而且做得和阿周那一樣好；這個人正是太陽神之子、身裹天生神甲的迦爾納。看到有人給阿周那難堪，難敵大喜，衝上去擁抱迦爾納，對他的力量和技巧讚不絕口。

阿周那覺得受到了侮辱，憤怒地要求和迦爾納真刀真槍單挑。迦爾納驕傲地接受了阿周那的決鬥挑戰。兩人披掛整齊地站上校場，貢蒂一見迦爾納就認出他來，難過得立即暈了過去。就在迦爾納和阿周那舉起長弓即將動手的時候，阿周那說：「我不殺無名之輩。你先把自己的父母和家族報上來吧！」

聽到這話，迦爾納羞愧得俯下臉去，因為他不知道自己的生身父母是誰。難敵看出迦爾納有難處，為了讓他具有挑戰阿周那的資格，立即走進校場，為迦爾納灌頂，冊封他為盎迦王（Angaraja），讓他坐在寶座上。就在此時，迦爾納的車夫養父升車穿著破舊的衣服，顫巍巍地走進校場來尋找自己的兒子。迦爾納一看到他，就從寶座上跑下來，俯首在父親面前行禮。升車抱住迦爾納，眼淚滾滾地滴落在兒子剛剛因為灌頂而淋濕的頭上。

怖軍見狀，大笑起來說：「車夫的兒子！你不配死在阿周那手下，你還是去趕車吧！你也配不上做盎迦王，賤種！」迦爾納聽到奚落，嘴唇不由得哆嗦起來。

難敵憤怒地站起來說：「勇士的出身，江河的源頭，都是不明確的。對於一個剎帝利來說，還有什麼比力量更重要？迦爾納武藝超群，他憑什麼不配做國王？這樣的人傑應當統治大地，而不是一個盎迦國！」全場都為難敵的話鼓起掌來，迦爾納充滿感激地看著難敵，從此，他的生命和友情都交付給他了。

般度族的逃亡與建國

不久後，難敵想要謀害般度五子，便以視察賽會的名義，將般度五子和貢蒂騙到了象城，讓他們住在一座易燃的紫膠宮（Lakshagriha）中。半夜，難敵的奸細放火燒宮，幸好堅戰事先得到維杜羅的警告，察覺出難敵的陰謀，先找人挖了一條地道，從大火中逃出了皇宮。

在隱姓埋名的逃亡途中，怖軍為民除害，擊殺了食人的羅剎缽迦（Bakasura），殺死妄圖搶奪母親貢蒂的魔王希丁波（Hidimba），並且娶了希丁波的妹妹羅剎女希丁巴（Hidimbi）為妻，後來希丁巴為他生下了一個羅剎與人的混血兒子——瓶首（Ghatotkacha）。

般度五子一路流浪來到了般遮羅國。恰好此時，木柱王希望通過比武招親為女兒黑公主選丈夫，舉辦了一個盛大的典禮。各國的王子和大武士都前來觀禮，般度五子化裝成婆羅門也去參加。比賽的內容是拉開一張堅硬的弓，讓射出的箭通過小環射中靶心；但許多成名英雄都無法拉開那張大弓。迦爾納走上前去，輕而易舉拉開了弓，當他拉到一半的時候，黑公主高傲地站起來說：「我是不會嫁給一個車夫之子的。」迦爾納聞言，長嘆一聲，扔掉了拉到一半的弓。

此時，以婆羅門打扮出現的阿周那站了出來，他沉著地拉開弓，熟稔地上弓弦，然後毫不猶豫地挽弓搭箭，命中靶心，俐落漂亮地贏取了黑公主和她的心。其他國王看到一個年輕婆羅門得到了公主，都很不服氣，氣憤地大喊大叫拿著武器衝上來，般度五子披著婆羅門的衣服，挫敗了以難敵、妖連、迦爾納、童護、沙利耶（Shalya）為首的眾多英雄，把黑公主帶回家。

一到棲身之處，阿周那就興奮地對貢蒂說：「媽媽，我們得到了不起的寶物了。」

貢蒂不知道他帶回來的是黑公主，隨口說了一句：「那麼就和兄弟一起分享吧。」母命不可違，於是黑公主就成為般度五子共同的妻子。在典禮上，大力羅摩和黑天認出了般度五子，為了確認他們的身分，他們悄悄跟著般度五子來到他們居住的草屋，與他們相見。黑天就此和阿周那結下了牢不可破、超乎一般的友誼。

般度五子與黑公主成婚後，得到了般遮羅王國和黑天統治的雅度族支持，地位猛增。這樁婚事暴露了他們的身分，難敵知道五兄弟沒死，大為惱火。他和迦爾納、他心地邪惡的舅舅沙恭尼（Shakuni）來到持國王面前，商議如何對付般度五子。但是，毗濕摩、德羅納和維杜羅這些德高望重的老臣都反對和般度族公開翻臉，勸老王要奉行正道，不要像兒子難敵一樣因嫉妒和貪欲迷失心竅。一番爭執後，持國決定聽從毗濕摩和維杜羅的提議，迎回般度族，並且將國土的一半交給了堅戰。

堅戰定都天帝城（Indraprastha）。古代天帝城是一座荒蕪的都城，般度五子抵達時城市已經變得破敗不堪，但他們帶領人民把這個原來荒蕪的古代都城建造成了美妙絕倫、道路寬闊的宏偉新城。持國分給般度族的國土原本是較為貧瘠的一半，但堅戰和五個兄弟以法治國，幾年之後就將領地建設成全印度最富庶的地方。

毗濕奴化身的黑天對般度族充滿友愛，時常為他們出謀劃策。有一次，黑天邀請阿周那到自己統治的多門城中過節，節日中，阿周那愛上了黑天的妹妹妙賢（Subhadra）。在黑天慫恿下，阿周那將妙賢搶回了天帝城。婚後，妙賢為阿周那生下了般度五子後代中最出色的年輕勇士激昂（Abhimanyu）。此時，黑公主也為般度五子各生了五個兒子。

堅戰統治國家十二年，天帝城的聲威越來越強大，國庫充足，人民安樂。有一次，阿周那偶然在森林大火中，救了曾為阿修羅建造三連城的摩耶修羅。這位阿修羅的建築師為了報答阿周那，就為般度族建造了一座壯麗神奇的大會堂。在這座會堂中，雲遊四方的那羅陀仙人建議堅戰舉行王祭。堅戰徵求了黑天的意見，黑天告訴般度五子，要舉行王祭，得要打敗殘暴強大的摩揭陀國國王妖連才能服眾。於是怖軍、阿周那、黑天三人化裝來到摩揭陀國。怖軍與妖連單挑，經過十三天的戰鬥，怖軍終於在黑天的幫助下將妖連撕成兩半。

妖連之死震驚了整個印度。堅戰派四個兄弟率軍征服周圍的國家，所有國家都主動向堅戰王稱臣。最後，堅戰召集所有的國王，在天帝城的大會堂中舉行了盛大的王祭。堅戰很敬重黑天，便請黑天做王祭的首席客人，接受王祭獻禮。可是在王祭當天，桀驁不馴的車底（Chedi）王童護和黑天起了衝突，他大罵黑天：「這裡是國王待的地方，黑天這小子不過是個放牛的賤人，他吃了庚斯的食物，卻又殺了庚斯，自己給自己加冕，根本不配享有首席來賓的榮譽！」他還侮辱了勸說他不要與黑天作對的毗濕摩。黑天因為童護的母親是自己的姑母，所以對這些惡毒言辭一忍再忍。但當童護大笑著對黑天說「你妻子豔光公主原本是許配給我的，無論你高不高興，都不能拿我怎樣」的時候，終於越過了黑天忍耐的極限，他猛然站起，用毗濕奴神盤切下了童護的腦袋。國王看到童護被當場殺死，震懾得無話可說，再也沒有人敢與堅戰為敵，王祭順利進行。

難敵也來參加了王祭。在天帝城看到般度一族統治的土地如此繁榮昌盛，嫉妒就像有蟲子噬咬著他的內心一樣。大會堂的地面是水晶做成的，難敵路過時以為這是個水塘，就挽起了衣服打算涉水過去；意識到自己錯了之後，他悶悶不樂四處閒逛，來到一個清澈的池塘前時，他又以為這是一片水晶地，就直朝著水面走去，結果跌入水中，搞得狼狽不堪。看到這情景，堅戰之外的所有般度族人都忍不住大笑起來。難敵出盡洋相，回到象城，被嫉恨攪得寢食難安，痛苦不堪。難敵的軍師沙恭尼向他獻計，據說堅戰喜歡玩擲骰子，卻又不甚擅長；而沙恭尼正好精通此道，懂得各種賭博手段和花招，完全可以用賭博的辦法把堅戰的一切奪取過來。於是，兩人纏著持國，要持國找堅戰來參加賭局。持國知道兒子沒安好心，但軟耳根的他經不起難敵糾纏，最後自己也在權力和財富面前動搖了，就派信使前往天帝城邀請堅戰。

摩訶婆羅多中堅戰賭博一幕

賭約與流放

堅戰沒能拒絕賭博的誘惑，來到象城。在賭局中，沙恭尼代表難敵出戰，他輕而易舉把堅戰玩弄於股掌之上。堅戰先是輸了金錢和財寶，僕人和軍隊，繼而將整個國土和人民都輸了出去，而且一輸再輸後，賭紅眼的堅戰還一個接一個把幾個兄弟押上賭桌，和自己一起輸給了沙恭尼，最後一咬牙，甚至把心愛的黑公主也當成了賭注。結果，般度五子和黑公主都成了難敵的奴隸。般度五子一無所有，連身上的衣服都輸給了難敵。難降粗暴地把不明就裡的黑公主拽住頭髮拖到會堂上，還要當眾侮辱她，把她衣服剝掉。黑公主哭叫怒罵，堅戰只能痛苦地呆站在原地。迦爾納在一邊說風涼話，說般度五子是空心芝麻，要黑公主趁早改嫁，難敵還哈哈大笑著朝黑公主露出大腿。怖軍氣得發抖，他對著難降和難敵咆哮：「該死的難降，你敢這樣對待黑公主，我將來一定會撕裂你的胸膛喝你的血；難敵，如果我今後不用鐵杵打爛你的大腿，就讓我怖軍死後進不了祖先的天堂。」他發誓將來要在戰場上殺掉持國的一百個兒子。

這句話一說完，種種不祥的徵兆就出現在會堂周圍，讓在場的人無不震驚。一直沉默的持國也忍不住了，他終於開口平息事態，安慰侄媳，把堅戰賭輸的一切又還給了般度族，放他們回天帝城。

難敵十分不滿，在持國面前大吵大鬧，認為父親完全是放虎歸山。軟弱的持國王在兒子面前再度動搖了，他不得不派人把堅戰他們叫回來，再次設下賭局。堅戰明知這是圈套，但面對挑戰而不迎戰是剎帝利的恥辱，他只得再次回到賭桌前。這一次哪一方如果輸了，就必須到森林中流放十二年，第十三年必須隱姓埋名地度過，一旦被認出，就必須再流放十二年。沙恭尼再度在賭博中使用了花招，毫無懸念地贏了堅戰。般度五子和黑公主不得不放棄王位，把母親貢蒂委託給毗濕摩和維杜羅照顧，自己則披著羚羊皮，踏上了淒苦坎坷的流放之路。他們離開的時候，堅戰由於感到無比羞慚，用衣服遮住了臉。阿周那一邊撒沙一邊走，怖軍揮動雙臂，表示要以武力報復。偕天和無種都用泥土把自己美好無比的身體塗抹起來，免得被人認出。

對這場賭博，黑天並不知情，他正忙著與入侵自己國土的鄰國沙魯瓦王交戰。打敗來犯者後，他才知道般度五子已經遭到流放。黑天急急忙忙趕去見他們，竭力安慰黑公主，黑公主的哥哥猛光也來看望妹妹，激動地表示要把她受到的屈辱全都討回來。此時，黑公主、怖軍和堅戰之間發生了分歧，性格激烈的黑公主堅持要堅戰用武力奪回王國，怖軍也支持她，咬牙切齒地發誓要用難降的血洗黑公主的頭髮。儘管黑公主和弟弟的怒火燃燒得如此旺盛，堅戰還是憂鬱地嘆了口氣，決定遵循約定，執行賭約，在森林中度過十二年。

為了排解心中的憂傷，般度族按仙人的指示，開始在各個聖地間巡行朝拜。各地的仙人都趕來陪伴這個不幸的家庭，安撫他們，講古代故事給他們聽，告訴他們正義必將得到勝利，忍耐和寬容會得到報償。

阿周那為了取得將來復仇的武器，獨自離開前往喜馬拉雅山修行。有一天，阿周那在林中射殺了一隻野豬，同時一個山中獵人的箭也射中了野豬。獵人和阿周那為了野豬的歸屬，爭執起來，最後大打出手。奇怪的是，勇武無敵的阿周那竟然完全不是那個獵人的對手，他射完了箭，折斷了寶劍，獵人依舊毫髮未損，還哈哈大笑著奪走了阿周那的弓，把他勒得緊緊的。就在阿周那以為自己必死無疑的時候，那獵人竟然笑著退開了。

原來那獵人就是濕婆，他正與妻子帕爾瓦蒂在喜馬拉雅山遊樂。濕婆被阿周那不屈不撓的精神感動了，就將自己最強的武器「獸主之寶」（Pashupatastra）借給了阿周那。得到濕婆的武器後，天帝親自下凡來迎接愛子，阿周那坐在天帝的飛車上來到天國，幫助父親和阿修羅作戰，同時學習更強大的戰鬥方法，整整五年後才回到了自己兄弟和妻子的身邊。

天帝因陀羅知道整個大地上就武藝而言，迦爾納是唯一能威脅阿周那的人。因此，他變成一個婆羅門來向迦爾納要求施捨身上天生就裹著的鎧甲和耳環。迦爾納為了實踐武士的道德，慷慨地用刀把長在自己身上的神甲割下來送給因陀羅。看到迦爾納鮮血淋漓的模樣，天帝也不禁動容，他顯出真身，把一個叫做「力寶」（Vasavi Shakti）的神奇標槍送給迦爾納。不過，這支百發百中的標槍只能使用一次，之後就會被天帝收回。

難敵聽說般度五子現在住在森林裡，睡在泥土地上，依靠打獵為生，便幸災樂禍地想要親自去瞧一瞧他們受苦的樣子。他帶著軍隊，耀武揚威地前往般度族住的地方，沒想到半路招搖過頭，得罪了在此度假的乾闥婆王奇軍。乾闥婆王的軍隊把難敵的軍隊打得大敗，難敵也被俘虜了。這事情傳到般度兄弟耳朵中，堅戰不計前嫌，堅持讓不情願的弟弟們把難敵給救出來。奇軍知道堅戰是個品德高尚的人，不想和他為敵，就把難敵放了。難敵想到自己居然是被仇敵所救，羞愧難當，差點絕食自殺。迦爾納趕來安慰他，發誓自己一定會在戰場上打倒般度五子，難敵這才打起精神來。他不但不反省自己的行為，感激堅戰，反而認為這是對自己的極大羞辱，對般度五子的仇恨越發深刻了。

十二年之期快到了，有一天，為了追一隻鹿，般度五子來到了傳說中有魔鬼居住的夜叉湖。走到夜叉湖時兄弟四人口渴極了，一個接一個去喝魔池的水，結果全部倒在湖邊死去。堅戰也來到了魔池邊，看到弟弟沒有生氣的軀體，又難過又奇怪。此時湖邊響起一個聲音，對堅戰說：「我是守護這個湖的夜叉。想要取水，得要正確回答我的問題。你的弟弟急著喝水，沒有理會我，所以才會死去。」

堅戰說：「那麼我來回答你的問題。夜叉，你問吧！」「誰使得太陽升起？誰是它同行者？誰使它落下？它住在哪裡？」「梵天使得太陽升起，眾神是它同行者，正法使它落下，它住在真理之中。」「什麼比大地更重？什麼比天還高？」「母親比大地更重，父親比天還高。」「哪個詞是正法？哪個詞是聲譽？哪個詞是天國？哪個詞是幸福？」「勤勉是正法，施捨是聲譽，真理是天國，戒行是幸福。」「什麼是世上最高正法？」「仁慈。」「人捨棄了什麼可以得到一切人的愛？人放棄了什麼就沒有憂愁？人放棄了什麼可以變得富有？人拋棄什麼就有快樂？」「人捨棄了驕傲可以得到一切人的愛，人放棄了憤怒就沒有憂愁，人放棄了欲望可以變得富有，人拋棄貪婪就可以得到快樂。」「什麼是人？什麼人擁有一切財富？」「只要有善行的聲譽在，就可稱為人。愛和憎，苦和樂，過去和未來，一視同仁，這樣的人就擁有一切財富。」

堅戰的回答令夜叉很滿意，他說：「我可以讓你死去兄弟中的一人復活，你希望把這個機會給誰？」

「無種。」

夜叉很驚奇地問道：「人們都說你喜歡怖軍，整個般度族都要依靠阿周那的武力，為什麼要讓庶出的無種復活？」

堅戰答道：「仁慈是最高正法，我願意實行仁慈。我有兩個母親，我對她們一視同仁。我活著，貢蒂就還有兒子，無種復活，瑪德莉不至於絕後，這樣才公平。」

聽了這話，夜叉大喜，他原來是正法之神閻摩所化，特地來考驗兒子。堅戰通過了他的考驗，讓這位天神父親十分高興。他給堅戰三個恩惠，堅戰希望他讓四兄弟全部復活，在接下來隱姓埋名的十二個月裡能安然度過。閻摩一一答應。最後堅戰希望自己能永遠征服貪、嗔、痴，讓心裡常駐真理，正法之神說：「你天生就具備這些品質，你就是正法。」說罷消失了。

經過商議，般度五子決定到摩差國（Matsya Kingdom）國都水沒城（Upaplavya）國王毗羅吒（Virata）的王宮中度過最後一年。堅戰陪國王玩骰子，阿周那化裝成教習歌舞的太監，怖軍做廚師，無種和偕天照顧牲口，黑公主則去做王后的侍女。王后的哥哥空竹（Kichcka）是這個國家的軍隊元帥，是一個粗暴貪婪好色的人，他看上了黑公主的姿色，頻頻騷擾黑公主。黑公主只好向怖軍哭訴。怖軍說：「你放心好了，你把那個傢伙騙到沒人的地方去，剩下的事情我來解決。」於是，黑公主假意同意和空竹約會，讓他半夜摸黑到舞廳裡等自己。

空竹喜孜孜地前往，卻遇上了扮成黑公主的怖軍。兩個大力士在夜裡一陣纏鬥，最後空竹被怖軍活活打死，四肢被塞進身體裡，活像一個肉球。

遠在象城的難敵，此刻正在為派出的探子找不到般度五子而苦惱，聽說了這件事情，大叫：「我知道空竹，這片大地上能像這樣殺死他的，除了怖軍沒有別人。」此時十三年之期將至，難敵派出善佑（Susharma）率領的三穴國（Trigarta Kingdom）大軍去侵擾摩差國，國王毗羅吒帶著大軍前去迎敵，不料這卻是調虎離山之計，由毗濕摩、德羅納和迦爾納率領的難敵大軍趁著摩差國國內空虛，兵臨國都城下。毗羅吒的兒子優多羅（Uttara）在內宮的女眷面前吹噓自己可以一個人趕走敵軍。黑公主建議他帶上阿周那作為御者，兩人乘著戰車來到戰場。從小嬌生慣養的優多羅一看難敵大軍的陣勢，頓時嚇破了膽，跳下戰車就往後逃，阿周那一邊笑一邊追上太子，把他揪上戰車，命令他負責駕車，而自己則負責打敗敵人。隱姓埋名十三年的阿周那拿出在天宮習得的武藝，施展出驚人的威力，獨自一個人把名將雲集的難敵大軍打得落花流水，毗濕摩、德羅納和迦爾納全都敗在他手下。難敵受了重傷，認出打敗自己的人就是阿周那，氣得齜牙咧嘴。戰鬥結束，阿周那宣布十三年時間已到，回到摩差國國都，和兄弟一起向國王披露了自己的身分。國王大喜，把女兒至上公主（Uttaraa）嫁給了阿周那與妙賢的兒子激昂，般度族又得到一位盟友。

此時，般度族認為，十三年已至，自己按照賭約要求完成了流放，因此應當將國土還給他們了。而難敵則宣布：由於十三年還沒有過完，阿周那就和他們在戰場上相遇並且被認出，所以般度族應當再被流放十二年。

般度族與俱盧族備戰

雙方的爭議無法解決，一時間，印度次大陸上的政治氣氛驟然緊張起來。堅戰和黑天、大力羅摩、木柱王及毗羅吒在一起商議，最後堅戰決定接受岳父木柱王的建議，一面派出和平使者到象城談和，一面通知所有的盟友積極備戰。難敵也開始準備戰事，於是所有國王都集結軍隊，或投向般度族，或投向難敵的俱盧族，整個印度大地上所有國家的王子和知名武士都捲入了戰爭之中。

阿周那去多門城拜訪黑天。幾乎在同一時間，難敵也來到了多門城。他們到達黑天住所的時候，黑天正在床上睡覺，難敵急不可耐地站在黑天床頭，阿周那則站在床尾恭敬地等著黑天醒來。黑天睡醒，首先看見站在腳邊的阿周那，便笑著向他打招呼。難敵大聲抗議，說自己和般度族都是黑天親戚，因此應當獲得相等的支援。黑天於是將自己的力量分成兩份，一份是由成鎧（Kritavarma）率領的雅度族軍隊，另一份則是黑天自己，但他發誓不會在戰場上拿起武器作戰。由於黑天先看到了阿周那，便由他第一個挑選。阿周那毫不猶豫地選擇了不參戰的黑天，而難敵則暗自竊喜，他以為自己不但得到了強大的黑天軍隊，也得到了足以與黑天匹敵的大力羅摩。沒想到大力羅摩對親族之間的殺伐感到十分憎惡，拒絕為任何一方出戰。

大戰的陰雲籠罩在大地之上，所有人都對即將爆發的戰爭可能產生的可怕結果憂心忡忡。堅戰做了最大的讓步，他提出只要難敵一方給自己五個村莊就可不開戰，甚至一向主張武力復仇的怖軍都覺得，親族殘殺的前景太黑暗，請求黑天儘量順從難敵的意願，哪怕忍氣吞聲也要爭取和平，不要讓婆羅多族在戰爭中毀滅。黑天被委派為般度族的使者出使象城，向難敵和持國提出般度族的要求，作為和平解決矛盾的最後努力。他得到了毗濕摩、德羅納和維杜羅的熱情歡迎。然而，難敵和他手下的人充滿敵意地對待黑天，甚至想要謀殺他，卻被黑天用神力輕易挫敗。在大會上，對般度族提出的和平解決方案，難敵態度粗暴地完全否決，並且聲稱：「我連針尖大小的地方也不會給般度族！」儘管黑天和毗濕摩做出了種種努力，斡旋談判還是以失敗告終。

黑天離開象城的時候，迦爾納前去相送，黑天和他私下交談，將迦爾納的身世祕密告訴了他，勸他離開難敵，回到他真正的兄弟那裡去。黑天還向迦爾納保證：只要他回到般度族一邊，他所有的兄弟都會承認他為嫡長子，堅戰會把王位和國土讓給他，阿周那和怖軍也會熱情真誠地張開手臂迎接他。迦爾納感謝黑天的好意，但他說：「貢蒂拋棄我，車夫撫養我。我享受了難敵的財富，不能背信棄義。」儘管如此，他對過去做出傷害般度五子的事情和說過的話感到愧疚。他還要求黑天對兩人的談話保守祕密，因為堅戰一旦知道真相，就會毫不猶豫把王位讓給他，而他則會把國土交給難敵。黑天答應了他，懷著遺憾回到堅戰軍中。

無種和偕天的舅舅沙利耶是摩德羅國（Madra Kingdom）的國王。他率軍參加般度軍。可是狡猾的難敵卻在沿途殷勤設宴，盛情款待沙利耶的軍隊，沙利耶非常開心，他不明就裡，以為這些招待都來自外甥。當他知道這是難敵為他做的一切時，雖然心不甘情不願，卻不得不加入難敵一方，因為武士必須知恩圖報，報答善意款待。他派出使者來到堅戰軍中，告訴堅戰自己投入俱盧族的苦衷。在俱盧軍中，堅戰最害怕的就是唯一能打敗阿周那的迦爾納，作為補償，沙利耶答應會暗中和迦爾納作對，在戰場上盡力保護阿周那。

大力羅摩來到堅戰軍中，他看到大戰在即，悶悶不樂，他痛斥交戰雙方，說他們為了利益，鬼迷心竅，不惜對親人和朋友開戰，他越說越氣，最後甚至拿起武器犁來，想要在般度族和俱盧族毀滅彼此之前先把他們毀滅掉，最終被黑天勸住。大力羅摩心中鬱鬱，獨自離開大營去參拜聖地了。

戰爭就要開始，迦爾納像往常一樣，來到恆河邊祈禱。貢蒂悄悄來到他身邊，掀起他衣角遮擋陽光。迦爾納見到貢蒂感到非常詫異，他向貢蒂請安：「車夫羅陀和升車之子向您致敬。」貢蒂淚流滿面地對迦爾納說：「迦爾納，羅陀不是你母親，升車也不是你父親，你並非趕車的賤民，你父親是太陽神蘇利耶，我就是你的生身母親。你應該站到你親兄弟那方。」

迦爾納看到貢蒂的淚眼，也覺得十分痛苦。然而他卻毫不猶豫地回答說：「你拋棄了襁褓中的我，從此我的聲名和榮譽俱毀。你雖然是我母親，對我造成的傷害卻比任何一個敵人都大。你現在為了利益才來向我說明真相。如果我現在加入般度族，誰不認為我是出於害怕？我的父母永遠是趕車的人，我也永遠是一個車夫之子。持國之子始終尊敬我，我怎能不報答他？不過，既然已經知道真相，那我就不會在戰場上殺害其他兄弟，但阿周那必須死。無論如何，到了最後，你仍然會有五個兒子。」

戰前，毗濕摩給難敵分析般度軍和己方的情況，列舉雙方軍中的武士和大武士。難敵聽後信心倍增。可是說到難敵軍第一勇士迦爾納時，毗濕摩卻這樣說：「迦爾納只能算半個武士，因為他太狂妄自大。他要和阿周那交手的話，必死無疑。」德羅納也同意這種說法。兩位老將的話激怒了驕傲的迦爾納，他當場表示，只要毗濕摩還活著，自己就不會上戰場。

俱盧之野大戰

會戰即將開始，大軍對陣在俱盧之野上，種種徵兆顯示這會是一場異常血腥殘酷的戰爭。般度大軍分為七支。七位大軍元帥分別是木柱王、毗羅吒王、猛光、束髮、善戰（Satyaki）、顯光（Chekitana）和怖軍。其中黑公主的哥哥猛光被任命為大元帥。黑天因為發誓不作戰，便為阿周那擔任御者，為他駕駛戰車。另一邊，難敵也率領十一支大軍進入俱盧之野。難敵軍也是人才濟濟，大元帥是毗濕摩，各軍元帥也個個都是英雄豪傑：其中包括德羅納、慈憫、沙利耶、成鎧王、迦爾納、馬勇、勝車（Jayadratha）、沙恭尼、廣聲（Bhurisravas）等成名英雄。

開戰的施禮

這時，般度軍中出現一陣騷動，堅戰竟然脫下鎧甲，放下武器，跳下了戰車，雙手合十地穿過兩軍之中的空地。四個兄弟也緊跟其後，惶然不已，以為愛好和平的堅戰想要臨陣投降。但黑天卻笑著說：「堅戰王只是依照古代禮節，在開戰之前去徵求長輩和老師的祝福罷了。」曾將般度五子撫養長大、教給他們吠陀知識和戰鬥技藝的師長，包括毗濕摩、德羅納、沙利耶和慈憫等人，此刻都在為俱盧族作戰。他們雖然反對戰爭，並且心和道義都在般度族這邊，但食君之祿，忠君之事，不得不拿起武器與昔日學生戰鬥。

堅戰走到毗濕摩身邊，向毗濕摩行了最莊重的禮節——觸足禮，然後說道：「老祖父，我就要向您開戰，請您表示同意，我想從您這裡得到祝福。」

毗濕摩難過地說道：「我祝福你，般度之子！多麼遺憾，人是財富的奴隸，俱盧族已經用財富將我捆住。除了戰鬥，你想要什麼？」

堅戰又說：「您是天下無敵的武士。大戰之中，我們要如何才能打敗您？」

而毗濕摩也毫不猶豫地回答：「任何武士都不能打敗我、殺死我。只有女人我不會對其出手。束髮曾是女兒身，因此我不會傷害他。」

堅戰又以學生的身分向德羅納和慈憫施禮，以外甥的禮節向沙利耶施禮。黑天趁機找到迦爾納，建議他既然拒絕在毗濕摩活著的時候出戰，不妨來到般度族一邊先為他們戰鬥，等毗濕摩死了再回俱盧軍。迦爾納再度拒絕了。

戰爭開始，戰鼓聲、螺號聲與馬嘶、象吼、戰士的吶喊聲連成一片。面對俱盧族占絕對數量優勢的大軍，般度族排定了雷杵陣容。看到對方軍隊中滿是自己的親戚、朋友，阿周那突然感到萬分沮喪，他對這場戰爭的合法性產生了懷疑。他眼裡含著淚水對黑天說：「小時候，我趴在泥土裡玩耍，由於不懂事，抓著毗濕摩的褲

俱盧之野的大戰

腳喊：『爸爸，爸爸。』他抱起我說：『我不是你的爸爸，是你爸爸的爸爸。』我怎麼能向他下手呢？我所有弓箭技藝都來自德羅納師父，他愛我勝過愛他親生孩子，他的兒子馬勇也待我如同兄長。如今我要對這些人展開殺戮，這實在太可怕了。黑天，請你告訴我該如何是好？」於是，黑天開導阿周那，教導他不要為身體的憂傷迷惘，因為靈魂不生不滅；不要為結果而行動，拋棄對成果的執著，服從剎帝利天職，安心投入戰鬥。他們這番對話就是著名的《薄伽梵歌》（*Bhagavad Gita*），古代印度哲學集大成的篇章。阿周那聽從黑天的勸說，再度拿起武器。

然而，在這一天的戰鬥中，毗濕摩接連擊斃般度族勇將優多羅和白淨（Sweta），般度軍出師不利，損失慘重。

第二天，怖軍殺死敵方大將聞壽（Shrutayu）及其子。雙方打得難分難解。阿周那和毗濕摩戰成平局。這一天的戰鬥中，般度族占據優勢。

第三天，俱盧族使用大鵬陣容，般度族排出半月陣容。怖軍射傷難敵，俱盧族潰敗，士兵逃跑。難敵指責毗濕摩向著般度族一方，作戰不力。毗濕摩對難敵說：「般度族站在正義的一方，無論我有沒有盡力，他們都將勝利。不過，我會證明給你看我的實力。」他大顯神威，般度軍無法抵擋他，落了下風。阿周那面對老祖父，依舊猶豫不決，無法全力戰鬥，黑天勃然大怒，一時竟然忘記了自己不參戰的誓言，跳下戰車，拿起一個車輪，揮舞著就要去殺死毗濕摩，阿周那只得抱住黑天大腿，拚命將他拖回來，發誓自己會奮勇殺敵。隨後，他們登上戰車，阿周那實踐自己的話，把俱盧族軍隊殺得大敗。

第四天，阿周那和毗濕摩戰成平局，怖軍被難敵射傷，從昏迷中醒來後，他殺死了持國百子中的八個。老將福授王（Bhagadatta）出戰，射昏了怖軍。怖軍的兒子羅剎混血兒瓶首頂替父親的崗位，施展幻術擊敗了俱盧族。

第五天，束髮出陣，毗濕摩果然一反常態，不願和他交戰。

就這樣，雙方你來我往，戰鬥中各有傷亡和勝負。到了第七天，難敵仍然不斷責備毗濕摩，要他殺死般度族兄弟，毗濕摩感到十分為難，但依舊表示會盡力而為。在這一天的戰鬥中，德羅納殺死了激昂的岳父、摩差國的國王毗羅吒，毗濕摩重創堅戰，但依然避免和

《薄伽梵歌》

束髮作戰。

毗濕摩之死

到第八天，怖軍殺死了持國的八個兒子，繼而又殺死了九個，瓶首大戰難敵，再度施展羅剎幻術取勝。難敵對自己兄弟的死感到很惱火，這天夜裡，他請求毗濕摩讓迦爾納出戰，頂替毗濕摩。毗濕摩再度保證自己會全力投入戰鬥。第二天，他果然如同天神附體，在大戰中殺死般度族一萬四千名戰士。般度軍被老戰士一個人殺得大敗。黑天看到這個情景，再度發怒，想要親自殺死毗濕摩，被阿周那拉住。到了夜裡，般度五子悄悄拜訪毗濕摩，請教殺死他本人的辦法。毗濕摩說：「只要讓阿周那躲在束髮身後向我射箭，我就無計可施。因為束髮前身是公主安芭，曾是女子，我不會向他出手。」

第十天，般度族果然把束髮放在陣前，並讓阿周那和怖軍配合他。猛光命令所有軍隊衝向毗濕摩。毗濕摩殺死般度軍無數士兵，手持弓箭，沒有哪個國王敢於逼視他。束髮在阿周那和怖軍的幫助下終於衝到毗濕摩陣前。對於束髮的攻擊，毗濕摩竟然不躲也不閃，也不向束髮發射一支箭。他覺得，自己死亡的時辰終於到來了。這位英勇的老戰士這樣想著，依舊決定接受命運安排。他不再攻擊阿周那，阿周那射斷了毗濕摩的標槍和所有的弓，毗濕摩拿起劍和盾，想要跳下戰車步行作戰，然而阿周那又摧毀了他的盾牌。眾多的般度族戰士就這樣圍攻毗濕摩。毗濕摩身上插滿了利箭，就在夕陽餘暉中，頭朝東方，從戰車上落了下來。

戰鬥的喧囂驟然而止，太陽變得暗淡無光，大地也在不停悲鳴。所有人的心都和毗濕摩一起倒下了，俱盧族和般度族的士兵都因為悲傷背過了臉。德羅納聽說這消息，悲痛地從戰車上暈倒跌下。雙方將領都放下武器，卸下盔甲，畢恭畢敬地來到他身邊致敬。因為全身中滿利箭，毗濕摩身體並沒有觸地。他臥在箭床上，這是一個剎帝利武士垂死時能享有的最高榮譽。

十八世紀細密畫《毘濕摩之死》

毗濕摩對站在面前的武士說：「我的頭懸著很難受，給我個枕頭吧。」有人拿來幾個墊子，可是毗濕摩拒絕了。阿周那從自己的箭囊中取出三支箭插入土中，用鋒利的箭頭支撐毗濕摩的頭。奄奄一息的毗濕摩笑著對阿周那說：「這才是我所需要的枕頭。」他拒絕了醫生的救治，決意在太陽北行時離世，和這些穿透他身體的箭一起上火葬堆。

般度族和俱盧族共同設立崗位，守護垂死的老英雄。國王紛紛前來向毗濕摩致上最後的敬意。毗濕摩覺得口渴，有人拿來食物和飲料，他拒絕了。又是最懂老祖父心思的阿周那，挽弓射箭，射擊大地，於是從泥土裡噴出清泉，落到毗濕摩口邊。

夜幕降臨，迦爾納悄悄一個人來到戰場上，匍匐在箭床前請求毗濕摩的原諒。毗濕摩打發走衛士，用一隻手臂猶如父親擁抱兒子那樣擁抱迦爾納。他說：「你一直慫恿難敵和般度族作對，我擔心你造成家族分裂，才一直對你說話粗聲粗氣。好孩子，你是一名高尚的勇士，你回到同胞兄弟身邊吧！現在還來得及。」

但迦爾納搖了搖頭。事已至此，他已經不能反悔了。

戰爭第十一至十三天

毗濕摩倒下後，迦爾納推舉德羅納為大元帥，於是戰爭重開。難敵要求德羅納活捉堅戰，德羅納聽到不用殺害堅戰後很高興，還以為難敵想要打敗般度族後就和般度五子談和，沒想到難敵心裡的如意算盤，其實是要抓住堅戰後逼迫他再次賭博，再將般度族流放一次。德羅納答應了活捉堅戰的要求，但要難敵引開阿周那。

德羅納掛帥的第一天，開戰以來一直沒有露面的迦爾納披掛出陣，德羅納率軍奮勇衝殺，可是就在即將殺到堅戰面前時，阿周那從陣中衝殺出來，擊退了俱盧軍。俱盧軍不是對手，只好全軍撤退。回到營中，德羅納對眾人說道：「只要有阿周那在，我們就不可能活捉堅戰。」為此三穴國的國王善佑自願擔任敢死隊，將阿周那引開。

德羅納掛帥的第二天，也就是大戰的第十二天，敢死隊將阿周那和黑天的軍隊引向遠離堅戰的地方。趁此機會，德羅納再次衝向堅戰，般度族軍隊看出德羅納企圖，奮勇堵截他，無數戰士為了保護堅戰，死於德羅納的戰車輪下。德羅納多次發起攻擊，都被般度族擊退了。俱盧軍派東光國（Pragjyotisha）的國王福授率領象軍衝向堅戰，情況正危急，阿周那及時殲滅敢死隊趕回，和福授王展開激戰。福授王使出必殺的毗濕奴法寶向阿周那扔去，黑天擋在阿周那身前，收回自己施與的這個法寶，把它變成了胸前的裝飾物。

阿周那趁機殺死了年老的福授王和他那頭著名的巨大象王。

第十三天，難敵在戰鬥前埋怨德羅納沒有兌現活捉堅戰的誓言。德羅納說：「我已經說過，不把阿周那從堅戰身前引開，我無法接近他。你得要想辦法拖住阿周那才行！」於是，敢死隊再次向阿周那挑戰，把他引到戰場遠處，德羅納則率領排成蓮花陣的俱盧軍向堅戰衝來。怖軍、善戰、束髮、木柱王、猛光等戰將都擋不住德羅納的攻擊。就在這緊要關頭，堅戰將激昂叫到身邊：「你是般度家新一代最優秀的戰士，現在只有你能攻破這個陣，阻止德羅納的攻擊。」激昂說：「我父親教過我破陣的方法，可是我不知道進去之後如何衝出陣外。」堅戰說：「沒關係，只要你攻破陣形，我們就跟在你身後掩護你。」於是，年輕的激昂拿起武器，英勇地投入戰鬥。他率軍衝破了俱盧人的前陣，先後戰勝了難敵、難降和迦爾納，勇不可當地一路闖入敵陣，引起一片混亂。堅戰和怖軍想要跟上去支援，但信度（Sindhu）國王勝車迅即指揮軍陣重新合攏，將般度諸將隔在了陣外。激昂身陷重圍，卻毫無懼色，在陣中來回衝殺，俱盧族這邊諸多名將，竟然沒一個拿他有辦法。難敵的兒子羅奇蠻（Laxman）來戰激昂，才一個回合就被激昂挑下戰車。

難敵死了愛子，憤怒異常。他命令迦爾納、馬勇、德羅納、慈悯、偉力（Brihatbala）、成鎧六員大將一同圍攻激昂。迦爾納看準一個機會，一箭射死了激昂的車夫。成鎧則射死了激昂的馬。戰車損毀，激昂跳到地上，拿著刀和盾繼續戰鬥。德羅納射斷了激昂的刀，迦爾納射碎了激昂的盾牌，於是激昂舉起地上的車輪，憤怒地朝德羅納衝過去，流淌的鮮血將他的戰袍染成一色，像黑夜一樣美麗。他殺死了馬勇的車夫，摧毀了難降的戰車。難降的兒子和激昂站在地面上搏鬥起來。他們互相用鐵杵擊中對方，一起倒地。激昂爬起來稍微慢些，難降的兒子先站起來，將鐵杵砸在激昂腦袋上，殺死了他。

雖然打敗了激昂，但俱盧軍一點勝利的喜悅感都沒有。六個長輩圍攻一個還未成年的孩子，在那時是最卑劣的行為。

此刻，雙方鳴金收兵，追擊敢死隊的阿周那疲憊不堪地回到大營。當聽到激昂的死訊時，阿周那悲痛得淚流滿面，暈倒在地。醒來之後，他發誓要讓俱盧族圍攻殺害激昂的行為付出代價，他決意在明天日落之前殺死信度王勝車，否則就跳入大火自殺，因為如果不是勝車堵住了般度軍的去路，激昂就不會陷入重圍戰死。他這樣發誓後，憤怒地吹響自己的天授螺號（Devadatta），黑天也吹響了五生螺號（Pancajanya），復仇神音震撼著整個宇宙。

第十四天的戰爭開始了。阿周那率軍站到了陣地的最前線。他以風捲殘雲之勢，迅疾地突破了德羅納、難耐（Durmarsana）和難降的阻截，沿途擊斃了俱盧多員大將，闖入俱盧軍內部，將俱盧軍殺得七零八落。難敵見狀大驚失色，要求德羅納回援後軍。可是德羅納當場拒絕了。為了給難敵鼓勁，德羅納交給難敵一件刀槍不入的神鎧，讓他穿上去對付阿周那。難敵趕上阿周那，一開始兩人戰得難分難解，不過阿周那很快就看出了這件盔甲的弱點，便幻化出無數支小箭，射入鎧甲缺乏保護的結合部，難敵疼痛難忍，逃走了。

堅戰擔心阿周那寡不敵眾，先後派遣善戰和怖軍去支援阿周那。怖軍突破德羅納的阻截，殺入敵陣，面對俱盧族的圍攻，一口氣殺了持國十一個兒子，最後與迦爾納相遇。怖軍咆哮著撲向迦爾納，並擊毀了迦爾納的弓和戰車。迦爾納只好跳上兒子牛軍（Vrishasena）的戰車。怖軍看迦爾納失利，越戰越勇，將趕來支援的持國的十四個兒子全部殺死。這個情景激怒了迦爾納，他像死神一樣撲向怖軍，擊殺了怖軍的御者與戰馬，擊飛了怖軍的長矛和寶劍。但他並沒有殺死怖軍，因為他曾經答應過貢蒂，除了阿周那，絕對不會殺其他的兄弟。

此時德羅納衝到了堅戰面前，兩人好一番激烈大戰，但德羅納畢竟是堅戰老師，技高一籌，擊毀了堅戰的戰車。堅戰跳下地來，德羅納駕車追擊，雙方大軍都發出驚呼，大喊：「德羅納要抓住堅戰了！」幸好偕天及時趕來，堅戰跳上了弟弟的車，逃脫了德羅納的追捕。

夜幕即將降臨，阿周那找到了信度王。阿周那狂怒地衝上去，衝破迦爾納、馬勇等人布下的防禦陣形，一箭射下信度王的頭顱。此刻夕陽正好落下，阿周那實踐了自己的諾言。

這一天的戰鬥十分殘酷。通常，人們在太陽下山後就會鳴金收兵，然而這一天的爭鬥實在太狂熱了，雙方點燃大火繼續在黑夜中廝殺。面對作戰凶猛的迦爾納，般度軍隊紛紛潰逃。阿周那決定和迦爾納決一死戰，卻被黑天拉住了。黑天說：「怖軍的兒子瓶首是羅剎，羅剎本就是夜間行動的妖魔，現在正是他發揮最佳狀態的時候，讓他去和迦爾納作戰吧！」

阿周那殺死信度王

瓶首面對俱盧軍，充分發揮自己的優勢，時而隱身在黑暗之中，時而飛上天空，時而施展幻術。在他的打擊下，俱盧軍大片大片地被消滅，眼看就要全線崩潰。聽到自己軍隊的狂呼亂叫，迦爾納怒不可遏，一時間竟然忘了因陀羅送給自己的那支「力寶」標槍只能使用一次，拿起來就向空中投去。隱身的瓶首被擊中，掉落在地上死去。聽到瓶首陣亡的消息，般度軍都十分悲痛，怖軍差點氣瘋了，堅戰也不禁掉淚。只有黑天突然大叫大笑起來，猛力擁抱阿周那。原來，他早就知道迦爾納這支標槍是專門用來對付阿周那的，現在既然用掉，那麼阿周那就不可能再受到迦爾納打擊了。擁有耳環、鎧甲和標槍的迦爾納是不可戰勝的，現在丟了這一切的他，已經如同凡人一樣了。

黑天在世上最珍愛的人就是阿周那。失去阿周那，即使有比三界統治權更寶貴的東西，黑天也不願意享有。為了保護阿周那，黑天可以使出任何手段。正因為如此，他接連用計誅滅妖連、童護等會對阿周那產生威脅的人，甚至不惜用己方瓶首的性命去換阿周那戰場生還的機會。

怖軍處在憤怒之中，也不顧黑暗，繼續揮軍前進。對方的元帥德羅納也神勇奮起，重整軍隊和般度軍繼續血戰。夜晚過去了四分之三，曙光逐漸浮現，狂熱的戰鬥卻依舊在進行。德羅納勇不可擋，在戰鬥中殺死了老將木柱王。看到德羅納大肆殺戮，般度軍無人能敵，黑天對阿周那說：「德羅納這樣勇猛，就算是因陀羅也無法戰勝他。管他什麼正法，使用計謀取勝吧！德羅納唯一的牽掛就是兒子馬勇，如果馬勇死了，他必定心如死灰。我們撒謊對他說馬勇死了吧！」

堅戰一開始並不同意，但德羅納的英勇令般度軍開始潰退。已經氣瘋了的般度五子都贊同黑天的計策，堅戰才勉強同意。怖軍用鐵杵打死了一頭叫馬勇的大象，然後對著在最前線戰鬥的德羅納高聲吼道：「我殺死馬勇了！」德羅納聽到這話，心中一驚，彷彿閃過一道晴天霹靂，他傷心地大聲呼喚堅戰：「堅戰，我的好孩子，這是真的嗎？」因為堅戰這一生從不撒謊，德羅納相信他即使為了三界王權也不會說假話。

黑天看到堅戰猶豫不決，著急地低聲對他說：「有時撒謊比真話好，我實話告訴你，如果德羅納再這樣作戰半天，般度軍就會全軍覆滅。」

堅戰知道黑天說的是實話，於是鼓足勇氣橫下心大聲回答德羅納：「是真的。」但出於自責，又用小得只有自己才能聽到的聲音說：「是大象馬勇。」

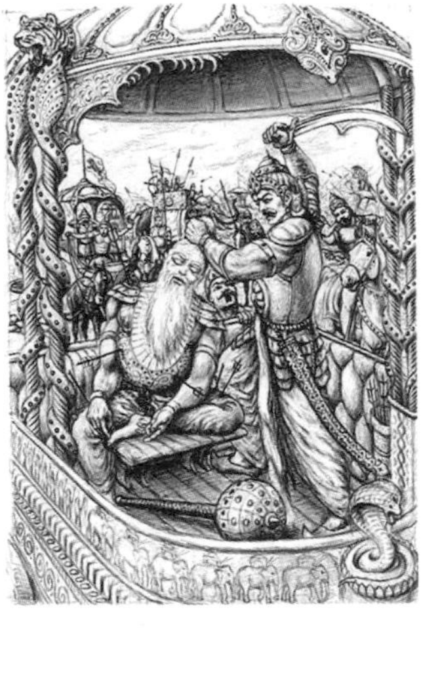
德羅納之死

話音剛落，堅戰戰車的車輪轟然落地。過去，他的戰車總是懸離地面，離塵世四指之遙，不染俗世塵埃，但如今，這位被稱為法王的國君也跌落欺騙者的塵土之中。

怖軍來到呆若木雞的德羅納身邊，指著他罵道：「不殺生是婆羅門最高正法，可是你卻不知廉恥地協助這場無意義的大屠殺。」德羅納原本聽到兒子死去，就已經失去生存欲望，此刻聽到怖軍的譴責，頓時覺得萬念俱灰，放下了武器，走下戰車，在戰場上打坐。猛光趁機上前，不顧雙方將士的勸阻，一劍砍下了德羅納的頭顱。

馬勇知道父親被般度族使用非正當的手段殺死，狂怒不已，發誓要報仇雪恨。他從前和父親一樣，一直喜歡般度五子。即使父親愛得意學生阿周那不亞於自己，他也從不妒忌。

大戰以來，他雖然為俱盧軍作戰，內心卻站在般度族一邊，為此也曾多次被難敵指責過作戰不力。但如今，殺父的仇恨已經洗去了所有的善意和友愛，馬勇紅了眼般大肆殺戮般度族軍隊，大軍在黑天的庇佑下才逃過一劫。

迦爾納激戰阿周那

德羅納戰死後，迦爾納出任了俱盧軍的元帥。第一天大戰，雙方戰成平手，迦爾納對難敵說：「阿周那如今比我高明，是因為他有黑天做御者。我也需要一個出色的御者。沙利耶就很不錯。」難敵便用盡渾身解數勸說沙利耶同意，沙利耶非常生氣，他提出一個條件：做迦爾納的御者可以，但是他有權對迦爾納任意暢言，無論說的話是讚美還是嘲笑。

第二天，迦爾納前往戰場，一路上，沙利耶一邊駕車，一邊對他惡語譏諷，把迦爾納比作不自量力的烏鴉，擾亂迦爾納的心思，迦爾納果然被激怒，不示弱地張口還擊，兩人就這麼拌著嘴皮子上了戰場。激戰開始，雙方都傷亡慘重，迦爾納把堅戰打成重傷，為了恪守對母親的誓言，沒有傷他性命。

堅戰退回大營之後，埋怨阿周那沒有盡力打倒迦爾納，阿周那勃然大怒，他說：「正是因為你不能戒掉賭習，我們才會被迫走上戰場，如今你卻待在黑公主的床上對我指手畫腳。

罷了！今日不是迦爾納死就是我亡。」堅戰聽聞，心裡十分難過，他從床上起身對阿周那說：「你說的沒錯，我是一個沾有惡習的罪人，是我害了大家。我把王位讓給怖軍，這就到森林去苦修。」聞訊趕來的黑天看到這一幕哭笑不得，好不容易才勸得兩兄弟和解。阿周那後悔地伏在長兄面前，為自己的尖刻話語請求原諒，堅戰扶起弟弟放聲痛哭起來。阿周那再次發誓一定要和迦爾納決一死戰，然後重登戰場。

此時，怖軍擊倒了難降，他拋出鐵杵，把難降拋到離戰車十丈遠的地方，難降盔甲和肢體破碎，躺在地上痛苦地扭動。怖軍心頭燃燒著復仇之火，從戰車跳到地上，舉起寶劍一劍破開了難降的胸膛，痛飲他的鮮血，實踐了當初黑公主被辱時自己發下的可怕誓言。看到他飲著熱騰騰的鮮血哈哈大笑，對陣雙方都戰慄不已，迦爾納更是又驚又怒，渾身顫抖。他看到阿周那向自己進攻，便毫不猶豫迎了上去。兩個宿敵就像是日月相撞在一起，彼此怒目相向，爆發出驚人的氣勢，甚至連天神、半神和精怪都紛紛聚集在一起，在雲上觀看，猜測誰勝誰負。他們之間的大戰令懦夫膽寒，既兇猛可怕，又殘忍美麗。

此刻，馬勇抓住難敵的手，最後一次規勸他道：「持國之子啊，停戰吧，許多人已經犧牲，如果迦爾納和阿周那之間有任何一個死了，這次大戰就不可挽回了。」難敵痛苦地說：「你言之有理，但怖軍殺死難降後的所作所為你也看到了，事已至此，哪裡還有什麼和平可言？」

迦爾納和阿周那仍在繼續搏殺，他們就像兩團濃雲互相奔湧，阿周那祭起梵天法寶，迦爾納也把從不落空的那迦寶箭（Naga Ashwasena）向阿周那射去。眼看勢頭不好，黑天猛壓戰車，把車輪壓入泥土，馬匹也不由得跪了下來，於是原本瞄準阿周那頭顱的利箭擦著阿周那腦袋而過，只射下了阿周那的頭冠。阿周那死裡逃生，連射數十箭，射碎了迦爾納的盔甲。就在兩人激戰正酣的時候，迦爾納的戰車突然陷入泥土裡動彈不得。迦爾納急忙跳下車來，用力拉車輪，卻無論如何拉不動。看到這情景，迦爾納氣得直流眼淚，他對正挽弓搭箭瞄準自己的阿周那說：「稍等片刻！按照武士的正法，只要我還在拉車輪，你就不能襲擊沒有還擊能力的我！……」

阿周那果然猶豫起來。就在這時，黑天冷笑一聲說：「好啊，迦爾納，你現在倒想起正法來了。你慫恿難敵折磨般度五子的時候，你的正法在哪裡？你命令難降侮辱黑公主的時候，你的正法在哪裡？你和一幫子人圍攻還沒成年的激昂的時候，你的正法在哪裡？……」

這些話語點燃了阿周那心頭的怒火，他再不管什麼正法不正法，舉弓便射。迦爾納想要用從持斧羅摩那裡學來的法寶抵禦，頭腦裡突然一片空白，這正應驗了持斧羅摩對他關鍵時刻忘記咒文的詛咒。阿周那射出一支威力無窮的利箭，迦爾納的頭顱應聲而落，就像帶著血色光環的夕陽落下地平線。太陽神之子這一生充滿了不幸和磨難，最後還是慘死在自己的親兄弟手下。

迦爾納戰死，般度軍終於展開了全線攻擊。此時，俱盧族已經損失了差不多所有大將，持國的百子也被怖軍殺得所剩無幾。慈憫勸說難敵此刻不求和更待何時，難敵卻認為現在求和無異於求饒，即使堅戰出於憐憫賜給難敵安身之所，曾經是大地之主的他也無法接受苟活的下場。今時今刻，唯有奉行剎帝利正法，奮戰到底才是唯一之路。難敵任命沙利耶為大元帥。

最後一天之戰

俱盧之野上最後一天的戰鬥展開了。連一向溫厚的堅戰也披甲上陣，親自戰鬥。然而此時雙方力量對比已經發生轉變，俱盧族無法再抵禦般度的軍隊。一番慘烈搏殺後，俱盧軍最後一名大將沙利耶也死在了堅戰的長矛之下。無種和偕天也殺死了卑劣的沙恭尼，報仇雪恨。俱盧軍失去了所有大將，潰不成軍，難敵擁有的十一支大軍在十八天的殘酷戰鬥後，終於全部覆滅。

難敵孤身一人從戰場上逃走，跳進一個池塘，躲了起來。般度五子四處尋找，在池塘邊發現他蹤跡，便用語言譏諷難敵。難敵無法忍受，手持鐵杵跳出水塘，要求進行一對一的決鬥。堅戰答應難敵，只要難敵取勝，就把王國交給他。於是，難敵和怖軍用杵單挑搏鬥起來，兩人都武藝精湛，難分勝負。見到兩人不分上下，黑天對阿周那說：「難敵可是使杵的絕佳好手，除非擊打他大腿，否則他是不可擊敗的。」阿周那於是朝決鬥中的怖軍使眼色，用手拍打大腿。怖軍會意，掄起鐵杵向難敵大腿擊去。難敵沒有提防，慘叫一聲倒在地上。此刻大力羅摩參拜聖地歸來，正好看到這一幕，他見到怖軍使用非法的手段打敗難敵，憤怒地舉起犁要殺死怖軍，黑天急忙攔住他說：「兄長！你忘了嗎？當初黑公主受辱的時候，怖軍就發過誓言要打斷難敵的大腿，當時你也贊同啊！」大力羅摩長嘆一聲，扔下武器離去。雖然沒有參戰，但這場殺戮親族的戰爭，已經讓這個正直的大力士心力交瘁。

般度五子拋下奄奄一息的難敵離去。臨走時，難敵大聲喊道：「黑天！你這個卑鄙小人，一再唆使般度五子使用卑鄙手段，接連殺死了老祖父、德羅納老師和迦爾納。你們這樣的行徑，竟然妄稱正義，何其可笑。你們說我是陰險小人，但我活著的時候統治大地，死也是為了維護我的名譽光明正大地戰死，還有什麼比這更好的結局？」就在此時，天上降下了花雨，儘管難敵一生罪惡累累，被嫉妒和欲望所苦，但他臨死時的表現，的確擔得上堂堂王者之名。

俱盧族此時只剩下馬勇、慈憫和成鎧三人存活，他們四處尋找，在般度族走後找到了垂死的難敵。馬勇發誓自己會為難敵和德羅納報仇雪恨，難敵在咽下最後一口氣時祝福了馬勇。

當晚，馬勇把自己作為祭品獻給濕婆，從毀滅神手中得到了一把利劍，他帶著慈憫和成鎧夜襲般度大營。熟睡中的般度軍失去抵抗能力，馬勇一口氣殺死了還在夢中的般度元帥猛光、束髮、黑公主的五個兒子以及所有的般度軍將士。

般度五子恰巧當晚沒有回大營。聽說全軍被殺的消息，他們滿懷悲憤追擊馬勇，在帕吉勒提河岸邊找到了馬勇。黑天詛咒馬勇會因為罪行落入永生的折磨中，他將渾身煙塵漫遊在大地上，忍受病痛摧殘而無法死去，直到劫末。

倖存者的命運

持續多日的俱盧之野大戰就這樣在悲慘的餘音中告終。陣亡者達到十六億之多，交戰雙方的軍隊全部覆滅，般度族只剩下般度五子、黑天和善戰，俱盧族只剩下馬勇、慈悯和成鎧。消息傳到持國那裡，失去所有兒子的盲眼國王悲痛萬分，他帶領國內的婦女，前往戰場哀悼。般度五子迎接他，依次接受他的擁抱。輪到怖軍時，黑天看出勢頭不妙，把一尊鐵像塞到老國王手裡。持國無法克制胸中的悲憤，竟然用力碾碎了鐵像。同樣的，堅戰向甘陀利王后致意時，王后憤怒的目光從蒙眼布條下面透出，竟燒焦了堅戰的腳指甲。

打掃戰場的時候，堅戰終於從母親貢蒂那裡得知了迦爾納的真實身世。堅戰想起從前聽到迦爾納出言侮辱自己和兄弟時總是怒火填膺，可是看到迦爾納的腳時就會氣憤全消——因為那雙腳和母親的一模一樣。他失聲痛哭，禁不住責備母親為什麼隱瞞真相，在兄弟和黑天的勸說下才勉強鼓起精神，登上王位。

付出無比沉重的代價後，失去所有親朋好友和兒子的堅戰終於得到了滿目瘡痍、荒涼寂靜的大地。堅戰在所有人中最奉行正法，卻又無法以正法為手段獲取王權。為了取得戰爭勝利，他不斷被迫在道德原則上讓步，最後得到了王國，卻永遠失去精神上的滿足和快樂。

此時，激昂的遺孀至上公主生下了遺腹子繼絕，這個孩子成了繼承婆羅多王族唯一的根苗。

貞信和破滅仙人生的私生子廣博仙人目睹了大戰的全部過程，他花了三年時間，把這部記述大戰的史詩《摩訶婆羅多》編撰成文，並讓象頭神犍尼薩記錄下來，流傳於世。

堅戰繼承王位之後，對退位的老王持國和王后甘陀利以禮相待。但怖軍始終不能原諒持國對兒子難敵的縱容。他在堅戰不知情的情況下，頻頻對老國王口出惡言。持國忍受了十五年後，決意退居森林中苦修。維杜羅、持國的車夫全勝（Sanjaya）和貢蒂決定陪同持國夫婦一同前往。貢蒂在最前面引路，蒙著眼睛的甘陀利把手搭在貢蒂身上，而持國則把手搭在甘陀利身上，三個老人就這樣蹣跚著排成一行，前往森林。不久之後，維杜羅去世；又過了兩年，三位老人全部死在森林大火之中。

大戰結束三十六年之後，黑天統治的雅度族日益驕奢荒淫，也遭到了毀滅。有一位仙人來多門城拜訪，閒得無聊的雅度族人就把黑天之子山巴（Samba）扮成懷孕女子，戲弄仙人。仙人預言山巴將會生下毀滅全族之物，不久後，山巴竟然真的生下一根鐵杵。驚慌的雅度族人把鐵杵磨成粉，扔進大海，卻被海浪推到沙灘上，長出一片燈芯草。雅度族人來到海灘上飲酒作樂，筵席之中，成鎧和善戰起了衝突，開始彼此指責大戰之中對方的過失。言語爭執演化成鬥毆，雅度族人隨手拔起燈芯草，那些草竟變成鐵杵，全族人就這樣在海灘上用鐵杵自相殘殺，陷入混戰，全部毀滅。

黑天看到這情景，意識到自己歸天之時已至。他獨自來到一棵榕樹下冥思，被一個無名的獵人誤認為是一隻鹿，射死在樹下。大力羅摩也在不遠處入定，停止了呼吸。他的真身——龍王舍沙化成白蛇，從他體內游入地下。

般度五子聞訊，悲痛不已，阿周那前往多門城，護送雅度族人的寡婦和孤兒去俱盧之野，剛一離開，多門城便沉入大海之中。阿周那帶著婦孺回國途中，遇上強盜打劫，阿周那奮起還擊，沒想到昔日萬人難敵的自己，此刻竟然連區區強盜都無法擊敗，他更加沉痛地感到自己老了，而失去了黑天的他，靈魂也不再完整了。

般度五子決定結束塵世生活，便將王位傳給激昂的兒子繼絕，一起到喜馬拉雅山朝覲。半路上，他們遇上一條流浪狗，這狗從此就跟著他們走。

細密畫中的摩訶婆羅多

朝聖路途非常的艱難，他們一個一個的筋疲力盡而死，而且最年輕的最早死去，先是美貌堅貞的黑公主，然後是偕天和無種，接著是神勇的阿周那，最後體力驚人的怖軍也倒下了。

愛和恨都遠去了，只剩下堅戰一個人。他不再感到悲傷，也不再感到迷惘，毫不回頭地、蹣跚地繼續向前走著。他已經明白什麼是真實，什麼是幻想。

只有狗始終陪伴著他。正法以狗的形象，跟隨著堅戰。

系譜表

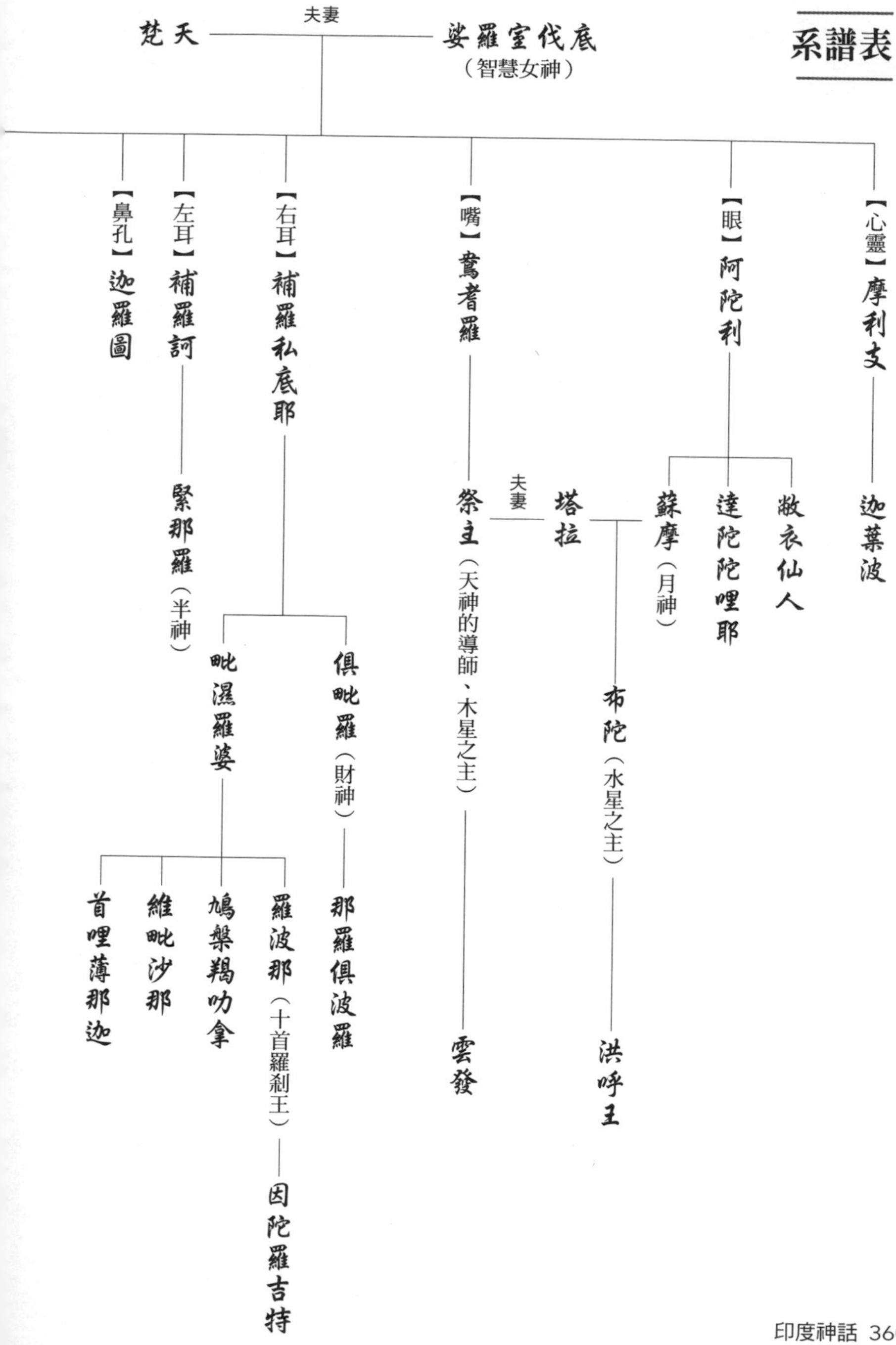
梵天
夫妻
娑羅室伐底
（智慧女神）
【鼻孔】迦羅圖
【左耳】補羅訶
【右耳】補羅私底耶
【嘴】鴦耆羅
【眼】阿陀利
【心靈】摩利支
緊那羅（半神）
毗濕羅婆
俱毗羅（財神）
首哩薄那迦
維毗沙那
鳩槃羯叻拿
羅波那（十首羅剎王）
因陀羅吉特
那羅俱波羅
祭主（天神的導師、木星之主）
夫妻
塔拉
雲發
布陀（水星之主）
洪呼王
蘇摩（月神）
達陀陀哩耶
敝衣仙人
迦葉波

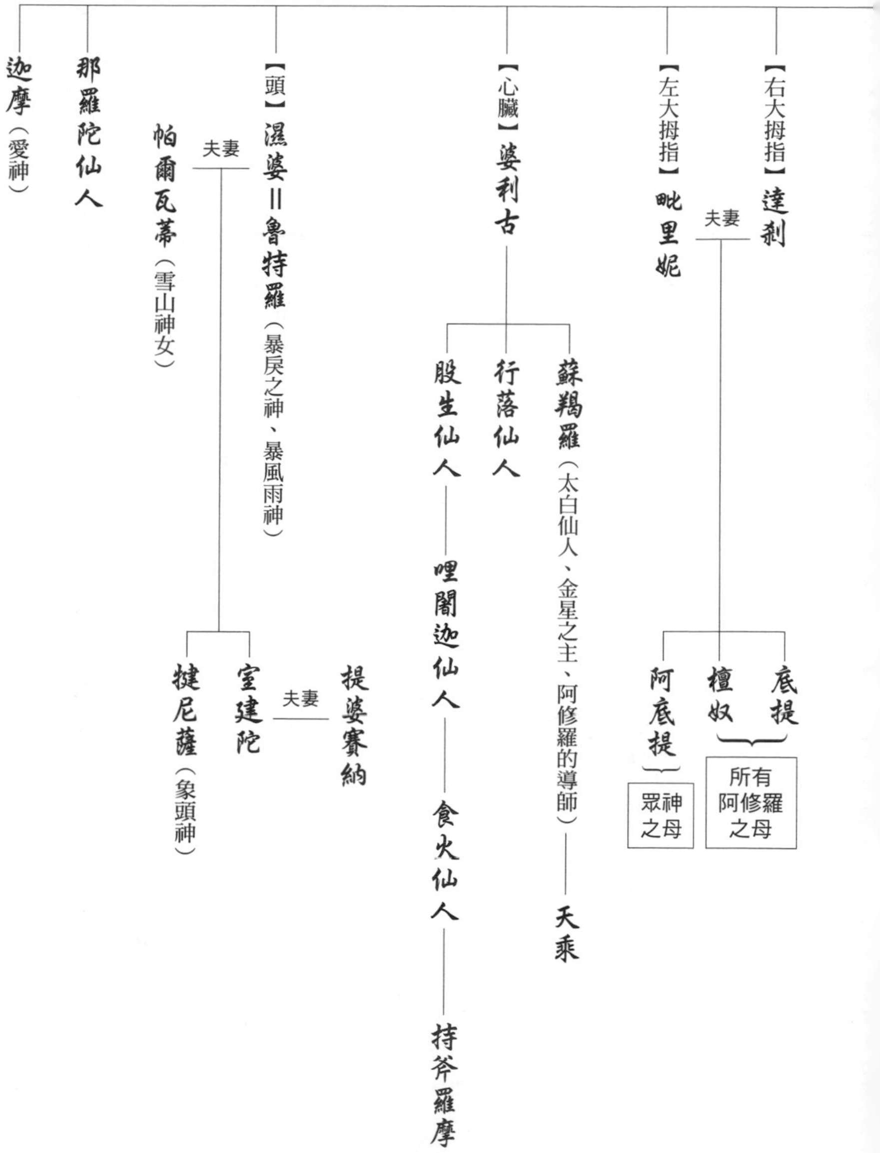
【右大拇指】達剎
夫妻
【左大拇指】毗里妮
底提
檀奴
所有阿修羅之母
阿底提
眾神之母
【心臟】婆利古
蘇羯羅（太白仙人、金星之主、阿修羅的導師）
天乘
行落仙人
股生仙人
哩闍迦仙人
食火仙人
持斧羅摩
【頭】濕婆＝魯特羅（暴戾之神、暴風雨神）
夫妻
帕爾瓦蒂（雪山神女）
提婆賽納
夫妻
室建陀
犍尼薩（象頭神）
那羅陀仙人
迦摩（愛神）

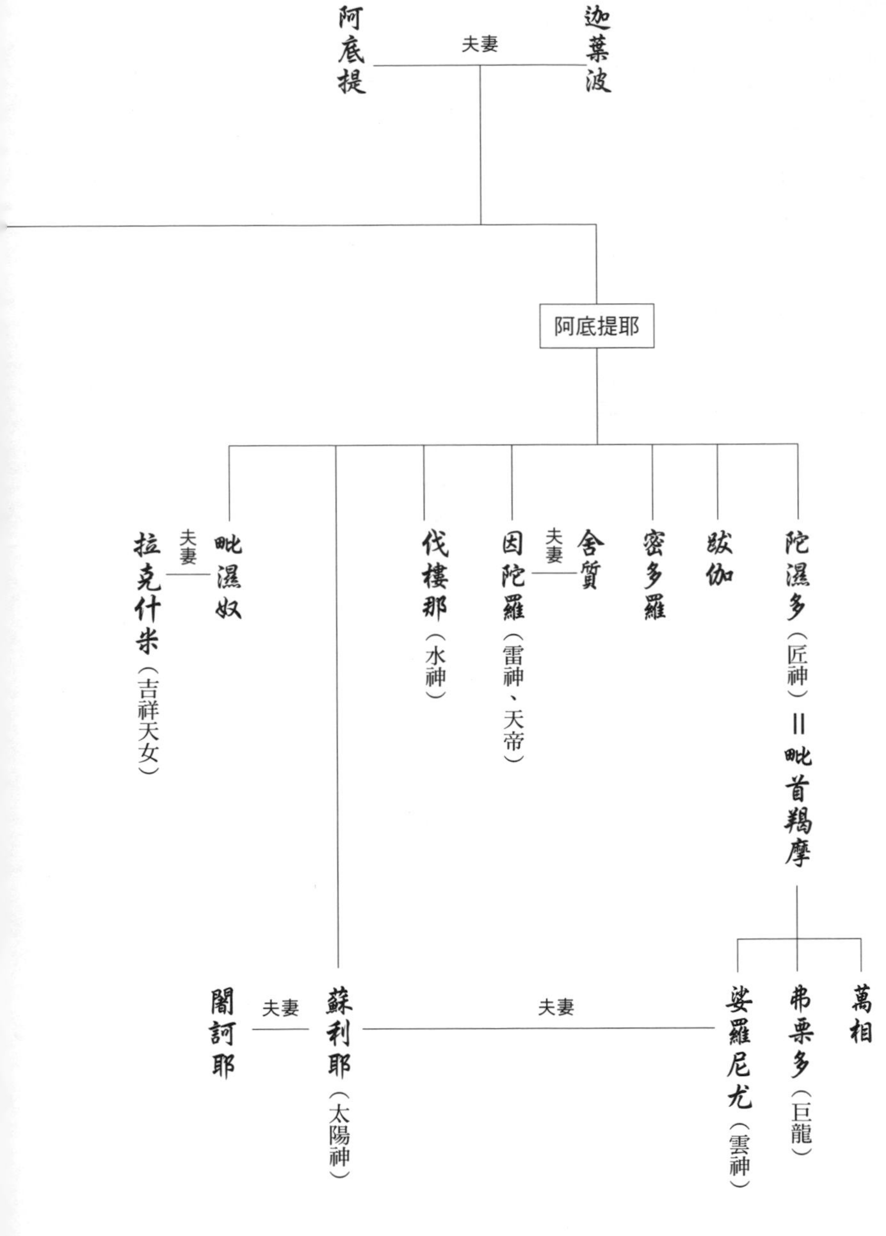
阿底提
夫妻
迦葉波
阿底提耶
毗濕奴
夫妻
拉克什米（吉祥天女）
伐樓那（水神）
因陀羅（雷神、天帝）
夫妻
舍質
密多羅
跋伽
陀濕多（匠神）＝毗首羯摩
娑羅尼尤（雲神）
弗栗多（巨龍）
萬相
闍訶耶
夫妻
蘇利耶（太陽神）
夫妻

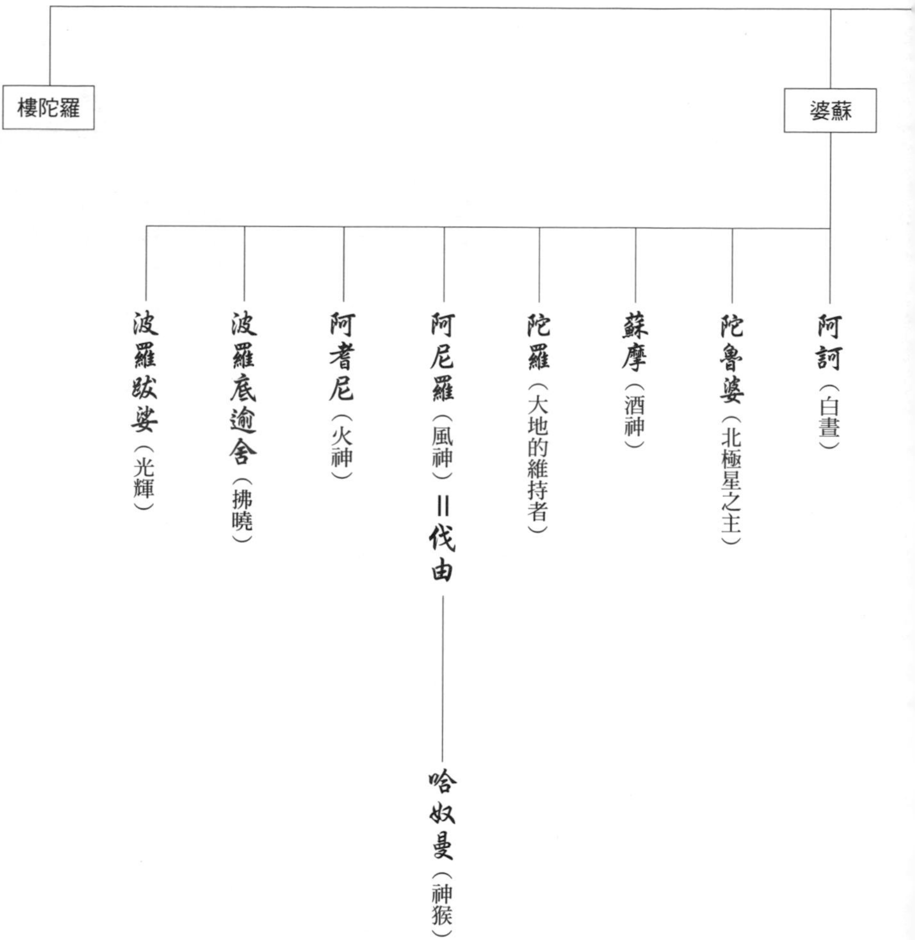
樓陀羅
婆蘇
阿訶（白晝）
陀魯婆（北極星之主）
蘇摩（酒神）
陀羅（大地的維持者）
阿尼羅（風神）＝伐由
阿耆尼（火神）
波羅底逾舍（拂曉）
波羅跋娑（光輝）
哈奴曼（神猴）

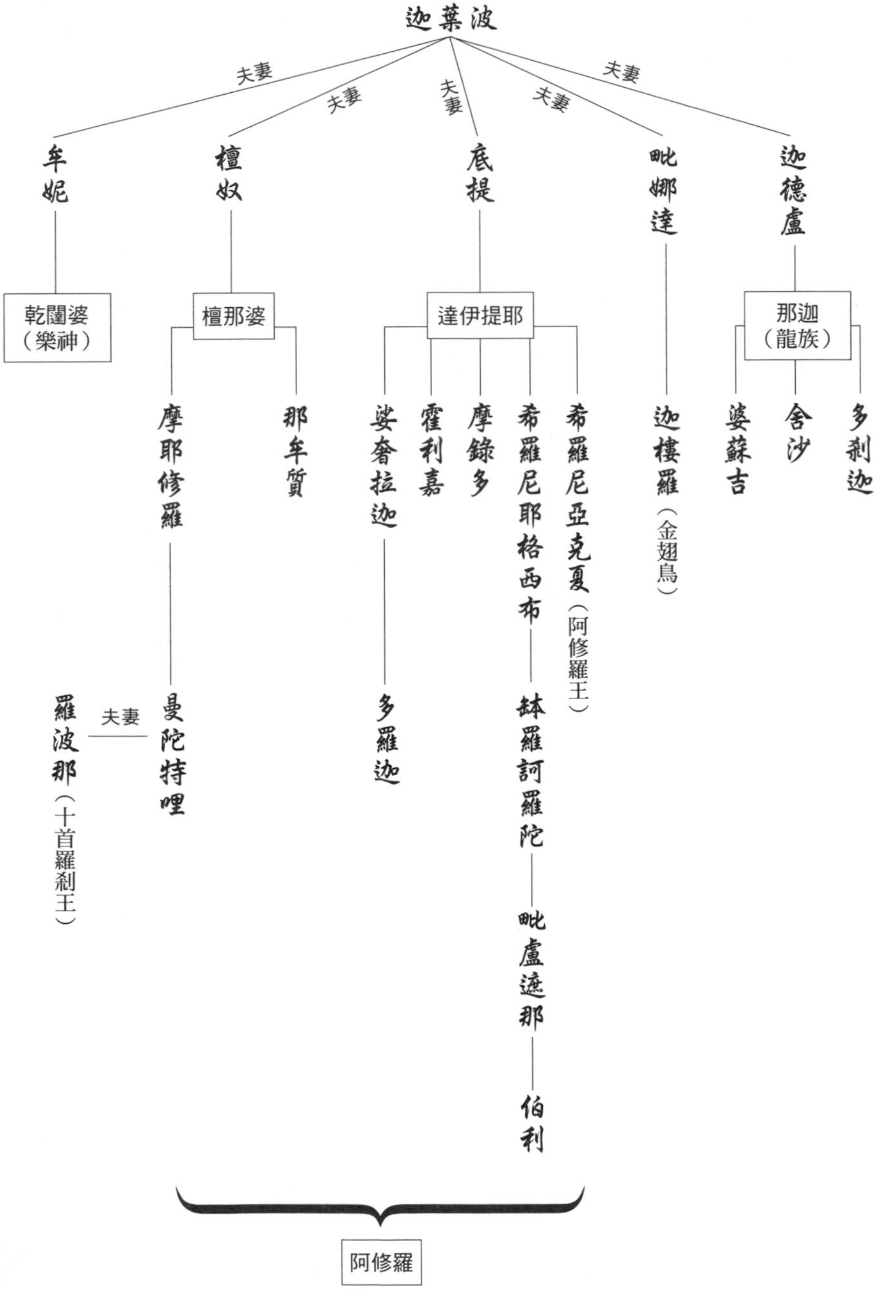
迦葉波
夫妻
夫妻
夫妻
夫妻
夫妻
牟妮
檀奴
底提
毗娜達
迦德盧
乾闥婆（樂神）
檀那婆
達伊提耶
那迦（龍族）
摩耶修羅
那牟質
婆奢拉迦
霍利嘉
摩錄多
希羅尼耶格西布
希羅尼亞克夏（阿修羅王）
迦樓羅（金翅鳥）
婆蘇吉
舍沙
多剎迦
羅波那（十首羅剎王）
夫妻
曼陀特哩
多羅迦
缽羅訶羅陀
毗盧遮那
伯利
阿修羅

太陽王朝譜系

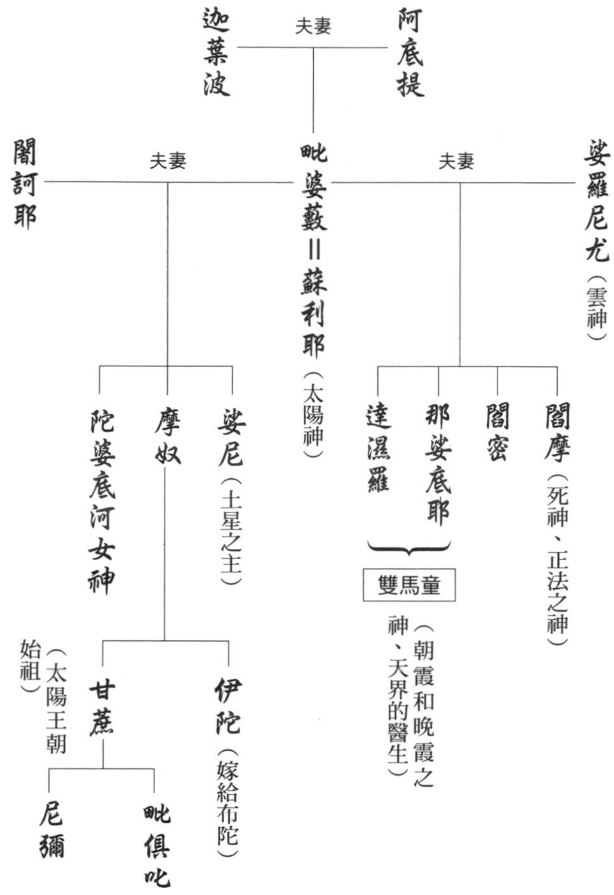
迦葉波
夫妻
阿底提
闍訶耶
夫妻
毗婆藪＝蘇利耶（太陽神）
夫妻
娑羅尼尤（雲神）
陀婆底河女神
摩奴
娑尼（土星之主）
達濕羅
那婆底耶
雙馬童
（朝霞和晚霞之神、天界的醫生）
閻密
閻摩（死神、正法之神）
甘蔗（太陽王朝始祖）
伊陀（嫁給布陀）
尼彌
毗俱叱

月亮王朝及摩訶婆羅多譜系

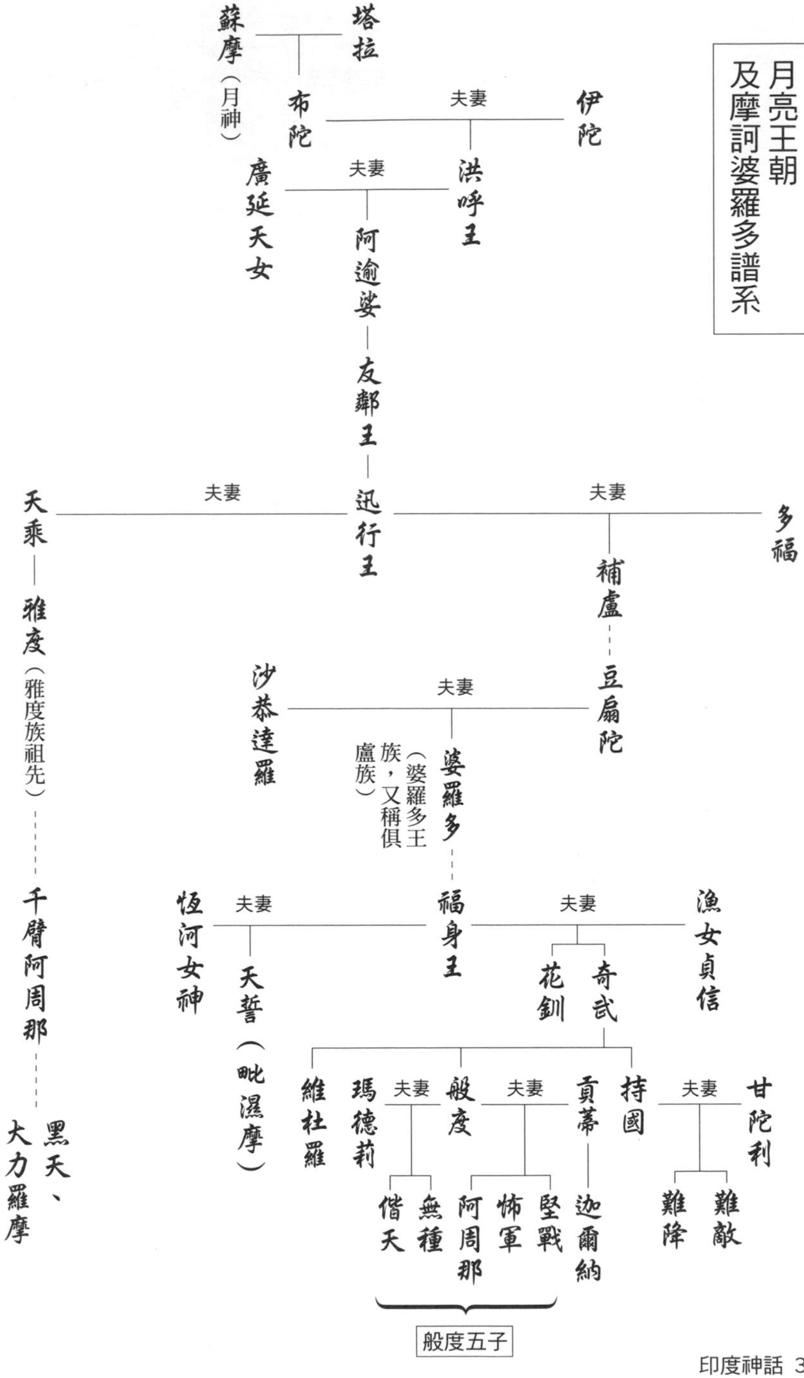

名詞對照表

A

Abhimanyu　激昂
Adhiratha　升車
Aditi　阿底提
Adityas　阿底提耶
Adrushyanti　隱娘
Agastya　投山仙人
Agni　阿耆尼
Aha　阿訶
Ahalya　阿訶厘耶
Airavata　愛羅婆多（神象）
Akshya　阿伽沙耶
Amaravati　阿摩羅婆提 / 永壽城
Amba　安芭
Ambika　安畢迦
Ambalika　安波莉迦
Amshuman　鴦輸曼
Ananga　無形體者
Ananta　無涯
Anaranya　阿那蘭若
Anasuya　阿那蘇耶
Angada　鴦伽陀
Angaraja　盎迦王
Angiras　鴦耆羅
Anila　阿尼羅（風神）
Aniruddha　無礙
Anjana　安闍那
Apsara　阿布娑羅
Aranyakas　《森林書》
Arjuna　阿周那
Asamanja　阿薩曼闍
Ashvamedha　馬祭
Ashvatthama　馬勇
Ashvins　雙馬童 / 阿濕毗尼
Astika　阿斯帝迦
Asura　阿修羅
Atala Loka　阿陀羅羅迦
Atharva Veda　《阿闥婆吠陀》
Atri　阿陀利
Aurva　股生仙人
Avesha Avatar　阿毗娑化身
Ayodhya　阿逾陀
Ayu　阿逾娑 / 長壽王

B

Bakasura　缽迦
Balarama　大力羅摩
Bana　波那
Bhadra　跋陀羅
Bhaga　跋伽

Dilip　底離缽
Diti　底提
Draupadi　黑公主
Drona　德羅納
Drupada　木柱王
Durga　杜爾迦 / 難近母
Durmarsana　難耐
Durvasa　敝衣仙人
Duryodhana　難敵
Dushasana　難降
Dushyanta　豆扇陀
Dvapara Yuga　二分時
Dvaraka　多門城

G

Gadhi　伽亭王
Gandhara　甘陀羅王
Gandhara　犍陀羅國
Gandhari　甘陀利
Gandharva　乾闥婆
Ganesha　犍尼薩 / 群主
Ganga　恆河女神
Garuda　迦樓羅（金翅鳥）
Gautama　喬達摩仙人
Gayatri　加耶德麗
Ghatotkacha　瓶首
Gunadhya　德富

H

Hanuman　哈奴曼
Hari　訶利
Harihara　訶里訶羅
Harishchandra　訶哩濕旃陀羅國王
Hidimba　希丁波
Hidimbi　希丁巴
Hiranyaksha　希羅尼亞克夏
Hiranyakashpu　希羅尼耶格西布
Holika　霍利嘉

I

Ikshvaku　甘蔗王
Ila　伊陀
Indra　因陀羅（雷神、天帝）
Indrajit　因陀羅吉特
Indraprastha　天帝城

J

Jalandhara　水持
Jamadagni　食火仙人 / 迦摩陀迦尼
Jambavan　閻婆梵（熊王）
Jambavanti　閻婆梵提
JJanaka　遮那迦王
Janamejaya　鎮群王
Jarasandha　妖連
Jaratkaru　闍羅迦盧
Jatayu　闍吒優私
Jayadratha　勝車
Jayanti　舍衍蒂

Bhagadatta　福授王
Bhagavad Gita　《薄伽梵歌》
Bhagavati　波迦婆提 / 快樂城
Bhagiratha　跋吉羅陀王
Bharadvaja　持力仙人
Bharadwaja　婆羅墮遮仙人
Bharata　婆羅多
Bhima　怖軍
Bhishma　毗濕摩
Bhishma Pratigya　天誓
Bhishmaka　具威王
Bhrigu　婆利古仙人
Bhu Loka　菩利羅迦
Bhurisravas　廣聲
Bhuva Loka　菩婆利羅迦
Brahma　梵天
brahman　梵
Brahmana　《梵書》
brahmin　婆羅門
Brihatbala　偉力
Brihatkatha　《偉大的故事》
Brihaspati　祭主仙人
Budha　布陀

C

candala　旃陀羅
Chakravartin　轉輪王
Chedi　車底王
Chekitana　顯光
Chhaya　闍訶耶
Chiranjivi　永生者 / 欽蘭吉維
Chitrangada　花釧
Chitrasena　奇軍
Chyavana　行落仙人

D

Dadhichi　陀提遮仙人
Daitayas　達伊提耶
Daksha　達剎
Danavas　檀那婆
Danu　檀奴
Dasharatha　十車王
Dasra　達濕羅
Dattatreya　達陀陀哩耶
Deva　提婆 / 天神
Devadatta　天授螺號
Devaki　提婆吉
Devasena　提婆賽納
Devayani　天乘
Devi　黛維 / 大女神
Dhara　陀羅
Dharani　陀羅尼
Dhaumya　煙氏仙人
Dhrishtadyumna　猛光
Dhritarashtra　持國
Dhruva　陀魯婆
Dhundhu　通圖
Dhundhumara　通圖魔羅

M

Madra Kingdom　摩德羅國
Madri　瑪德莉
Magadha　摩揭陀國
Mahabharata　《摩訶婆羅多》
Mahabali　伯利
Mahatala　摩訶陀羅
Mahayuga　摩訶宇伽
Mahendra　摩亨陀羅山
Mahishasura　摩希沙（水牛怪）
Mahodara　巨腹仙人
Mainak　曼納克山
Makara　摩伽羅
Malyavan　摩利耶凡
Mandhatri　曼陀哩
Mandodari　曼陀特哩
Mangala　火星
Manu　摩奴（人類祖先）
Maricha　摩哩遮
Marici　摩利支
Markandeya　摩根德耶
Marutas　摩錄多（風雨神）
Matali　摩多梨
Mathura　摩圖羅
Matsya　摩蹉
Matsya Kingdom　摩差國
Maya　摩耶 / 幻象
Maya Devi　摩耶女神
Mayasura　摩耶修羅
Mayavi　摩耶波
Menaka　彌那迦天女
Mithila　密提羅
Mitra　密多羅
Mohini　摩醯尼
Muchukunda　穆俱昆陀
Muni　牟妮

N

Naga　那迦（龍族）
Naga Ashwasena　那迦寶箭
Nahusha　友鄰王
Nakula　無種
Nala　那羅
Nalakuvara　那羅俱波羅
Namuci　那牟質
Nanda　難陀
Nandana Vana　難陀那聖林
Nandi　難迪（白牛）
Nandini　南底尼（神牛）
Nara　那羅（無限之海）
Narada　那羅陀仙人
Naraka　那羅迦
Narakasura　那羅迦修羅
Narasimha　那羅辛哈
Naravahanadatta　那羅婆訶那達多
Narayana　那羅延
Nasatya　那娑底耶
Nikasha　尼伽娑

K

Kacha　雲發
Kadru　迦德盧
Kaikeyi　吉伽伊
Kailasa　岡仁波齊山
Kala　時間 / 迦羅
Kalayavan　迦羅耶婆那
Kali　迦梨（黑女神）
Kali Yuga　迦梨時
Kalidasa　迦梨陀娑
Kaliya　迦梨耶
Kalki　白馬 / 迦爾吉
Kalmashapada　斑足王
Kamadeva　迦摩（愛神）
Kansa　庚斯
Kanva　甘婆仙人
Kapala　劫波杯
Kapila　伽毗羅
Karna　迦爾納
Kartavirya Arjuna　千臂阿周那
Kartikeya　迦郗吉夜
Kashya　迦屍王
Kashyapa　迦葉波
Kaurava　俱盧族
Kaushalya　喬薩厘雅
Keshini　吉私尼
Ketu　計都
Kichcka　空竹
Kinnara　緊那羅
Kratu　迦羅圖
Kripacharya　慈憫大師
Krishna　黑天
Krita Yuga　圓滿時
Kritavarma　成鎧
Kritavirya　成勇王
Krittikas　昴星仙人
Kshatriya　剎帝利
Kubera　俱毗羅（財神）
Kulavalashva　古婆羅娑
Kumara　鳩摩羅
Kumbhakarna　鳩槃羯叻拿
Kunti　貢蒂
Kurma　鳩哩摩
Kurukshetra　俱盧原野
Kusha　拘濕迦
Kusha　俱舍

L

Lakshagriha　紫膠宮
Lakshmana　羅什曼那
Lakshmi　吉祥天女 / 拉克什米
Lanka　楞迦島
Lava　羅婆
Lavanasura　羅婆那
Laxman　羅奇蠻
Linga Purana　《林迦往世書》
Lingam　林迦
Loka　羅迦 / 世界

Romapada　毛足王
Ruchika　哩闍迦仙人
Rudra　魯特羅（暴戾之神，即濕婆）
Rudras　樓陀羅
Rukmi　寶光
Rukmini　豔光

S

Sagara　薩竭羅國王
Sahadeva　偕天
Salva　沙魯瓦王
Sama Veda　《娑摩吠陀》
Samba　山巴
Sambara　商波羅
Sampati　商波底
Sanjaya　全勝
Sanjeevani　商吉婆尼（咒語）
Santanu　福身王
Sarama　薩羅摩
Saranyu　娑羅尼尤（雲神）
Surasa　須羅婆
Sarasvati　娑羅室伐底（智慧女神）
Satavahana　娑多婆訶那國王
Sati　薩蒂
Satrajit　娑陀羅吉陀國王
Satyabhama　薩底耶婆摩
Satyaki　善戰
Satyavati　薩蒂耶婆蒂
Satyavati　貞信
Saudasa　寶沙王
Shachi　舍質
Shakti　薩克蒂
Shakti Maharshi　沙迦提仙人
Shakuni　沙恭尼
Shakuntala　沙恭達羅
Shalya　沙利耶
Shani　娑尼
Shanta　和平公主
Sharmishtha　多福
Sharyati　蘆箭國王
Shatrughna　設睹盧祇那
Shesha　舍沙（龍王）
Shikhandi　束髮
Shiva　濕婆
Shudra　首陀羅
Shukra　蘇羯羅（太白仙人）
Shurpanakha　首哩薄那迦
Shrutayu　聞壽
Sindhu　信度國
Sisupala　童護
Sita　悉多
Skanda　室建陀
Soma　蘇摩（月神）
Somadeva　月天 / 蘇摩提婆
Somavamsha　月亮王朝
Subhadra　妙賢
Sugriva　蘇格瓦（猴王）
Sukanya　美娘

Nila　尼祿
Nimi　尼彌
Nisumbha　尼蘇姆婆

P

Padma Purana　《蓮花往世書》
Paishachi　鬼語
Panchala　般遮羅國
Pandavas　般度五子
Pandu　般度
Panis　波尼
Pancajanya　五生螺號
Parashara　破滅仙人
Parashurama　持斧羅摩
Parikshit　繼絕王
Parvati　帕爾瓦蒂（雪山神女）
Pashupatastra　獸主之寶
Pashupati　獸主
Patala　波陀羅
Pippalada　皮帕拉達
Pishacha　畢舍遮人
Prabhasa　波羅跋娑
Pradyumna　明光
Pragjyotisha　東光國
Prahlada　缽羅訶羅陀
Prajapati　生主
Prasena　波羅濕那
Pratyusha　波羅底逾舍
Prithu　波哩圖
Pulaha　補羅訶
Pulastya　補羅私底耶
Puloma　補羅摩
Puloman　補盧曼
Purana　往世書
Puru　補盧
Pururavas　洪呼王
Pushpadanta　布濕波丹多

R

Radha　羅陀
Raghu　羅怙
Rahu　羅睺
Rakshasa　羅剎
Rakshasi　女羅剎
Rama / Ramachandra　羅摩 / 羅摩旃德拉
Ramayana　《羅摩衍那》
Rambha　蘭葩天女
Rasatala　羅娑陀羅
Rati　羅蒂（情欲女神）
Ratri　拉德莉（黑夜女神）
Ravana　羅波那（十首羅剎王）
Renu　哩奴
Renuka　哩奴迦
Rig Veda　《梨俱吠陀》
Rishyasringa　鹿角仙人
Rohini　羅希妮
Rohita　盧醯多

Veda　吠陀
Vena　吠那
Vibhandaka　無瓶仙人
Vibhishana　維毗沙那
Vichitravirya　奇武
Videha　毗提訶國
Vidura　維杜羅
Vidyadhara　持明 / 毗底耶陀羅
Vikukshi　毗俱叱
Vinasana　毗那沙那
Vinata　毗娜達
Virabhadra　雄賢
Viraja　毗羅吉
Virata　毗羅吒國王
Virini　毗里妮
Virochana　毗盧遮那
Vishnu　毗濕奴
Vishnu Purana　《毗濕奴往世書》
Vishrava　毗濕羅婆
Vishvakarman　毗首羯摩
Vishwamitra　眾友仙人
Vivasvat　毗婆藪（太陽神）
Vrihadaswa　巨馬王
Vrikodara　狼腹
Vrishasena　牛軍
Vrishparva　牛節
Vritra　弗栗多（巨龍）
Vyasa　廣博仙人

Y

Yadava　雅度族
Yadu　雅度
Yajur Veda　《夜柔吠陀》
Yaksha　夜叉
Yakshi　藥叉女
Yama　閻摩
Yami　閻密
Yayati　迅行王
Yogamaya　幻想女神
Yashoda　耶輸陀
Yudhisthira　堅戰
Yuvanaswa　優婆那娑

Sumati　須摩底
Sumbha　蘇姆婆
Sumitra　須彌多羅
Suparna　美翼
Surabhi　須羅毗（如意神牛）
Surya　蘇利耶（太陽神）
Suryavansh　太陽王朝
Susharma　善佑
Sutlej River　薩特累季河
Suva Loka　室婆羅迦
Suvarcha　蘇伐爾查
Sweta　白淨

T

Takshaka　多刹迦（龍王）
Tapti　陀婆底河女神
Tara　塔拉
Taraka　多羅迦
Treta Yuga　三分時
Trigarta Kingdom　三穴國
Trishanku　陀哩商古
Trisiras　萬相
Tvastar　陀濕多（匠神）

U

Uchchaihshravas　神馬高耳
Ugrasena　優耆羅舍那
Ujayana　優禪尼
Uma　烏瑪
Upanishad　《奧義書》
Upaplavya　水沒城
Upendra　優賓陀羅
Urvashi　廣延天女
Usha　霞光
Ushanas　烏沙納斯
Ushas　烏莎斯（黎明女神）
Utathya　優多貼仙人
Uttanka　優騰迦
Uttara　優多羅
Uttaraa　至上公主

V

Vadhusaras　婦淚河
Vaishya　吠舍
Vaitarani River　毗多羅尼河
Vaivasvata　毗婆斯婆多（第七位摩奴）
Vajranaga　婆奢拉迦
Vali　波林（猴王）
Valmiki　蟻垤仙人
Vamana　伐摩那
Varaha　婆羅訶
Varuna　伐樓那（水神）
Vasavi Shakti　力寶（神奇標槍）
Vashistha　極裕仙人
Vasudeva　富天
Vasuki　婆蘇吉（龍王）
Vasus　婆蘇
Vayu　伐由（風神）

印度神話：
超越想像的三千世界，奇異而美麗的天竺奇境

作　　者　楊怡爽
美術設計　白日設計
內頁排版　高巧怡
行銷企劃　蕭浩仰、江紫涓
行銷統籌　駱漢琦
業務發行　邱紹溢
營運顧問　郭其彬
特約編輯　吳佩芬
責任編輯　吳佳珍
總 編 輯　李亞南
出　　版　漫遊者文化事業股份有限公司
地　　址　台北市松山區復興北路331號4樓
電　　話　(02) 2715-2022
傳　　真　(02) 2715-2021
服務信箱　service@azothbooks.com
網路書店　www.azothbooks.com
臉　　書　www.facebook.com/azothbooks.read
營運統籌　大雁文化事業股份有限公司
地　　址　台北市松山區復興北路333號11樓之4
劃撥帳號　50022001
戶　　名　漫遊者文化事業股份有限公司
初版一刷　2021年5月
初版四刷 (1)　2023年8月
定　　價　台幣350元
ISBN　978-986-489-469-7

圖書許可發行核准字號：文化部部版臺陸字第110125 號

國家圖書館出版品預行編目 (CIP) 資料

印度神話：/ 著. -- 初版. -- 臺北市 : 漫遊者文化事業股份有限公司出版 : 大雁文化事業股份有限公司發行, 2021.05
376 面 ; 14.8X21 公分
ISBN 978-986-489-469-7(平裝)
1. 神話 2. 印度
283.71　　110006261

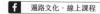